新时期农业对外合作的
法治困境及解决路径研究

李兴国 ◎ 著

Wuhan University Press
武汉大学出版社

图书在版编目（ＣＩＰ）数据

新时期农业对外合作的法治困境及解决路径研究 / 李兴国著 . — 武汉：武汉大学出版社，2022.1

ISBN 978-7-307-22765-1

Ⅰ.新… Ⅱ.李… Ⅲ.农业技术—对外合作—农业企业—企业法—研究—中国 Ⅳ.D922.295.4

中国版本图书馆 CIP 数据核字（2021）第 249343 号

责任编辑：姜程程　　　　责任校对：牟　丹　　　　版式设计：中北传媒

出版发行：武汉大学出版社　　　（430072　武昌　珞珈山）

（电子邮箱：cbs22@whu.edu.cn　网址：www.wdp.com.cn）

印刷：廊坊市海涛印刷有限公司

开本：710×1000　1/16　　　印张：17　　　字数：233 千字

版次：2022 年 1 月第 1 版　　　2022 年 1 月第 1 次印刷

ISBN 978-7-307-22765-1　　　定价：82.00 元

目 录
CONTENTS

导　论

一、农业对外合作的研究现状述评

农业对外合作是我国当前推行更高水平对外开放、建设开放型经济新体制的重要议题。尤其是 2013 年"一带一路"建设的倡议提出以来，农业对外合作更是成为我国对外投资合作的热点。近年来，伴随我国农业对外合作的日益拓展，有关学者从经济学、管理学、政策学等各个层面对农业对外合作相关问题进行了一系列研究，并提出了相应的对策和建议[①]。兹挑选自 2013 年以来有代表性的文献进行归纳述评。

（一）农业对外合作的一般性回顾与推进发展建议

胡冰川（2020）从农产品贸易、农业投资与农业科技合作三个维度，全面分析"十三五"期间农业国际合作的发展变化，认为"十四五"期间农业国际合作除了需要解决具体现实问题，还需要面向全球建构更为系统、灵活、开放的政策体系[②]。

张振等（2019）回顾 70 年来中国农业对外合作发展历程，认为大体可分

[①] 经检索中国知网上相关文献，自 1984 年至 2020 年年底的 36 年间，共有 273 篇涉及农业对外合作的文献。其中，除了 14 篇属于新闻性报道文献外，余下的 259 篇研究性文献中，有硕士论文 10 篇、博士论文 1 篇、期刊论文 248 篇。

[②] 胡冰川."十四五"农业国际合作若干重大问题前瞻［J］.农业经济问题，2020（10）：103-112.

为初始期、起步期、提档增速期和全面发展期四个阶段。指出今后应加强顶层设计，提升政府服务水平，优化调控体制机制，弥补现有关税政策和国内支持政策空间不足；优化国内行政体制改革，加大监管力度，加快企业自身能力建设，做好风险防范，提升企业发展内生动力[①]。

王超平（2017）认为当前中国农业对外合作面临三大问题：一是东道国政策风险，二是中国政策扶持与保障措施不充分，三是欠缺企业社会责任感。其认为应建立农业对外合作的整体规划，创新发展农业的对外合作方式[②]。

张月（2016）认为，我国农业"走出去"战略仍处于起步阶段，应借鉴国外经验，结合我国国情，重点做好以下方面：一是强化投资企业，二是完善相关政策，三是制定战略规划，四是采取必要机制应对复杂的国际投资环境[③]。

赵其波、胡跃高（2015）指出，未来农业国际合作战略应以国家"一带一路"倡议为依托，从加强农业内生发展动力、巩固现有国际农业合作基础布局着手，统筹内陆、沿边和沿海三型区域，实行国内分区域协同战略，夯实对外合作基础，优先展开亚洲农业合作，实行重点与全面拓展结合方式，稳步推进农业国际合作发展进程[④]。

孙玉琴（2014）回顾了自20世纪50年代以来中国农业"走出去"的三个阶段，提出未来中国农业对外投资的发展思路：一是将对外援助、区域经济合作与农业投资促进策略综合规划，二是完善国家对农业对外投资的支持

---

① 张振，于海龙，王忠兴.中国农业对外合作的发展变迁与路径优化：1949—2019［J］.宏观经济研究，2019（10）：16-24+121.

② 王超平.中国农业对外合作现状、问题与对策分析［J］.南方农业，2017，11（8）：62+66.

③ 张月.我国农业"走出去"的现状、问题及对策研究［J］.农村工作通讯，2016（2）：44-46.

④ 赵其波，胡跃高.中国农业国际合作发展战略［J］.世界农业，2015（6）：178-184.

保障体系，三是企业应切实履行社会责任，注重文化融合[①]。

陈雅芝（2013）从资源利用、提升粮食国际竞争力与话语权、完善粮食来源路径的角度分析了农业"走出去"对粮食安全的影响，从谋划整体布局、做好区域选择、营造良好环境和培育跨国粮商等4个方面提出了提升农业"走出去"保障粮食安全能力的对策和建议[②]。

（二）"一带一路"背景下农业对外合作的问题审视与相关措施建议

卢昱嘉、陈秧分（2020）立足对外直接投资理论，采用Logistic模型与面板数据分析方法，研究了2000—2018年美国对外农业投资的时空格局、影响因素及其对"一带一路"农业合作的启示[③]。

韩振国等（2018）认为，在"一带一路"倡议下开展对外农业合作是未来我国农业发展的重要路径，"一带一路"重置对外农业合作的空间观，实现由点到线的转变，并推动形成新的空间战略[④]。

于海龙、张振（2018）认为在"一带一路"倡议下，农业对外合作面临着政府政策目标与企业目标偏离、"走出去"的企业自身生产经营风险、潜在农产品进口对我国粮食自给安全和农业生产能力冲击的风险，以及东道国自身的政治风险、舆论风险、社会文化差异风险和生态环保风险。他们认为应坚持"长期合作、互利共赢、共同发展"的指导思想，理顺我国农业对外合作的体制机制，营造宽松的政策环境，并坚持农业科技先行，农产品贸易和

① 孙玉琴.中国农业对外投资与合作历程回顾与思考［J］.国际经济合作，2014（10）：42-45.

② 陈雅芝.农业对外经济合作与粮食安全保障能力分析［J］.农学学报，2013，3（11）：55-59.

③ 卢昱嘉，陈秧分.美国对外农业投资格局演变及其影响因素——兼论"一带一路"农业合作［J］.自然资源学报，2020，35（3）：654-667.

④ 韩振国，徐秀丽，贾子钰."一带一路"倡议下我国对外农业合作空间格局的探索［J］.经济问题探索，2018（7）：98-104.

投资跟进的发展策略[①]。

金三林（2018）认为，在"一带一路"背景下，应加强投资载体建设；发挥好各类投资主体的功能，提高企业投资能力；加快完善国内政策支持体系，增强企业投资信心；健全境外农业投资服务体系，建立全球服务网络；积极参与全球和区域粮食安全治理，为我国农业对外投资创造更好的国际环境[②]。

（三）基于农业治理与农业规则构建的探析

于浩森等（2019）从农业合作机制、农业发展援助、农业科技与机制创新、农业投资与贸易四个维度分析中国在全球农业治理的理论与实践，认为农业合作机制是参与全球农业治理的重要保障，并探索完善具有中国特色的新型全球农业治理体系的新思路[③]。

赵立军（2016）解析了国际农业投资规则的构成体系及其演变趋势，认为想要维护中国对外农业投资利益和环境，应积极参与相关国际农业投资规则谈判，灵活运用双层博弈方法，努力扩大与对方博弈的获胜集合，在合理空间内最大限度实现国家利益，并引导企业规范海外农业投资经营，加强对企业的投资指导和服务保障[④]。

宗会来（2015）认为，2014年世界粮食安全委员会审议通过的《农业与粮食系统负责任投资原则》（RAI）对推动农业投资治理、保障全球粮食安全与可持续发展具有重要指导意义。应加强对RAI有关问题的研究，从而提高

---

① 于海龙，张振."一带一路"背景下我国农业对外合作的潜力、风险与对策研究 [J].经济问题，2018（2）：108-112+122.

② 金三林.我国农业对外投资的战略布局与重点 [J].经济纵横，2018（7）：68-75.

③ 于浩森，杨易，徐秀丽.论中国在全球农业治理中的角色 [J].中国农业大学学报（社会科学版），2019，36（1）：101-110.

④ 赵立军.农业国际投资规则演进及中国的应对策略研究 [D].中国农业科学院，2016.

我国对外农业投资规范化水平，促进农业"走出去"顺利实施[①]。

（四）我国涉农企业"走出去"的微观视角研究

有些学者从企业微观视角，对近年来我国涉农企业"走出去"存在的问题进行了实证和综合性研究，并提出了一系列优化改进的启示建议，主要如下：

朱亚勤等（2020）从分析中国农业对外合作百强企业的主要特征入手，指出了企业目前面临的外部投资不确定性增多、农业对外合作政策体系亟须完善、企业内生动力亟须加强等挑战。针对上述问题，提出了加强顶层设计、加大政策支持、培育企业竞争力等若干建议[②]。

魏彦博（2020）指出，民营农业企业已经成为农业海外投资的主力军。新希望集团是最早在海外农业进行投资的民营农业企业，积累了丰富的投资经验。未来中国民营农业企业在海外投资过程中，可以借鉴新希望集团的投资路径，各级政府也要为其提供政策支持[③]。

孔维升、麻吉亮（2016）基于中国农业企业的"走出去"现状，利用SWOT方法对中国农业企业"走出去"的优势、劣势、机会以及威胁进行了系统分析，提出了"走出去"的企业应提高农产品技术含量、学习其他国家经验等措施。[④]

国外关于农业对外合作的研究文献较少，Yang GAO（2020）基于灰色

① 宗会来．国际农业投资规则变化初步分析及应对措施［J］．世界农业，2015（11）：9+1-4.

② 朱亚勤，徐明，宋雨星，等．中国农业对外合作百强企业的发展情况及策略分析［J］．世界农业，2020（1）：26-29.

③ 魏彦博．中国民营农业企业如何"走出去"：以新希望集团为例［J］．对外经贸实务，2020（1）：80-83.

④ 孔维升，麻吉亮．基于SWOT方法的中国农业企业"走出去"分析［J］．农业展望，2016，12（7）：62-66.

关联模型，对哈萨克斯坦农业外国资本投资与其农业产值的关联度进行评价，说明外资对哈萨克斯坦农业发展起到了重要促进作用，进而指出中哈农业投资合作存在较大空间。Sakovska Olena（2020）分析瑞典、挪威、芬兰、日本等国境外农业合作的经验，并总结其对乌克兰的启示，其所提出的推进乌克兰农业对外合作举措对我国有一定借鉴意义。Gale Fred Gooch. Elizabeth（2018）则用实证数据分析了 2009—2016 年中国境外农业投资变动情况。

综上所述，目前国内外学术界主要是从政策学、经济学、国际投资学、企业管理学等学科视角，围绕农业对外合作的一般性回顾与推进发展宏观建议、"一带一路"背景下农业对外合作的问题审视、农业对外投资治理、我国涉农企业"走出去"的微观实践这几个方面进行分散化研究。而基于新时期更高水平对外开放注重法制规则这一背景，从法科角度，针对推进农业对外合作的法治路径这一涉及经济学、法学学科融合交集领域的全景式研究尚付阙如。现代市场经济是法治经济，法治是新时期推进我国农业对外合作持续良性发展的必由路径。缘此，本书拟基于经济法学视野，采用规范和实证等多种研究方法，深入探析新时期农业对外合作宏、微观层面存在的法治问题及成因，并提出相应的解决思路。

二、本书研究的学术价值和应用价值

（一）学术价值

学术探索的价值在于创新。本书的研究视角具有创新性。通过现有的国内外研究资料来看，学术界对新时期更高水平对外开放背景下推进农业对外合作的法治路径这一涉及经济学、法学学科融合交集领域的系统性检视研究尚付阙如，目前还没有找到对该主题从国内法、国际法、东道国属地法等多个维度进行系统考证研究的文献。本书的研究将弥补这方面的不足，拓展法学与其他学科融合交叉研究考量视野，丰富经济法学研究范畴，深化对特定产业领域国际投资法学和农业对外合作治理的理论认知，具有与时俱进的学术探索价值。

（二）应用价值

法治是被实践证明较为优良可靠的现代社会治理模式，也是确保当今百年未有变局大时代背景下我国农业对外合作稳步推进的长效机制。本书通过学理和实证探析，系统考察我国开展农业对外合作面临的国内法、外国法、国际法三个宏观层面法律制度困境及成因，审视企业在"走出去"实务中遭遇的法律风险及自身存在的软肋。在此基础上，对标我国经济高质量发展、实施更高水平互利型开放的脉络，提出了"内环为主、双环互促"新发展格局背景下促进农业对外合作良性发展的综合法治思路：一是改良国内与农业对外合作相关的法律体系，补足立法短板；二是积极参与国际经济治理，着力构建有利于我国农业"走出去"的国际规则体系；三是完善境外投资企业的治理机制，建立健全法律风险防范机制，从微观层面夯实企业"走出去"的架构制度基础。以上这些思路，能为相关立法部门及农业对外投资主管部门国内立法及参与国际规则构建谈判提供参考，为境外农业投资企业建立健全治理机制提供微观法制层面的建议，具有一定的现实应用价值。

三、本书的研究内容

（一）研究对象

本书的研究对象为新时期更高水平对外开放背景下我国通过法治路径推进农业对外合作的必要性，当前农业对外合作面临的法制供给、法制实施实然状态及困境，针对前述困境新时期农业对外合作宏观法制供给及企业微观法制实施的法治应然进路。

（二）研究的框架思路

1. 农业对外合作总体审视及其与法治的关联性考量

（1）农业对外合作内涵界定

本书所指的农业对外合作，限定为农业对外直接投资，即通常所说的农业"走出去"，其系以营利为目的，通过新设、并购、参股等方式在境外创办农业产业园区、农业生产加工等涉农投资企业。

（2）农业对外合作发展概况及存在的问题

通过梳理中华人民共和国成立 70 多年来农业对外合作发展脉络，研判新时期农业对外合作发展动向。厘清农业对外合作三种形式：一是订立契约，进行项目开发合作；二是成立经营实体；三是投资创建规模化合作园区或基地。阐明当前农业对外合作存在的三个突出问题：第一，外部投资环境问题；第二，投资要素支撑问题；第三，投资主体经营问题。

（3）农业对外合作与法治的关联性考量

探究法治的内涵，分析其利弊。阐释践行法治对推进农业对外合作的作用：一是投资要素配置导向指引作用，二是投资利益归属规制评价作用，三是投资运营风险规避化解作用。有鉴于此，指出法治是新时期保障农业对外合作行稳致远、持续良性发展的长效机制，通过法治路径推进农业对外合作应立足于宏观法制规则供给及微观法制实施两个层面。

2. 农业对外合作宏观法制规则供给现状检视

（1）农业对外合作国内立法现状及分析

①农业对外合作国内立法现状：伴随着农业对外合作实务的拓展，作为其上层建筑的农业对外合作相关国内立法也从无到有，从横向与纵向两个层

面初步确立起来。横向层面制定了部分适用于包括农业在内的所有行业境外投资的综合性部门规章①，纵向层面制定了包含农业对外合作内容的农业行业性法规②。

②农业对外合作国内立法存在的不足之处：一是农业对外合作缺乏高位阶、针对性、可适用的立法；二是农业对外合作偏重传统的政策文件调控，缺乏适应法治规制要求的系统性行政立法依据。

（2）农业对外合作的国际法规制分析

①我国参与农业对外合作国际规则现状：一是加入、参与构建适用于农业对外合作的综合性对外直接投资国际规则，包括全球性多边投资规则③、区域性多边投资规则④、双边投资协定；二是加入、参与构建涉及农业交流合作的行业专门性国际规则⑤。

②我国参与农业对外合作国际规则存在的不足：一是缺乏具有建设性和直接针对性的农业对外合作刚性国际规则，二是部分国际规则的条款粗略陈旧，三是部分国际规则的适用性和约束力存在缺陷。

（3）农业对外合作的东道国法律规制分析

投资东道国涉及外资农业投资的法律体系是农业"走出去"以及迈进他国门槛必须了解并遵守的当地规则。本书选取东盟十国、中亚五国及非洲五国、

---

① 主要有商务部《境外投资管理办法》、国家发改委《企业境外投资管理办法》、国家外汇管理局《境内机构境外直接投资外汇管理规定》等。

② 主要涉及《农业法》《种子法》《渔业法》《畜牧法》及配套法规规章中的部分条款。

③ 如《与贸易有关的投资措施协议》《多边投资机构担保公约》《解决国家与他国国民间投资争端公约》等。

④ 如《中国－东盟自贸区投资协议》《亚太经合组织非约束性投资原则》《区域全面经济伙伴关系协定》等。

⑤ 如《国际植物新品种保护公约》《卡塔赫纳生物安全议定书》《名古屋议定书》《南太平洋公海渔业资源养护和管理公约》等。

欧洲俄罗斯、拉美巴西及阿根廷等 24 个我国农业对外合作主要落地国涉及外资农业投资的法律体系及其法治实践进行考察分析，得到启示如下：一是多数国家立法对外资投资于本国农业予以认可鼓励，但也有少数国家对之进行限制乃至排斥；二是各国对本国农耕地、林地等核心自然资源主权均通过立法予以特殊保护，绝大多数国家只允许外资企业通过租赁承包取得耕地、林地使用权；三是多数东道国执法司法环境有待完善，法立而不行的现象较为突出。

3. 农业对外合作的企业微观法制实施困境

（1）静态困境

我国"走出去"的企业自身存在的不足：一是缺乏真正符合《公司法》要求的公司治理机制，二是企业内部缺乏适应农业对外合作拓展要求的法律人才以及健全的法务机构。

（2）动态困境

企业在农业对外合作实务中会面临错综复杂的法律风险，包括合同履行纠纷风险、税收征管执法风险、劳工雇佣风险、环保监管风险、知识产权争议风险等。

4. 新时期优化农业对外合作宏观法制规则供给的思路

（1）农业对外合作的国内法制改良

①国内法制改良的总体原则。秉持建构理性主义之理念，应奉行如下原则：一是引导扶持原则，二是市场运作原则，三是产业安全原则，四是协调互补原则。

②国内法制改良的具体思路。一是在横向配套法律层面上，应基于整体设计、协调互补原则，制定《中华人民共和国境外投资法》这部境外投资基本法律，创制境外投资保险法规，完善外汇管理法规，对境外直接投资涉及的相关税法进行梳理修订，从而构建有利于农业"走出去"的投资财税金融

等配套法律体系；二是在纵向行业专门法律层面上，基于全球化时代"引进来"和"走出去"双向开放的总体要求，增加细化现行《中华人民共和国农业法》这部农业基本法中农业对外合作内容。在行政立法层面，制定《中华人民共和国农业对外合作条例》。同时，对《中华人民共和国渔业法》《中华人民共和国畜牧法》等涉农法律基于"走出去"的要求进行修订，增加渔业、畜牧业等农业细分行业对外投资合作的规制内容。

（2）农业对外合作的国际规则构建

①国际规则构建的总体原则。基于国际经济有序治理理念，应奉行如下原则：一是整体设计原则，二是逐步推进原则，三是互利共荣原则。

②国际规则构建的具体思路。农业对外合作国际规则体系由双边协定、区域性多边协定、全球性多边协定这三个层面构成。致力于创建更加有利于农业对外合作的国际投资体制，应针对这三个层面，依循如下具体思路分别推动构建：

一是在双边协定层面。首先，应进一步推动签署双边投资协定，实现双边投资协定在全球范围内的普遍覆盖，完善创新双边投资协定的内容条款；其次，应进一步完善双边税收协定网络，结合 2018 年 7 月 1 日起生效的《实施税收协定相关措施以防止税基侵蚀和利润转移（BEPS）的多边公约》之要求，对现有的双边税收协定进行一揽子修订；最后，与我国农业对外合作主要目的地国家磋商订立更具专门性、行业性的双边农业合作协定，依据两国农业资源禀赋及发展情势，约定双边农业合作具体的投资形式、准入审核、运营监管、扶持措施、争议解决方式等，为我国农业对外合作提供更为直接、更具行业适用性的跨国投资双边规则。

二是在区域性多边协定层面。首先，应完善中国 - 东盟自贸区《投资协议》等现有的区域性多边投资协定，修改协议中规制调整的国家行为之范围，适当增加协议中的规制条款内容，进一步完善协议中例外条款的规定，健全协议执行机制安排；其次，应充分利用现有多边合作机制和平台，推动创制上海合作组织投资协定等新的区域性多边投资协定，尽快落地实施中欧投资协定；最后，推进磋商和缔结专门的农业对外合作区域性条约，在区域农业合作规则制定方面贡献中国智慧。

三是在全球性多边协定层面。首先，应积极利用 WTO、G20、ICSID 这些具有广泛影响的国际经济合作交流机制去推动构建，在磋商拟定多边投资协定的内容条款时，应秉持逐步推进、标准适度、弹性包容的基本理念，在投资准入、投资待遇及保护、投资促进与便利化、投资争议解决机制等国际投资体制核心要素方面，既照应投资自由化的总体趋势，也注重可持续发展，并顾及东道国的经济主权和公共利益。其次，联合世界上其他主要的农业资本输出国家，适时推动联合国粮农组织来主导磋商制订全球性农业跨境投资合作协定，对农业跨境投资形式、投资准入、投资待遇及保护、投资促进及便利化、环境保护、劳工权益投资争议解决等做出契合农业行业特性的规定。

5. 农业对外合作的企业微观法制实施应对举措

为了确保我国农业对外合作沿着法治路径持续稳健发展，除了从宏观层面创制构建完善的法律规则体系外，还应从微观视域出发，要求拟到海外"务农"的企业依法确立产权明晰、权责分明的现代企业制度，完善企业治理运营机制，从静态架构到动态机制构建合规高效的企业运作平台。

（1）总体制度保障：依法完善"走出去"的企业的治理机制

①理顺国家作为国有涉农企业主要出资人与企业之间的关系。

②建立规范的现代公司治理机构及运作机制。一是建立规范、符合国际通例的现代公司治理组织机构；二是选任合格的董事、监事；三是确立规范的治理机构议事程序，增强境外农业投资企业信息透明度。

（2）具体制度保障：建立健全农业对外合作法律风险防范机制

①法律风险防范机制的组织基础。在境外农业投资企业内设立专门的法务管理机构，该种机构应克服"科层制组织"的弊端，压缩纵向管理链，趋向扁平化，突出专业性。

②法律风险防范机制的人力资源基础。以科学的激励机制，在拟"走出去"的企业内培养储备卓越的农业对外合作法律专门人才。

③农业对外合作前期阶段的法律风险防范机制。企业对拟实施的每一农业对外合作项目，要组织法律专业人士进行深入的事前法律调查。在调查的基础上，采用科学合理的方法，对法律风险进行恰当评估。根据评估测定的法律风险，采取可行的控制对策，尽量创造条件追求风险的主动化解。

④后续阶段的法律风险防范机制。持续关注母国和投资东道国的立法和司法动态，及时把握境外投资法制环境的变化。对已设立运作的境外农业投资企业，其重大的生产经营活动要进行有效的法律可行性分析。依法与投资东道国的政府监管机关、客户、同行、公众、本企业的员工协调好关系，营造良性的投资经营环境。确立法律风险应急机制，随时应对可能出现的法律风险。

（三）研究重点

1. 基于法治视域，对于农业对外合作宏观法制规则供给及微观法制实施实然状态进行考察，以问题为导向，运用实证分析、比较分析及规范分析等方法，总结梳理上述两方面存在的问题，作为下一步展开研究的基础。

2. 根据所总结梳理的问题，在新时期更高水平对外开放背景下，基于完善农业对外合作治理体系、促进农业对外合作可持续高质量发展之要求，优化农业对外合作宏观法制规则供给，提升企业微观法制实施效果的应然法治理路。

（四）主要目标

运用实证分析和规范分析等多种研究方法，审视法治路径对新时期顺利推进农业对外合作的必要性，探究农业对外合作宏观法制供给及微观法制实施之现状，阐释其不足之处。在此基础上，提出新时期更高水平对外开放背景下优化农业对外合作宏观法制规则供给、改良企业微观法制实施的法治思路，借此深化对农业对外合作治理的理论认知，丰富经济法学研究视域和研究方法，并为立法机关、行政主管机关、境外农业投资企业提供咨询参考。

四、本书研究的创新之处

（一）学术思想和观点的创新

本书选择了一个独到的研究视角，探析法治对新时期推进农业对外合作的必要性和保障机理及具体进路，在国内首次提出了如下创新性的学术思想和观点：

1. 在新时期更高水平对外开放的背景下，健全的法制对完善农业对外合作治理体系、推进农业对外合作持续良性发展意义重大。为此，应从国内法、国际法两个层面优化农业对外合作宏观法制规则供给，与时俱进改良相关法制规则体系，构建农业对外合作便利合理的制度环境。

2. 法治的完整内涵包括法的创制与法的实施。为了确保我国农业对外合作行稳致远、有序推进，除了从宏观层面建立健全相关法制规则体系之外，还应从微观层面出发，推动"走出去"企业依法确立现代企业制度，完善企业治理运营机制，从静态架构到动态机制两个方面去构建科学有效的企业运作平台。

（二）研究方法的创新

本书的研究内容融合了法学、经济学等学科。研究视域具有学科交叉性，采取了案例实证分析、定量分析、规范分析等多种研究方法，在对现有理论文献及实证材料综合研究的基础上，基于经济分析法学原理，从制度建构视角提出了新时期更高水平对外开放背景下推进农业对外合作的宏、微观法制思路，在研究方法上具有一定的创新性。

五、本书研究中的疑难及不足之处

本书在研究中，限于研究条件及作者自身学识水平，存在如下疑难之处：一是企业在境外开展农业对外合作实务中，所遇到的各类型法律风险及具体案例，由于涉及商业机密及境外司法管辖，相关案例不易收集，是本书实证分析的研究难点。二是农业对外合作宏观法制规则中涉及的东道国法律及各种国际条约。由于当前我国农业对外合作所涉及的投资东道国数量众多，加上检索渠道有限，难以对所有东道国外资农业投资的相关法律进行一一收集分析。另外，也有部分我国尚未加入的涉农国际条约难以查找，从而无法对之进行有效剖析。

此外，本书的研究尚存如下不足之处：一方面，本书的考察视域较广，从宏观法制规则供给到微观法制实施，均纳入检视探析范围。但限于笔者的学术水平，在很多方面未能深入梳理挖掘，故难免泛泛而谈、研之未尽、析之不深，尤其是在宏观规则供给层面，仍有诸多重大问题有待进一步拓展剖析。另一方面，本书的实证数据、案例引用仍不够多，有不少问题的论证力度不够，有待进一步对农业对外合作实务进行诠释分析，在实践应用价值方面存在提升的空间。

第一章　农业对外合作总体审视及其与法治的关联性

第一节　农业对外合作的内涵界定、发展概况及存在的问题

一、农业对外合作的内涵界定

"农者，天下之大本。"农业是国民经济的基础，是人类社会演进发展的产业之源。在经济全球化时代，农业产业活动已不再局限于一国境内，而是会延展到全球范围，由此产生了农业对外合作交往。新时期我国的农业对外合作，可从广义和狭义两个层面予以界定。

（一）广义

从广义角度讲，农业对外合作既包括以营利为目的的对外农业产品、技术、服务贸易及对外农业投资，也包括非营利性的对外农业技术、产业信息交流及培训咨询活动。具体来说，新形势下的农业对外合作，从行动方向上包含农业"走出去"和农业"引进来"；从合作形式上则包括农业双向投资合作、农产品国际贸易、对外农业援助、多双边农业技术合作和人力资源合作，以及全球经济治理中的涉农领域合作等主要内容①。

---

① 参见 2016 年 1 月 18 日《每日经济新闻》记者对农业部对外经济合作中心副研究员何君的专访。

（二）狭义

从狭义角度讲，农业对外合作主要指以企业为投资主体，遵循市场规则，按商业规律办事的农业对外直接投资，亦即通常说的农业"走出去"。具体而言，其系以营利为目的，通过新设、并购、参股等方式在境外创办农业产业园区、农业生产加工企业等产供销涉农投资项目。其中，境内投资者主要指具备"走出去"实力的国内企业，也包括适格的国内个人投资者。

限于篇幅，基于论证的严谨性考虑，本书所指的农业对外合作，绝大多数指狭义上的农业对外直接投资。

二、我国农业对外合作概况 [①]

"历史不仅是知识中很有价值的一部分，而且打开了通向其他许多部分的门径，并为许多科学领域提供了材料。"[②] 从法学视域考察我国农业对外合作，须对其过往历史做基本的审视把握，才能探究到实然性现象之后法学层面有意义的启示。

（一）农业对外交流合作的早期历史回顾

我国是传统农业大国，中华文明本源上是一种农业文明，农业是民生之本、立国之基。农业对外交流合作古来有之，源远流长。我国古代就有几条对外商道，如丝绸之路、茶马古道、茶叶之路等，农业交流和农产品贸易是这些商道交往互动的重要内容。"借古丝绸之路，中国从西方引入了胡麻、石榴、苜蓿、葡萄等作物品种，并把掘井、丝绸、茶等生产技术和产品带到了中亚，促进了沿线国家间农业技术和产品的传播交流，亚欧非的农业文明

---

① 此处的农业对外合作系从广义角度描述。

② 休谟.英国史［M］.刘仲敬，译.长春：吉林出版社，2013.

沿着古丝绸之路交流互通，不断发扬光大。"[①]粟、黍是非常古老的栽培作物，我国是世界公认的粟、黍的发源地。何炳棣先生通过考古、植物、语言、文献等学科多方面求证得出结论：粟和黍是中国华北半干旱黄土区的原生植物，全球各地的粟属和黍属作物都是史前及有史时代由中国传过去的。此外，曾经是中国百姓重要食粮的甘薯、玉米亦是农业对外交流带来的作物。据清陈世元所著《金薯传习录》记载，明万历二十一年（1593），闽商陈振龙自吕宋（今菲律宾）将甘薯引入我国。玉米原产美洲，是在1492年哥伦布发现美洲以后才传到世界各地的。而根据各省通志和府县志的记载，玉米最早于明朝嘉靖年间已传到我国的广西，距离哥伦布发现美洲不到四十年。除此之外，在明清时期引入的美洲农作物还有烟草、花生、马铃薯、辣椒、番茄、菜豆、结球甘蓝、花菜和向日葵等。"民以食为天"，以上这些异域粮食作物的引进，有效增加了明清时期全国粮食供应量，促进了人口的增加。

（二）近代农业对外交流

鸦片战争以后，中国遭遇"千年未有之大变局"，沉滞僵硬的封建帝国门户被列强的枪炮撬开，自此国运多舛，逐步沦为灾难深重的半殖民地、半封建社会。相应地，传统的自给自足农业产业也受到了西方近代化农业的极大影响和冲击，被动地卷入了近代化农业对外交流合作。由于本国农业相对于西方的弱势，该阶段的农业对外合作，更多表现出一种"引进来"的态势。19世纪末清政府甲午战争惨败后，在沿海一带开始大量引进西方农业技术，最主要是引进和驯化西方作物品种。彼时，西方优良的作物品种，如棉花品种、水稻品种、小麦品种、烤烟品种、玉米品种、甘蔗品种等都被引种到我国。其中陆地棉品种引进成效最为显著。随着外国资本输入等所带来纺织业

---

① 参见2017年5月农业部、国家发改委、商务部、外交部四部委联合发布的《共同推进"一带一路"建设农业合作的愿景与行动》。

第一章 农业对外合作总体审视及其与法治的关联性

的发展，优质陆地棉的引进成为当务之急。据考证，早在 1867 年清政府即曾派人赴美采购棉花良种 ①。而陆地棉引进之后，又带动其他西方先进的农业技术，比如，选种育种新法、病虫防治技术、旱地农业技术、土壤肥料技术及西方的新式农具、西方的水利技术、畜牧兽医技术等陆续被引进我国，以上这些农业对外交流合作，都突破了传统的领域 ②，在一定程度上推动我国农业向近代化迈进。除了境外农业先进品种技术输入外，这时期的农业对外合作，主要表现为部分农产品、经济作物的大量出口。然而，由于频繁的战乱、动荡的社会环境、不合理的农业生产分配体制，都使得新中国成立前的农业生产经营状态整体困顿破败，多数区域仍停留在传统低端生产阶段。农业对外合作举步维艰，未能引领我国农业迈入现代农业阶段。

（三）新中国成立至今农业对外合作历程

前文所述仅是古代中国农耕文明时期和近代由传统小农经济向农业初步商品化转型阶段农业对外交流合作的初级形态，真正现代意义上的农业对外合作，到了 20 世纪中叶新中国成立之后才逐步推进展开。回顾新中国成立这 70 多年的经历，农业对外合作大抵可分为以下四个阶段：

---

① 李瑞.1840 年后中国农产品出口数量及结构问题的分析［J］.现代商业，2009（8）：172.

② 这个时期的农业对外合作，还涉及中外农业文化交流。随着西学东渐，西方农学的引进，西方的农业教育、管理体制传入我国，从而引起我国农业的变化。近代中外农业文化交流最具代表性的是中美两国之间的交流。近代中美农业科技交流与合作始于 19 世纪末。初期工作主要限于图书文献的译介和农业知识的传播、生物资源的专项考察。较为正式且有组织的交流与合作活动始于 20 世纪。1925 年金陵大学与康奈尔大学开展校际合作，订立中国作物改良合作计划，是为中美农业技术合作之滥觞，后来又有中国农具改良合作、中国农村复兴联合委员会、亚洲蔬菜研究发展中心等。

1. 20 世纪 50 年代至 70 年代末：以非营利性的对外援助为主，同时从国外引进部分农业品种资源及先进农业技术

新中国成立至改革开放这三十年间，由于特殊的国际国内环境，为了打破霸权主义对我国的压制封锁，彼时我国农业对外合作始终以非营利性质的援助为主，并且多是我国单方面提供援助。20 世纪 50 年代，我国对外援助对象主要是社会主义阵营的朝鲜、越南和蒙古。1963 年年末至 1964 年年初，随着周恩来总理对亚非 14 国的访问及《中国对外经济技术援助八项原则》的提出，我国的对外援助工作发展较快，援助范围扩大到 30 多个发展中国家。1971 年，我国恢复了在联合国的合法席位，国际地位显著提高。1973 年，在联合国粮食及农业组织的席位亦得以恢复，我国的农业对外交往逐步打开局面，对外援助的范围从亚洲、非洲扩大到拉丁美洲和南太平洋地区。至 1978 年，接受我国农业援助的国家增加到 60 多个。

在该阶段，除了开展农业对外援助外，我国也适时从国外引进了一些优质的农业品种资源及先进技术。据初步统计，至 20 世纪 70 年代末，共引进品种资源约 2 万份，如意大利小麦、日本水稻、美国棉花、摩洛哥甜橙、东南亚橡胶、东非剑麻等品种。畜牧业方面，主要从苏联和东欧引进了新型的马和猪种、印度乳役兼用的水牛等。同时，还引进了一批先进适用技术，如种植业方面引进了小麦密植、草田轮作、机械化耕作栽培等技术，畜牧业方面主要学习了雏鸡雌雄鉴别、家畜冷冻精液保存和利用、人工授精等技术，水产方面主要引进了网箱养鱼、河鳗和牡蛎养殖等技术。以上这些，丰富了我国农业生产资源，在某些领域提升了农业生产技术水平，一定程度上推动了我国农业现代化进程。

2. 20 世纪 80 年代至 2001 年前后：互利性的农业对外合作启动，开启农业对外合作多元化时代

自 20 世纪 80 年代起，我国开始打开国门，实施改革开放新政。随着国内外形势的变化，我国农业对外合作形式也相应发生了积极变革，过去那种"只谈付出，不计回报"的政治化、单方支援式对外合作形式得以扭转，"平等互利、讲求实效、形式多样、共同发展"成为对外经济合作的基本理念。在这一新理念指导下，该阶段的农业对外合作，除了延续以往"授人以渔"，帮助受援国家学会生产某些农产品、掌握农业技术之外，发展到部分有实力的中国企业走出国门到国外从事农业投资开发，真正开启了农业"走出去"的征程[①]。该阶段的农业对外合作呈多元化态势，除了"走出去"，也注重"引进来"，而且总体上以"引进来"为主。在"引进来"方面，主要体现如下：

一是在对外开放的大背景下，着力引进外资，利用境外资本促进我国农业发展。20 世纪 80 年代，农业利用外资是以借用外资为主，尤其是条件较为优惠的国际组织贷款和外国政府贷款。但到了 90 年代，随着我国利用外资主要方式的转变，吸收外商直接投资成为农业利用外资的主要方式[②]。这些农业外资的引进，有效缓解了我国农业投入资金的不足，提升了我国农业现代化水平，促进新时期农业的产业化发展。

二是引进优质农业品种资源及农业技术。改革开放之后，品种资源的引进与交换的渠道和范围大大拓宽，到 20 世纪 90 年代末已从近百个国家引进

---

① 如 1985 年 3 月，中国第一支远洋渔业船队从福州马尾港启航赴西非海域捕鱼，开启我国远洋渔业时代。

② 据统计，截至 1997 年年底，我国农业利用外资项目 8472 个，协议外资金额 157.73 亿美元。其中国外贷款（包括优惠贷款）项目 150 个，协议外资金额 67.51 亿美元，占农业利用外资协议金额的 42.80%；外商直接投资项目 7915 个，协议外资金额 80.22 亿美元，占农业利用外资协议金额的 50.90%；国外援助项目 407 个，协议外资金额 10 亿美元，占农业利用外资协议金额的 6.3%。

农作物品种及苗木约 7 万份，从中筛选出部分有特色的作物种质资源在生产上转化应用。此外，引进各种先进适用技术近千项，其中引进的效益在 10 亿元以上的技术成果就有数十项。例如，地膜覆盖栽培技术的引进和应用，使我国农作物种植技术发生了一场革命，并在多种作物上进行应用，累计增加效益 600 多亿元。而水稻旱育稀植技术的引进使我国北方水稻生产得到极大发展，后期推广到南方广大稻区，有力推动了全国水稻产量的大幅度增加。

3. 2001 年至 2013 年：农业对外投资起步发展阶段

2001 年 12 月 11 日，中国正式加入 WTO，成为其第 143 个成员。随着中国加入 WTO 这个国际经贸大平台，对外经济合作方略发生了重大变化，从之前 20 世纪八九十年代偏重"引进来"转变为"引进来"和"走出去"并重。2006 年农业部出台了《农业"走出去"发展规划》，2007 年中央一号文件正式把农业"走出去"作为国家战略提出来，农业"走出去"获得了国家政策的大力支持。伴随着对外经济合作方略的重大变化，我国农业对外投资也逐步发展起来。据统计，2003 年至 2011 年，中国农业对外投资存量从 3.32 亿美元增加至 34.17 亿美元，增长 9.3 倍，年化增长率达到 33.8%。尤其是 2005 年之后至 2011 年，农业对外直接投资额每年均以 40% 的速度稳步提升。至 2011 年年底，我国共在境外设立涉农业企业 760 家，主要集中在周边的亚洲国家，其次是非洲、欧洲、大洋洲、美洲。投资领域涵盖农作物种植、畜禽养殖、农产品加工、仓储物流体系建设、农村能源与生物质能源。对外投资的主体，除了中粮集团、中农发集团等国有大型涉农企业外，也包括诸如新希望集团等部分具备实力的民营企业[1] 及个体农户。

---

① 进入新世纪，在国家推动农业"走出去"的大背景下，天津聚龙集团、浙江卡森集团、青岛瑞昌棉业公司、新希望集团等民营企业在境外的农业投资风生水起。例如，天津聚龙集团在印度尼西亚已经种植了十几万公顷的棕榈油树，每年的棕榈油产量占到当地市场的 20%；浙江卡森集团在巴西拥有 27 万亩的大豆种植农场；青岛瑞昌棉业公司在非洲每年能生产 10 万余吨籽棉；新希望集团每年也在国外扩展布点多家农牧企业。

4. 2013 年起至今:"一带一路"倡议背景下农业对外投资快速发展阶段

2013 年我国提出了"一带一路"倡议,这一新时期的对外开放方略体现东西互济、陆海联动的对外开放宏大格局,具有与时俱进的积极意义。农业对外合作是"一带一路"建设的重要议题。自"一带一路"倡议提出以来,国家层面高度重视农业对外合作,在政策层面采取了一系列推进扶持举措,建立起以农业农村部部长为总召集人、由 21 个部级单位共同组成的农业对外合作部际联席会议制度,构筑起了农业对外合作新机制。2017 年 5 月,首届"一带一路"国际合作高峰论坛召开前夕,农业部等四部委联合发布《共同推进"一带一路"建设农业合作的愿景与行动》,向全球发出了加强农业合作、共享中国现代农业发展成果的明确信号。在国家政策利好因素推动下,我国农业对外合作作为整体对外投资的一部分,发展较为迅猛。商务部统计数据显示,2017 年我国农业对外投资总额为 22.2 亿美元,2013—2017 年累计投资总额约为 180 亿美元,对外投资的国别数量达到 100 多个。其中在"一带一路"沿线国家投资的农业项目数量已达 200 多个,投资额达 700 多亿元人民币,已与沿线 48 个国家签署了 101 个合作协议。通过农业对外投资,初步形成了行业类别齐全、重点区域突出、投资主体多元格局,具有独资、合资、合作、国营、民营等多种投资模式和经营主体,覆盖种植、养殖、捕捞、加工、农机、农资、种业和物流等各产业链,包括粮食、畜禽、水产、经济作物和饲草饲料等各类产品,并逐步向全产业链延伸。

从区域分布来看,中国农业对外直接投资以亚洲为主,但其他各大洲也有分布。根据统计,截至 2019 年年底,我国农业对外投资总存量达 348.37 亿美元,其中在亚洲投资存量 135.06 亿美元、大洋洲 105.12 亿美元、欧洲 70.33 亿美元、南美洲 20.13 亿美元、非洲 13.94 亿美元、北美洲 3.79 亿美元。从境外企业设立数量方面看,截至 2019 年年底,我国境外农业投资企业主要设立在亚洲、欧洲和非洲地区。其中，亚洲 546 家（55.38%）、欧洲 143 家（14.5%）、非洲 136 家（13.79%）、大洋洲 78 家（7.91%）、北美洲 51 家（5.17%）和南美洲 32 家（3.25%）。这些企业主要分布在缅甸（99 家）、老挝（91 家）、俄罗斯（89 家）、印度尼西亚（57 家）等国家[1]。

从投资主体、投资方式来看，也逐渐多元化起来。由于中国农业对外合作早期主要以援外项目为主，导致最初"走出去"的投资合作主体基本以国有企业为主。但是随着近年来农业对外投资规模的快速增长及民营企业的兴盛崛起，农业对外投资主体呈现出从国有企业为主逐渐向国有和民营企业并重发展。在投资方式上，对接国际直接投资潮流，逐渐向多元化发展，有独资、合资、合作参股等类型。投资的层次也在逐渐升级，从最初的合作开发资源，逐渐向资本合作经营、重组并购、产业链布局转变[2]。

三、新时期农业对外合作的具体形式

我国农业对外合作的基本主体是企业。狭义的农业对外合作，本质上是以营利为目的介入农业产业领域的跨境资本配置活动，具有国际直接投资的一般属性。基于农业长周期、民生性、基础自然资源依赖性的产业特点，目前农业对外合作采用的合作形式，按其从初级到高级的演进形态划分，主要有如下几类：

---

① 以上数据参见《中国农业对外投资合作分析报告》（2020 年度）。

② 近年来，以中粮集团、中农发集团为首的央企，以重粮集团、黑龙江农垦为主的地方国企，在境外的农业投资都已颇具声势。央企方面，中粮集团继 2011 年成功并购澳大利亚塔利糖业公司 99% 的股份之后，其后又斥巨资先后并购荷兰 Nidera 集团、香港来宝集团旗下来宝农业有限公司，布局农业全产业链，着力打造国际大粮商。中农发集团重点在非洲、南美、澳洲、东南亚开发农业、渔业等资源。地方国有农企中，从 2010 年开始，重粮集团已投资数十亿元，在巴西、阿根廷等地建设大豆基地，涉及种植、仓储、港口物流等多个环节。黑龙江农垦则在俄罗斯、巴西等国家拓展"域外垦区"4000 多万亩。

（一）订立契约，进行项目开发合作

该种合作形式系我国对外农业合作主体与境外的政府机构、企业、其他经营者等相关主体，基于农业领域的市场需求和各自比较优势，通过签订项目合作合同，在部分农业产业项目上进行阶段性的项目开发合作。中方合作主体通常以设备、物资、技术、资金等出资，而外方通常以劳工、经营场所、土地等基础自然资源出资。该形式下的农业对外合作较为灵活、松散，以契约来明确合作各方的权利义务，未成立专门的合作经营机构，属于农业对外合作的初级形态。目前，我国不少企业到非洲、拉美地区实施的订单式农业项目即属于这种合作形式。

（二）成立经营实体

该种合作形式系中方投资者"携资出海"，通过设立独资企业、与境外投资者成立合资企业等经营实体的形式到境外开展农业对外合作。该种形式的对接更具长期性和稳定性，是农业对外合作的主要形态。近年来，随着农业领域资本"走出去"战略的大力推动实施，除了传统的在境外新设农业投资企业外（绿地投资①），另一个显著现象是部分有资金实力的企业（以国有企业为主）基于做大做强、完善产业链条之战略性要求，着力进行境外农业领域并购，以股权收购等方式（褐地投资②）实现对境外已有农业企业的控制。例如，2011 年中粮屯河股份有限公司（中粮集团的子公司）以 10.9 亿

---

① 绿地投资（Green-field Investment）又称创建投资，是指跨国公司等投资主体在东道国境内依照东道国的法律设置的部分或全部资产所有权归外国投资者所有的企业。其直接导致东道国生产能力、产出和就业的增长。

② 褐地投资（Brown-field Investment）又称跨国并购，是指涉及两个以上国家的企业的合并和收购。按照联合国贸易与发展会议（UNCTAD）的定义，跨国并购包括两种：一种是外国企业与境内企业合并；另一种是收购境内企业的股权达 10% 以上，使境内企业的资产和经营的控制权转移到外国企业。

元并购澳大利亚 Tully 糖业 [①]、2014 年中粮集团联合厚朴基金牵头的投资团共同完成对新加坡来宝农业及荷兰尼德拉公司的并购 [②]，即属于这方面的典型案例。

---

① 中粮集团并购澳大利亚 Tully 糖业历经一系列波折，该并购案过程如下：澳大利亚 Tully 糖业公司每年的甘蔗处理能力达到 250 万吨左右，食糖产量约 25 万吨，具有一定的影响。2010—2011 年期间，受自然灾害影响，甘蔗大幅减产，该公司面临巨大的财务危机。2011 年 4 月 16 日，中粮集团发出收购要约，出价 41 澳元 / 股。此前，中粮集团已协议收购了 Tully 糖业 19.9% 的股份，由于国有企业的身份，此次收购需经过澳大利亚外国投资审查委员会（FIRB）的审批。然而，邦吉公司作为一家美国企业，同样出价 41 澳元 / 股，不需要经过审查。5 月 18 日，邦吉公司重提收购报价，出价 42 澳元 / 股，5 月 23 日，中粮集团将报价提高到 43 澳元 / 股，超过了邦吉公司。次日，邦吉公司将收购价提高为 43 澳元 / 股，并承诺在下个月的第一周内付清。与此同时，本土企业迈克公司加入竞购的行列，初次报价为 41 澳元 / 股，实际上当时已经拥有了 Tully 糖业 9% 的股份，且获得了路易达孚的大力支持。5 月 27 日，迈克公司突然加码，将报价提高到 43 澳元 / 股。至此，三家公司报价相同。为改善并购环境，2011 年 6 月初，中粮集团总裁亲自拜访 Tully 糖业董事长等人，表达了巨大的收购诚意。其次，收购团队结合当地风俗，与股东深入交流，减小了因文化差异带来的隔阂，逐渐消除了股东们心中的疑虑。紧接着，中粮集团借助当地媒体影响舆论导向。6 月 3 日，中粮集团将报价提高至 44 澳元 / 股。至当年 7 月，邦吉公司及迈克公司先后退出收购，并均将其持有的股权出售给中粮集团。8 月，中粮集团收购了 Tully 糖业全部股份。同年 10 月 20 日，中粮屯河（中粮集团的子公司）董事会审议通过了并购 Tully 糖业议案，并于 2013 年 4 月 11 日对 Tully 糖业实现了完全控股。

② 中粮集团并购新加坡来宝农业及荷兰尼德拉公司的背景及操作过程如下：来宝集团成立于 1987 年，总部在香港，是棉花、谷物、咖啡等农业产品全球供应链管理的重要企业。2014 年 4 月 2 日，中粮集团协议以 15 亿美元的价格收购来宝集团旗下来宝农业 51% 的股权，打造农产品合资企业。9 月 30 日，中粮集团与来宝集团完成了交易，"中粮来宝"成立。其中，中粮集团连同投资团控股 51%，来宝集团控股 49%。中粮来宝农业主要在南美洲、非洲、欧洲、亚洲（包括印度及中国）及澳洲经营农产品的采购、加工、存储和营销，涉及谷物、油籽、糖、乙醇、棉花、咖啡等品种，其物流及加工资产战略性布局于全球农产品贸易流动主干线。2015 年，中粮集团与中投共同成立"中粮国际"，作为中粮集团农业海外投资和管理平台，分别持股 80.1% 和 19.9%。同年 12 月 22 日，中粮国际以 7.5 亿美元收购中粮来宝农业剩余 49% 的股权。2016 年 3 月 3 日，中粮国际宣布其收购来宝农业剩余 49% 股权交易成功交割。全资收购之后，中粮农业作为中粮集团的海外平台，将其上游粮源掌控和交易资产直接对接中粮旗下企业的下游加工及分销网络，形成上下游一体化格局，有利于中粮集团全球产业链布局的进一步优化。尼德拉是全球知名的国际农产品及贸易企业，主营业务包括大宗农产品生物能源的生产、加工、采购、贸易、仓储、物流等业务，在南美和欧洲具有优势。2014 年 2 月 28 日，中粮集团协议收购尼德拉公司 51% 的股权。同年 10 月 14 日，中粮集团与尼德拉的并购完成交割，中粮集团联同投资团控股 51%。2017 年 2 月 28 日，作为中粮集团农业海外投资和管理平台，中粮国际宣布完成自荷兰 Cygne 公司收购尼德拉 49% 的剩余股份。

（三）投资创建规模化合作园区或基地

该种合作形式系中方投资者单独或与境外合作者共建境外农业产业园区、产业综合基地、远洋渔业基地等规模化合作平台。其为中外双方农业产业全面对接合作、打造集群化农业产业链条提供了综合性的空间平台，是农业"走出去"的规模化高级形态。例如，自 2016 年开始，农业部推动在"一带一路"沿线以及其他重点区域组织开展境外农业合作示范区建设，对示范区的建设定位是：秉承共享发展理念，结合东道国实际，立足区域资源优势和产业特色，加强全产业链建设，促进一二三产业融合，建立健全运营管理与服务机制、风险防控体系，打造产业聚集融合平台，引领带动企业抱团走出去，为企业走出去搭建境外平台。2017 年 7 月，农业部认定塔吉克斯坦 - 中国农业合作示范园等 10 个境外园区为首批境外农业合作示范区建设试点[①]。此外，以福州宏东远洋渔业有限公司为代表的一些中国远洋渔业企业，在印度尼西亚、缅甸、西非毛塔、南美圭亚那等国投资兴建了多个渔船停泊、维修、制冰、加工等设施较为齐全的综合性远洋渔业基地。

---

① 首批境外农业合作示范区建设试点共十家，名单如下：1. 塔吉克斯坦 - 中国农业合作示范园，组织实施企业为新疆利华棉业股份有限公司；2. 莫桑比克 - 中国农业技术示范中心，组织实施企业为湖北省联丰海外农业开发集团有限责任公司；3. 江苏 - 新阳嘎农工贸现代产业园（坦桑尼亚），组织实施企业为江苏海企技术工程股份有限公司；4. 乌干达 - 中国农业合作产业园，组织实施企业为四川友豪恒远农业开发有限公司；5. 亚洲之星农业产业合作区（吉尔吉斯斯坦），组织实施企业为河南贵友实业集团有限公司；6. 苏丹 - 中国农业合作开发区，组织实施企业为山东国际经济技术合作公司；7. 老挝 - 中国现代农业科技示范园，组织实施企业为深圳华大基因科技有限公司；8. 柬埔寨 - 中国热带生态农业合作示范区，组织实施企业为海南顶益绿洲生态农业有限公司；9. 斐济 - 中国渔业综合产业园，组织实施企业为山东俚岛海洋科技股份有限公司；10. 赞比亚农产品加工合作园区，组织实施企业为青岛瑞昌科技产业有限公司。

四、农业对外合作的意义

在经济全球化大背景下，"相通则共进，相闭则各退"，开放合作是时代潮流，是人类社会发展演进的空间维度拓展方向。农业对外合作是新时期我国对外经贸合作的重要议题，在风云际会的时代大背景下，农业对外合作具有如下积极意义。

（一）联结国内国际两个市场，优化我国农产品供应结构关系

开展农业对外合作，而不是"坐井观天"，囿于本国境内"一亩三分地"进行自我循环，具有扩大农业产业空间、防止农业产业"内卷化"的重大意义。在现代社会，经济活动及产业空间范围愈大，可能产生的经济配置及组合效益愈高。通过农业对外合作，国内国际两个农产品市场得以联通，我国境内的农业生产经营者，在安排农业产业活动中供应、生产、销售、分配各个环节时，能够立足于更宏大的国际视野，汲取更广阔的生产资源要素，按照更高的边际效益进行运营。其结果是，我国农业产业规模会随着国际市场的开拓而扩大，整体效益会随之提升，同时，国内农产品的供应品质会得到优化，最终增进国内农产品终端消费者的福祉。

（二）带动我国涉农领域资金、技术输出，提高农业产业竞争力

"海阔凭鱼跃，天高任鸟飞"，通过农业对外合作，开展从初级层次的农业对外支援、对外农产品贸易直至高级形态的对外农业投资，能够使我国的农业经营者直至整个农业产业，直面错综复杂、风云激荡的国际市场，追踪国际农业领域的最新动态，洞悉国际农业产业活动的"游戏规则"，在练好"内功"的基础上，根据自身的比较优势，基于经济理性原则，有选择地对外"布子出牌"，带动我国涉农领域资金、技术输出。通过这些要素输出，在合

作共赢的基础上，增进要素经营效益，维护国家粮食安全，确立我国在国际农业产业链条上的竞争优势，最终提升农业产业整体竞争力。

（三）提升我国农业企业经营治理水平

农业对外合作的主体是我国农业产业链条上从初级生产到高级深加工的各类农业企业，尤其是其中具有一定实力的农业企业。这类企业之前在国内有限的市场空间、相对熟悉的环境里，尚能"山中无老虎，猴子称大王"，保有一定的经营优势。然而，这种优势是有局限性的。通过农业对外合作，走出国门，与国际上先进同行交流碰撞，直面外部的压力和挑战，"艰难困苦，玉汝于成"，将使这些农业企业真切感受到自身存在的不足、与先进同行的差距，进而激发其从技术、管理、人才建设等方面提高企业经营治理水平，打造适应 21 世纪国际竞争要求的全球化农业企业。农业企业是我国农业产业链条关键的主体，如果广大农业企业的经营治理水平通过农业对外合作得以显著提升，则我国农业产业的振兴便是水到渠成、顺理成章之事。

五、当前农业对外合作存在的问题

三十多年来，在改革开放的大背景下，农业对外合作扬帆起航，逐步拓展，已取得了一定的成果。尤其是"一带一路"倡议推进实施这几年来，农业对外合作作为经贸领域的重要推进选项，其投资流量每年均以两位数的增长率在高速递增。不过，在总体向好的大形势下，我们应清醒地看到，当前农业对外合作亦存在以下困境和问题。

（一）外部投资环境问题

1. **较高的投资准入要求**

农业是国民经济体系中的基础性产业，涉及民生及经济安全。"劳动是财富之父，土地是财富之母"，农业生产所涉及的土地、森林、草场、海洋等自然资源是一国赖以生存发展的基础资源。对于外资进入农业领域，各国通常会设定较高的门槛和壁垒。尤其是近年来，反全球化和保护主义浪潮盛行。各国更加关注外国投资对本国生态、环境、经济、社会等方面的可持续发展是否会造成损害。农业是一个与生态环境以及经济社会建设紧密相关的产业，农业对外直接投资必然会面临东道国方面提出的生态环境保护与经济安全等标准性要求，如澳大利亚明确要求外国投资项目必须通过环境保护、生态平衡与生物多样性可持续发展审查。而要达到这些要求可能会影响海外投资进度，显著增加运营成本。而且，这种抬高农业投资进入门槛的趋势短期内难以扭转，这无疑对我国农业"走出去"增加了很多挑战和障碍。

2. 变化莫测的政局

近年来我国农业对外合作的重点区域，主要是农业生产力水平相对较低、我国企业具有比较优势的亚洲周边国家，如东南亚的缅甸、泰国、印度尼西亚、老挝、柬埔寨，中亚的吉尔吉斯斯坦，非洲的一些发展中国家如坦桑尼亚、乌干达、苏丹、毛里塔尼亚，以及与我国毗邻的俄罗斯。这些国家往往有着较为丰富的农业生产资源，对我国涉农企业极具投资吸引力。但是，这些国家政治体制千差万别，国家治理法治化水平参差不齐，政局变化难测，政局的变化会导致对外国投资政策的变化，使得农业对外合作项目这种长周期性的外国投资项目极可能遭遇政策变化而引致不确定性风险。这种因政治原因引起的非市场系统性风险有时对"走出去"的我国企业是致命性的，这是农业对外直接投资者必须审慎应对的一项投资风险。

3. 文化融入沟通问题

农业系长线产业，农业对外合作项目因产业特点通常运营周期较长，需在东道国长期存续运作，因此在东道国除了"在商言商"的经贸层面交往之外，还涉及更高层面的文化融入沟通问题。所谓交友贵在交心，交心了才能成为长期良友，文化融入沟通就是一项交心工程。只有做好文化融入沟通这篇文章，确实得到东道国民众的认可，农业对外合作项目才能在当地切实落地生根、开花结果。我国当前农业对外合作涵盖区域，自东向西延展数万里，跨越中华文明、伊斯兰文明、印度教文明、基督教文明等多个文明圈，会触及众多不同的民族文化。不同的文化之间难免存在排斥冲突，且这种文化之间的冲突是深层次的。如果我国农业对外合作项目只注重商业利益，未能有效处理好文化融入沟通问题，将不可避免地遭遇排斥和失利。这也是我国农业"走出去"进程中应长期审慎应对的一项投资环境因素。

（二）投资要素支撑问题

我国当前的农业对外合作，除了前述系统性、非市场的外部投资环境困扰外，在"走出去"的投资要素支撑方面，还面临如下突出问题。

1. **资金问题**

农业对外合作本质上是我国资本在农业领域的输出，因而要求拟实施对外合作项目的我国境内投资者具备充裕的资金实力——"有钱才能有为"。目前，参与对外合作的除了国有企业，还有大量的民营企业。不管投资项目数量还是投资额，民营企业都远远超过国有企业。对于"走出去"的民营企业，从总体上看以中小企业为主，这些企业资金实力较为薄弱，且缺乏有效的融资渠道，这是困扰农业对外合作资金输血的一个紧要问题。

2. **人才支撑**

人才是第一资源，是企业核心竞争力的依托所在。我国企业扬帆海外拓展农业对外合作，除了必备的资金、技术等投资要素外，另一个决定性的因素是人才支撑。适格的人才团队是最能动且核心的投资要素，是确保农业对外合作项目顺利运营的必备主体条件。在陌生的异国环境里投资设立经营实体,从事长周期、比较效益相对低下的农业生产活动,需要大批具有国际化教育背景和视野、甘于吃苦潜心做事的经营管理、农业技术、财务、法律、营销人才。然而,现实情势是虽然"走出去"的倡议已推动好多年,但能担当"走出去"重任的人才队伍并未"锻造"出来。适格的人才团队已成为影响农业对外合作顺利推进的一项短板。尤其是对很多"走出去"的民营涉农企业来说,难招人、难留人已成为困扰海外投资的一个突出现象。

3. 保障机制

农业对外合作作为跨境的长线产业投资活动,境内投资者要注入资金、技术、人力等资源拓展陌生的国外市场,要应对复杂难测的国外投资环境,投资回收周期因为产业特点往往较为漫长,故其面临的投资运营风险通常较高。从欧美发达国家的实践经验来看,为了促进本国农业对外合作,通常会通过财政补助、政策性保险、投资信息提供等一系列官方配套保障机制予以扶持。然而我国当前这些配套保障机制却近乎处于空白状态。从国家到地方,未划拨扶持涉农企业境外投资的国家财政专项资金,农业企业境外投资保险体系也未建立。此外,缺乏有效的农业对外合作信息交流平台,无法为全国农业企业境外投资提供可行性论证和咨询服务。

(三)投资主体经营问题

1. 投资项目选择的低端化现象

从我国当前已设立的境外农业投资项目总体现状来看,由于其投资者以中小民营企业为主,囿于自身实力,这些企业多数投资规模不大,投资额度较低①，投资领域偏向初级的种植业、养殖业等附加值不高的产业链低端环节，深度的农产品加工投资不足，缺乏高附加值、原创性项目，缺乏高质量的全产业链布局。

2. 投资经营趋于无序

从现状来看，我国境外农业投资没有形成系统性、有规划的支撑，市场主体多是单兵作战、单打独斗，相互之间互动交流与合作较少，抱团发展不足，抗风险能力较差，难以形成集群合力；部分同类型企业还存在"国际竞争国内化"现象，甚至在海外参与恶性竞争、竞相压价，损害了整体形象和产业利益。

六、新时期促进农业对外合作高质量发展的思路建议

"我国经济已由高速增长阶段转向高质量发展阶段"，"发展必须是科学发展，必须坚定不移贯彻创新、协调、绿色、开放、共享的发展理念"②。因应总体经济发展变革大势，未来我国农业对外合作也应转入由量到质、由快到好、追求高质量有效益发展的新阶段。为了实现新时期农业对外合作可持续高质量发展，建议采取如下措施：

---

① 统计显示，美国、日本等发达国家对外农业平均项目投资额度约是 600 万美元，发展中国家大约 260 万美元，而目前中国仅约为 100 万美元。此外，尽管中粮等农业龙头企业加大了境外投资力度，但从总体情况来看，在境外农业企业中，中小企业还是占了绝大多数，从国企到民企，农业龙头企业占比还是明显偏少。与美国、日本等发达国家的粮食巨头企业相比，中粮集团、重粮集团等国企对国际粮食市场的影响还是十分有限。以上数据引自 2016-05-18《经济观察报》记者降蕴彰报道《官方报告定调农业海外投资》。

② 参见习近平《决胜全面建成小康社会 夺取新时代中国特色社会主义伟大胜利——在中国共产党第十九次全国代表大会上的报告》，2017 年 10 月 27 日新华网。

（一）政府应做好顶层科学规划，合理引导，并施以有效的措施、机制，注入必要的资源，以"看得见"之手的力量引领农业对外合作良性发展

进入新世纪，面对经济全球化的时代潮流，我国实施"走出去"和"引进来"双向并重的对外开放策略，努力构建层次丰富、结构多样、领域宽广的全方位高水平对外开放格局，以高水平的对外开放推动本国经济高质量转型发展。2020年10月党的十九届五中全会亦进一步提出，要建设更高水平开放型经济新体制，健全促进对外投资政策和服务体系。农业对外合作是建设更高水平开放型经济新体制的对外经贸合作重要议题。为此，政府应适当发挥自身这只"看得见的手"之作用，有所作为，扶持我国农业稳步"走出去"。首先，着眼于高水平对外开放、实现我国农业现代化、保障我国农业及整体经济安全这些中长期战略布局，贯彻创新、协调、绿色、开放、共享的新发展理念，对我国农业对外合作从顶层上进行科学规划、合理定位，并在此基础上厘定引导监管的目标。其次，为了达到这些目标，政府必须通过出台政策、制定立法等组合措施，优化农业对外合作的国内营商环境，并通过相应的行政管理、执法等执行机制予以贯彻落实。最后，政府应在尊重市场机制、商务规律的基础上，分配注入必要的人力、资金、信息等资源，对"走出去"拓展农业对外合作的企业有选择地予以扶持，推动我国农业对外合作在变幻莫测的国际市场上砥砺前行、稳健发展。

（二）境内"走出去"的企业，要练好内功，增强实力，形成一套健全合理的事前、事中、事后的投资运营全流程管理机制，确保"走出去"行稳致远

企业是我国农业"走出去"的实践主体，是我国农业对外合作事业成效几何的切身承受者。在21世纪经济全球化时代，对于有抱负、希冀在行业内

脱颖而出的企业来说，走国际化经营道路是必然选择。然而，企业毕竟是自我经营、自负盈亏的营利性组织，要在具备相当实力、确保安全和效益的基础上才能筹划"走出去"。而不能虚张声势，为了表面上的"走出去"而盲目对外扩张，尤其是进入农业领域这种长周期、对基础自然资源依赖性强的对外合作项目。因此，对拟"走出去"的企业而言，应着力做好如下事项。

1. 扎扎实实打好经营基础，培育竞争优势，切实做强、做大

"打铁还需自身硬"，唯有强者，才能在变幻莫测、错综复杂的国际市场上从容应对，稳步前行。因此，对谋划"走出去"的企业来说，要秉持新时期高质量发展理念，密切追踪市场需求，锐意创新，开拓进取，夯实市场、技术、资本、人才资源、经营管理等企业经营基础，占据行业价值链条关键节点，努力把自身锻造成为一家具备可持续发展能力、具备国际化经营基础的优秀企业。

2. 确立一套较为健全的事前、事中、事后对外投资经营管理机制

从管理学角度而言，凡有决策，必然伴随着一定的风险。为此，必须建立健全决策中的风险评估防范机制。对涉足农业对外合作的企业来说，从对接合作开始直至后续运营，会面临一系列重大的经营投资决策。对这些决策，事前要进行全面的经济、财务、法律等风险评估分析，并据此形成书面的投资可行性分析报告及建议，企业的管理层须在深入把握可行性分析报告及建议的基础上才能最终做出相应的决策。若决策下来启动农业对外合作项目之后，仍要确立一套有效合理的对外合作日常考核评估监督机制，并与境内外监管部门及时对接沟通，防范项目运作中可能产生的市场及非市场风险，保证境外投资项目能够平稳运营发展。即使境外投资项目结束之后，亦应确立相应的评审总结机制，对项目运营结果予以科学的评价总结，为未来的其他境外经营提供有益的经验启示。

第二节 农业对外合作与法治的关联性

一、法治的基本含义及要求

法治（rule of law），即法的统治，根据法律治理国家，强调法律作为一种社会治理工具在社会生活中的至上地位，与"人治"相对。法治是近现代西方社会一种主流治国模式。不过，在中国古代典籍中很早就出现了这一字眼，如《晏子春秋·谏上九》中"昔者先君桓公之地狭于今，修法治，广政教，以霸诸侯"，《淮南子·氾论训》中"知法治所由生，则应时而变；不知法治之源，虽循古终乱"。当时的"法治"均指以"法"来进行统治。而《史记·蒙恬列传》中记载"高有大罪，秦王令蒙毅法治之"，这里的"法治"则是依法来处置。

法治包含两个部分，即形式意义的法治和实质意义的法治，是两者的统一体。形式意义的法治，强调"依法治国""依法办事"的治国方式、制度及其运行机制。实质意义的法治，强调"法律至上""法律主治""制约权力""保障权利"的价值、原则和精神。

我国于1997年党的十五大首次提出"依法治国，建设社会主义法治国家"的全新理念，并于1999年写入《中华人民共和国宪法》。近年来进一步提出全面推进依法治国，建设法治国家、法治政府、法治社会，并重申全面依法治国是国家治理的一场深刻革命，必须坚持厉行法治，推进科学立法、严格执法、公正司法、全民守法。至此，法治已成为全社会的共识，成为构建新时代我国国家治理体系的基本依托，对我国经济社会持续稳健发展具有深远的影响。

二、法治的利弊分析

法律是维系社会秩序的基本保障和权威性规则。现代市场经济作为社会化大生产机理下的经济协作运营模式，普遍认为其是一种规则经济、法治经济，"没有合适的法律制度，市场就不会产生体现任何价值最大化意义上的效率"[1]。当然，任何一种治理模式皆难臻尽善尽美之境。法治对当代国家和社会治理具有积极功效，但也存在一定缺憾。

（一）法治的功效

从前文所述可知，法治包括立法、执法、司法、守法这些完整环节。总体来看，核心就是法的创制与法的适用两个方面。法治的功效亦体现于这两个方面。

1. 设定一定时期的社会秩序规则，对社会各类主体行为起到告示、指引等规范作用

真正的法治要求通过科学审慎的立法程序，创制出一定时期内相对合理优良的法律，实现"有良法可依"的基本目标。这种良法，是在统治阶级主导下，各方利益诉求相互博弈的结果，其总体上能契合特定时期社会进步的方向。因为其是由国家立法机关遵循法定程序制定，以权利和义务为核心范畴，由国家明文公布，依赖国家强制力保证实施的正式规则，具有较强的稳定性和可预期性，因而能对社会各类主体行为起到告示、指引等规范作用。相关主体通过接触了解这些法律，就能知道在一定时期、一定事项上，国家

---

① 布坎南.自由、市场和国家［M］.吴良健，等，译.北京：北京经济学院出版社，1988：89.

提倡什么、限制什么，进而指导自身行为符合法律框架要求，最终实现社会有序运行和发展。

2. 通过对法的贯彻适用，对社会各类主体行为起到评价规制等约束调控作用

法治的另一层要义，是已形成的法律得到有效的贯彻适用，切实实现法之价值目标。张居正《请稽查章奏随事考成以修实政疏》中说："天下之事，不难于立法，而难于法之必行。"如果有了法律而束之高阁，或者实施不力、做表面文章，那制定再多法律也无济于事。故真正的法治还要求已立之法在现实中得到切实推行适用。这种适用，除了社会主体主动认同遵守，还包括经由国家外部强制力予以威慑制裁来强迫遵守。所以，经由法治程序，将体现社会主流利益诉求及秩序规范的良法在社会生活中予以普遍适用，能够较为平等、稳定地评价规制社会主体行为，尤其是对那些有损社会公平正义的行为，通过法治环节相对规范有力的强制程序予以矫正惩处，使受害者得到救济，违规者得到制裁，最终达到惩恶扬善、正本清源之治理目标。

（二）法治的弊端

法治并非包治百病的"灵丹妙药"，法律所约束的仅仅是社会秩序的基本底线。依西方人观点，人性本恶，"物竞天择，适者生存"，世人在"社会丛林"中常为一己之利而穷尽手段，故为了维护"社会丛林"秩序，形成公平公正的社会环境，只能寄希望于法律的调控约束。法治的推行目标是希望通过法律的威慑与约束实现社会最起码的有序运行。然而，法律仅是一种上层建筑，国家提供的法律不可能都是良法，很多法律条款系对以往社会关系的归纳总结，因为认知等多种因素的影响可能不符合社会进步发展方向，或者对于一些特定情况不适用。另外，因为立法的滞后性，对于很多新型社会现象无法及时予以调整，从而导致出现法律漏洞，给某些人以可乘之机。同时法治运行的程序，有时可能过于强调形式上的公正公平，未能触及真相，由此在司法中出现背离事实的冤假错案。所以，法治仅是当代社会调控的外部基本底线，欲达到一个和谐善治的社会，还要辅以德治教化等其他手段。

三、农业对外合作与法治的关系考量

农业对外合作是农业产业链条在国际空间维度内的配置重整。农业对外合作项目在筹划及运营过程中，必然会牵涉一系列跨国民事、商事、行政管辖、内部运营管理等行为"游戏规则"问题，而这些"游戏规则"又多由法律来界定，由此农业对外合作纳入法治范畴中来。法治对推进农业对外合作的作用，具体体现在以下方面。

（一）投资要素配置导向指引作用

法治之完整要义系"良法善治"，其前提在乎"有良法可依"，而"法律作为一种由国家立法机关遵循法定程序制定，以权利和义务为核心范畴，依赖国家强制力保证实施的正式规则，具有较强的稳定性和可预期性"[①]，对社会公众的行为将起到明确的导向指引作用。农业对外合作本质上是一种跨国的资金、技术、人力等投资要素的配置活动，我国境内投资者在境外谋划农业对外投资时，由于环境生疏，往往会面临无现成模板可供借鉴、底气不足的困境。此时，基于法治路径选择，如果能够供给一套较为合理完备的跨境投资国际国内法律规则体系，则我国拟实施"走出去"的投资者就能以其为尺度，对照这些法律规则进行研判，并指导自身的对外投资要素配置活动，由此实现个体诉求与法律要求的一致性，确保农业对外合作沿着正确的方向

---

① 李兴国.我国粮食安全的法律思考［J］.中北大学学报（社会科学版），2009，25（1）：26-30.

推进实施。因此，法治对农业对外合作具有稳定的投资要素配置导向指引作用。

（二）投资利益归属规制评价作用

按照马克思主义的观点，每一个社会的经济关系首先是利益关系。农业是长线产业，农业对外合作作为一种长周期、多要素的跨境投资活动，必然牵涉投入与利益回报问题，本质上是一项持久的利益归属配置工程。农业境外投资项目在实际运营中，不管是对外业务往来、行政监管或是对内的经营管理，都会面临层出不穷的利益归属分配问题。"利益是法的原因，法主要规范着利益斗争，法的最高任务是平衡利益。"① 法治是协调利益关系的良器。因此，处理农业对外合作中的利益问题，需要有一系列外部法律规则作为规制评判"尺度"，才能保证农业对外合作设立的经营实体协调处理好各种内外部利益配属关系，达到在境外规范有序运作目标。故合理的法律体系、有效的法治将对农业对外合作项目的投资利益归属起到持续的规制评价作用。

（三）投资运营风险规避化解作用

农业对外合作作为跨境的长线产业投资活动，境内投资者要注入资金、技术、人力等资源拓展陌生的国外市场，要应对复杂难测的国外投资环境，投资回收周期因为产业特点往往较为漫长，故其面临的投资运营风险通常高于境内投资项目。为了防范对外投资风险，促进农业对外合作稳健有序发展，除了作为微观主体的境内投资者本身要具备相应的实力，要在理性评估基础上进行审慎的投资决策外，在宏观方面亟须构建合理的法律规则体系及法治实施体系，为境内投资者"走出去"提供有效的法律保障机制。法治是规避化解对外投资运营风险的利器，通过对法律相关条款的把握，我国"走出去"

---

① 张文显.法理学［M］.北京：高等教育出版社，2003：370.

的投资者可在这种正式规则界定的尺度内恰当地开展投资活动，事先规避"越轨违规"可能引发的争议风险。即便发生争议，亦可借助法治救济方式维护自身的正当权益，化解进一步的风险。有鉴于此，法治是保障我国农业对外合作顺利推进、规避化解投资运营风险的重要工具。

综上所述，法治是新时期保障农业对外合作持续健康发展的长效机制，经由法学视角剖析农业对外合作内在机理及未来发展态势是应然的研究路径。在接下来的篇幅中，笔者将围绕农业对外合作宏观法制规则构建及微观法制适用两个层面，综合运用法学各类型考察研究方法，解析现状，归纳问题，探究根源，进而寻求化解应对农业对外合作深层次矛盾的法治举措。

第二章 农业对外合作宏观法制规则
供给现状及分析

调整农业对外合作的宏观"游戏规则"，依其产生渊源及调整范畴，涵盖我国作为资本输出国的本国国内法、投资东道国的外国法，以及相关的国际法。上述这些共同构成了农业对外合作的宏观法制环境，而起第一道调控作用的是农业对外合作的"家规"——国内法。

第一节 农业对外合作国内立法现状及分析

近年来，我国农业对外合作作为国内资本"走出去"战略的一个组成部分，发展较为迅猛。伴随着农业对外合作实务的拓展，作为其上层建筑的农业对外合作相关国内立法也从无到有，逐步确立起来。这些相关立法，有的属于综合性的对外投资法规，可适用于包括农业在内的所有行业对外投资活动。有的则属于农业行业的专门性立法，其调整对象和适用面有一定的限定性。上述二者从横向和纵向两个层面构成了农业对外合作最直接相关的国内立法体系。

一、制定了部分适用于包括农业在内的所有行业境外投资的综合性部门规章

截至 2021 年，我国尚缺乏高位阶的境外投资立法。自加入 WTO 之后，在着力推动企业"走出去"开展国际化经营的战略背景下，国家发展和改革委员会、商务部、国家外汇管理局等与境外投资相关的行政主管部门，陆续制定部分与境外投资相关的部门规章[①]，且这些规章随着实践检验摸索又历经多次修订。现行有效的规章主要如下。

（一）商务部令 2014 年第 3 号《境外投资管理办法》

该办法自 2014 年 10 月 6 日起施行，是截至目前我国调整境外投资监管体制的直接性法律依据。其历史渊源最早可追溯至商务部、国务院港澳办于 2004 年 8 月 31 日联合印发的《关于内地企业赴香港、澳门特别行政区投资开办企业核准事项的规定》（商合发〔2004〕452 号），以及 2004 年 9 月 23 日商务部第 11 次部务会议审议通过的《关于境外投资开办企业核准事项的规定》（商务部令 2004 年第 16 号）。

"商合发〔2004〕452 号"和"商务部令 2004 年第 16 号"这两个文件均为适应新世纪"走出去"的需要、促进境外投资健康发展而制定的部门规章。在当时尚未有更高位阶的境外投资法律规则背景下，这两个规章对规范引领

---

① 按照我国现行境外投资监管体制，境内机构境外投资一般主要涉及三个部门的备案核准，即国家商务主管部门（包括商务部和省级地方商务主管机关）的境外投资企业开业核准、国家发展改革部门（包括国家发展和改革委员会及省级地方发展和改革委员会）的境外投资项目核准、国家外汇主管部门（包括国家外汇管理局和省级地方外汇主管部门）的境外投资外汇登记。在目前的境外投资实践中，商务主管部门与发改委的境外投资审查原则上相互独立，不存在互为前提的情况，可以分别报送。在获得国家商务主管部门的《企业境外投资证书》以及《备案通知书》后，境内企业方可进行境外直接投资的外汇登记。因此境外投资的法规体系涉及上述这些主管部门颁布的规章及其他规范性文件。

企业"走出去"起到了初步的法制保障作用。尤其是《关于境外投资开办企业核准事项的规定》（商务部令 2004 年第 16 号），可谓开调整我国境外投资监管体制之先河。该规章共 18 条，界定了如下内容：境外投资开办企业的具体方式，国内企业在境外投资开办企业（金融类企业除外）的核准机关、审核内容、核准程序，企业申请审批核准应提交的材料，核准后"批准证书"的发放。综观之，该规章基于早期对企业"走出去"审慎对待的理念，确立了一种对境外投资实施全面核准制的监管体制，并列举了不予核准的情形。商合发〔2004〕452 号文共 16 条，同商务部令 2004 年第 16 号文在监管内容设计上存在较多相通之处。这两个规章施行了约五年，对加入 WTO 后引领我国企业在必要监管前提下有序开展境外投资起到了重要的规制作用，但也存在较多的行政管制色彩，2009 年商务部发布《境外投资管理办法》（商务部令 2009 年第 5 号）后上述两个规章均予废止。

《境外投资管理办法》（商务部令 2009 年第 5 号）共 41 条，自 2009 年 5 月 1 日起施行。该管理办法有两个与时俱进的立法理念：推进投资便利化，落实企业投资自主决策权；强化引导促进服务，明确商务部为企业咨询服务的主要内容。在推进境外投资便利化方面，这个管理办法的措施主要体现在以下三点：一是下放核准权限，多数境外投资项目交由省级商务主管部门核准[①]；二是简化核准程序和企业申报材料，缩短核准时限[②]；三是减少了征求驻外使（领）馆（经商处室）意见的境外投资事项，中央企业境外投资改由商务部征求意见，地方企业一般境外投资事项不再征求意见。此外，该管理办法规定，境外

---

① 根据该管理办法第六条、第七条规定，商务部仅保留对中央企业境外投资、中方投资额 1 亿美元及以上的境外投资、设立境外特殊目的的公司，以及在未建交国、特定国家或地区的境外投资的核准；地方企业及其他境外投资则由省级商务主管部门负责核准。

② 根据该管理办法第八条、第十六条规定，企业绝大多数境外投资只需按要求填写并提交《境外投资申请表》，即可在 3 日内获得《企业境外投资证书》。

投资经济技术可行性由企业自行负责，商务主管部门主要对本国国家安全与公共利益、双边政治和经贸关系影响、国际条约义务等方面进行宏观把控审核。在引导促进服务方面，该管理办法第二十八条专门对商务部引导促进服务工作提出了多项要求，明确了商务部管理服务工作的主要内容。总体上，这个管理办法顺应了建设服务型政府的行政改革要求，在境外投资监管机制上对标国际惯例做了一定的改进提升。当然，限于历史条件，这个管理办法规定对于境外投资仍采取"核准制"的管理模式，总体上管控力度仍偏严。

2013 年 11 月，党的十八届三中全会审议通过《中共中央关于全面深化改革若干重大问题的决定》（以下简称《决定》），以"中流击水，奋楫者进"之态，拉开了新一轮改革大幕。《决定》中第 24 条提出，"要扩大企业及个人对外投资，确立企业及个人对外投资主体地位，改革涉外投资审批体制"。2013年 12 月，国务院发布的《政府核准的投资项目目录（2013 年本）》规定："国内企业在境外投资开办企业（金融企业除外）事项，涉及敏感国家和地区、敏感行业的，由商务部核准；其他情形的，中央管理企业报商务部备案，地方企业报省级政府备案"。基于上述政策精神，商务部启动了对《境外投资管理办法》（商务部令 2009 年第 5 号）的修订工作。2014 年 9 月 6 日，商务部发布了修订后的《境外投资管理办法》（商务部令 2014 年第 3 号）（以下简称《办法》），并于 2014 年 10 月 6 日起施行[①]。修订后的《办法》主要有以下亮点：

---

① 修订后的《境外投资管理办法》共 5 章 39 条，包括总则、备案和核准、规范和服务、法律责任、附则。主要内容为：（一）第一章"总则"确定了立法依据、相关定义和主管机构，并首次明确企业开展境外投资，依法自主决策、自负盈亏，切实落实企业对外投资主体地位。（二）第二章"备案和核准"规定了备案和核准的范围、程序。（三）第三章"规范和服务"除保留原有的部分服务内容外，增加了对企业履行社会责任、环境保护、劳工保护、企业文化建设等工作的要求。（四）第四章"法律责任"增加了对企业以提供虚假材料等不正当手段获得备案或核准、企业开展境外投资出现违反境外投资总体原则情形等的处罚措施，并加大了处罚力度。（五）第五章"附则"进一步明确了中央企业的定义，并将企业境外再投资的相关规定并入第三章。

1. 保障企业对外投资主体地位，切实落实企业对外投资自主权

《办法》第三条明确规定，企业开展境外投资，依法自主决策、自负盈亏，并取消了之前商务部令2009年第5号文中第二十六条所提出的"应当在其对外签署的与境外投资相关的合同或协议生效前，取得有关政府主管部门的核准"的要求。以上这些法条变化，赋予企业一定程度的对外投资磋商灵活性，从制度层面保障了企业对外投资的主体地位，切实落实企业对外投资自主权。

2. 对标新时期简政放权要求，改革行政审批制度，进一步提高境外投资便利化水平

首先，《办法》按照《政府核准的投资项目目录（2013年本）》之规定，改变对境外投资开办企业由商务部和省级商务主管部门全面核准的方式，实行"备案为主、核准为辅"的便利化监管模式，仅对涉及敏感国家和地区、敏感行业的境外投资实行核准管理，大幅缩小核准范围。其次，《办法》进一步缩短境外投资开办企业办理核准备案的时限。对需备案的境外投资，企业只要提交真实完整的材料，即可在3个工作日内获得备案。最后，《办法》规定，省级商务主管部门负责地方企业境外投资开办企业的备案管理，自行印制并颁发证书，改变以往由商务部统一印制证书的做法，有利于切实发挥地方商务主管机关"接地气"的优势，方便境外投资企业就地办理业务。

3. 强化政府公共服务职能，加强对境外投资的指导和规范

为了保障我国企业更加稳健有序地"走出去"，《办法》第二十七条规定，商务部会同有关部门为企业境外投资提供权益保障、投资促进、风险预警等公共服务①。在明确政府继续为企业提供服务的同时，《办法》对标国际投资趋势，强调了对企业境外投资行为进行指导和规范的力度，敦促境外投资企业树立正确的义利观，遵守境内外法律法规，尊重当地风俗习惯，履行社会责任，做好环境、劳工保护，员工培训，企业文化建设等工作，增进企业与当地的融合。

总体来看，此次修订将原来较为刻板的"核准制"转向相对灵活的"备案为主、核准为辅"的管理模式，整体上简化了审批程序、缩短了审批时限。因此，我国企业今后"走出去"开展境外投资将更为便捷。

除了2014年9月发布的《境外投资管理办法》（商务部令2014年第3号）外，近年来，商务部还会同有关部门印发了《中国境外企业文化建设若干意见》《境外中资企业（机构）员工管理指引》《对外投资合作环境保护指南》《境外中资企业商（协）会建设指引》等具有软法性质的规范性文件，引导"走出去"的企业履行企业公民的社会责任，维护投资地生态环境，切实守法合规经营，加强与当地社会文化融合，增进当地福祉，实现互利共赢。

（二）2017年国家发展和改革委员会令第11号《企业境外投资管理办法》

国家发展改革部门系承担规划投资建设项目和生产力布局的宏观调控部门，其对境外投资的项目审核依据主要是《企业境外投资管理办法》。该《企业境外投资管理办法》作为部门规章，于2017年12月26日由国家发展和改革委员会以第11号令发布，于2018年3月1日起正式实施。2017年

---

① 按照该条款规定，商务部发布《对外投资合作国别（地区）指南》、国别产业指引等文件，帮助企业了解投资目的地投资环境；加强对企业境外投资的指导和规范，会同有关部门发布环境保护等指引，督促企业在境外合法合规经营；建立对外投资与合作信息服务系统，为企业开展境外投资提供数据统计、投资机会、投资障碍、风险预警等信息。

11 号令是在 2014 年 5 月起施行的《境外投资项目核准和备案管理办法》(国家发展和改革委员会令第 9 号,即"2014 年第 9 号令")的基础上修订的。而其历史渊源可追溯至 2004 年 10 月发布的《境外投资项目核准暂行管理办法》(国家发展和改革委员会 2004 年第 21 号令)。总体来看,从 2004 年第 21 号令到 2014 年第 9 号令再到 2017 年第 11 号令,国家发展改革部门对境外投资的项目审核监管经历了一个从严到松的过程。最早的 2004 年第 21 号令,要求对境外投资项目实行逐项核准,其后 2014 年第 9 号令"逐步放手",将境外投资管理方式由逐项核准改为"备案为主、核准为辅",对促进和便利境外投资发展发挥了重要作用。及至 2017 年第 11 号令,国家发展和改革委员会总结近年来境外投资管理实践,在 2014 年第 9 号令基础上形成了更加灵活的新办法。新办法作为境外投资项目管理的基础性制度,推出了一系列改革举措,旨在完善境外投资宏观调控,提升投资便利化水平,优化境外投资综合服务,构建境外投资全程监管机制,促进境外投资持续健康发展。相较于以往,主要改进之处如下。

1. 进一步简化行政管理手续,便利境内投资者"走出去"

新办法放宽企业"走出去"的信息披露要求,取消大额项目信息报告制度[①];简化企业申报流程,取消地方企业境外投资初审、转报环节[②];将投资主

---

① 按 9 号令第十条规定,中方投资额 3 亿美元及以上的境外收购或竞标项目,投资主体在对外开展实质性工作之前,应向国家发展和改革委员会报送项目信息报告;国家发展和改革委员会在收到项目信息报告后,对符合国家境外投资政策的项目,在 7 个工作日内出具确认函。新办法取消该项规定,进一步简化境外投资事前管理环节。

② 按 9 号令第十一条规定,地方企业向国家发展和改革委员会申请核准的材料由省级政府发展改革部门提出审核意见后报送,向国家发展和改革委员会申请备案的材料由省级政府发展改革部门报送。新办法取消地方初审、转报环节,属于国家发展和改革委员会核准、备案范围的项目,地方企业通过网络系统直接向国家发展和改革委员会提交有关申请材料,从而增进企业投资便利。

体履行核准备案手续的最晚时间从签约前延至项目实施前①。同时，强化发展改革部门作为行政主管机关的咨询指导服务职能②，改进行政服务手段，进一步推行网络化在线办理③。

2. 着眼于境外投资的安全有序发展，进一步健全监管机制

根据 2010 年以来境外投资的新动态，新办法扩大了监管范围，将境内企业和自然人通过其控制的境外企业开展的境外投资亦纳入监管框架④。此外，创新监管工具，强调构建协同监管和全程监管机制⑤。同时，本着强化规则威慑力之要求，新办法进一步完善惩戒措施，建立境外投资违法违规行为的不良信用记录⑥，以此来督促投资者合法合规地开展境外投资。

---

① 按 9 号令第二十五条规定，投资主体实施需国家发展和改革委员会核准或备案的境外投资项目，在对外签署具有最终法律约束效力的文件前，应当取得核准文件或备案通知书；或可在签署的文件中明确生效条件为依法取得核准文件或备案通知书。新办法则将投资主体履行核准、备案手续的最晚时间要求从签约前（或协议生效前）放宽至实施前。这有利于企业从容安排投资进度。

② 新办法提出投资主体可以咨询政策和信息、反映情况和问题、提出意见和建议等。同时，明确国家发展和改革委员会在发布境外投资信息、建立投资合作机制和推动海外利益保护等方面的主要任务，将一些实际开展的投资促进和服务保障工作纳入制度化轨道。

③ 新办法第七条规定，国家发展和改革委员会建立境外投资管理和服务网络系统（以下称"网络系统"）。投资主体可以通过网络系统履行核准和备案手续、报告有关信息。

④ 近年来，境外投资方式趋于多样化，按照实质重于形式的管理原则，新办法第六十二条规定，投资主体通过其控制的香港、澳门、台湾地区企业对境外开展投资的，参照本办法执行。第六十三条规定，境内自然人通过其控制的境外企业或香港、澳门、台湾地区企业对境外开展投资的，参照本办法执行。

⑤ 针对以往境外投资监管的薄弱环节，新办法第四十条规定，国家发展和改革委员会和省级政府发展改革部门根据境外投资有关法律法规和政策联合同级政府有关部门建立协同监管机制，通过在线监测、约谈函询、抽查核实等方式对境外投资进行监督检查。同时，新办法第四十二条至四十五条规定，引入项目完成情况报告、重大不利情况报告、重大事项问询和报告等制度，构建对境外投资的全程监管机制，促进境外投资安全风险防范。

⑥ 新办法第四十九条规定，国家发展和改革委员会建立境外投资违法违规行为记录，公布并更新企业违反本办法规定的行为及相应的处罚措施，将有关信息纳入全国信用信息共享平台、国家企业信用信息公示系统、"信用中国"网站等进行公示，会同有关部门和单位实施联合惩戒。

当然，2017 年第 11 号令在境外投资具体范围和敏感行业范畴等方面的界定仍不够明晰，为此，2018 年 6 月 5 日国家发展和改革委员会在其全国境外投资管理和服务网络系统上发布了境外投资常见问题解答，对于第 11 号令中的一些模糊规定给予了说明，解答了境外投资实务中的一些适用困惑。

（三）国家外汇管理局汇发〔2009〕30 号令《境内机构境外直接投资外汇管理规定》

境外投资作为跨境资本输出活动，通常会涉及作为跨境支付手段的外汇资金转移问题。我国目前对境外投资外汇资金转移主要规制依据[①]是《境内机构境外直接投资外汇管理规定》，该规定自 2009 年 8 月 1 日起施行，其最初历史渊源可追溯至 1989 年 3 月 6 日国家外汇管理局发布的《境外投资外汇管理办法》。自《境外投资外汇管理办法》出台以来，我国境外直接投资逐步成长。此后二十年间，国家外汇管理局又陆续出台了《国家外汇管理局关于清理境外投资汇回利润保证金有关问题的通知》（汇发〔2002〕110 号）、《国家外汇管理局关于简化境外投资外汇资金来源审查有关问题的通知》（汇发〔2003〕43 号）等规范性文件。进入 21 世纪，对接加入 WTO 后全面对外开放的契机，为贯彻落实"走出去"发展战略，促进境内机构境外直接投

---

① 严格意义来说，我国当前涉及境外投资外汇管理的法律依据有两个层面：其一是外汇管理行政法规，主要指 2008 年 8 月 1 日国务院修订通过的《中华人民共和国外汇管理条例》，该条例具有较高的法律效力，是目前外汇调控管理的核心法律依据。其第三章"资本项目外汇管理"对境外投资外汇管理做了原则性规定。其二是国家外汇管理局、中国人民银行制定的部门行政规章及规范性文件。现行有效的主要有如下几个：《境内机构境外直接投资外汇管理规定》（汇发〔2009〕30 号）、《国家外汇管理局关于境内企业境外放款外汇管理有关问题的通知》（汇发〔2009〕24 号）、《国家外汇管理局关于鼓励和引导民间投资健康发展有关外汇管理问题的通知》（汇发〔2012〕33 号）、《国家外汇管理局关于进一步改进和调整资本项目外汇管理政策的通知》（汇发〔2014〕2 号）、《国家外汇管理局关于进一步简化和改进直接投资外汇管理政策的通知》（汇发〔2015〕13 号）。其中，核心是《境内机构境外直接投资外汇管理规定》（汇发〔2009〕30 号）。

资的顺利发展，维护我国国际收支基本平衡，国家外汇管理局于 2009 年年初对近年来已出台的比较分散的有关境外直接投资的规范性文件进行系统梳理，拟定发布了《境内机构境外直接投资外汇管理规定（草案）》，广泛征求相关部门以及社会各界的意见。在集思广益的基础上，最终于 2009 年 7 月 13 日以汇发〔2009〕30 号令发布了正式稿的《境内机构境外直接投资外汇管理规定》，并于 2009 年 8 月 1 日起实施。汇发〔2009〕30 号令顺应新时期鼓励"走出去"、促进境外投资稳健有序发展的总要求，在如下两大方面推出了改进措施。

1. 境外投资外汇资金转移便利化举措

首先，汇发〔2009〕30 号令扩大境外直接投资外汇资金来源，规定境内机构可使用自有外汇资金、符合规定的国内外汇贷款、人民币购汇或实物、无形资产、留存境外利润等多种资金来源进行境外直接投资；其次是将境外直接投资外汇资金来源的审核方式由事前审查改为事后登记，这是一项较为明显的便利化改革亮点；再次是允许境内机构在其境外项目正式成立前的筹建阶段，经外汇局核准，汇出投资总额一定比例的前期费用[①]，以利于境外项目的正常运作；最后是对境外直接投资企业运营后的融资提供境内支持，明确境内机构可以向境外直接投资企业提供商业贷款及融资性担保。

2. 完善境外投资外汇资金监管机制

首先，汇发〔2009〕30 号令第四章对境外直接投资项下资金汇入及结汇分别做出规定，明确了境外投资企业利润以及减资、转股、清算等资本变动所得留存境外或汇回境内的处置方式和管理原则。其次是建立全口径境外直

[①] 汇发〔2009〕30 号令第十四条规定，境内机构向境外汇出的前期费用，一般不得超过境外直接投资总额的 15%。对于汇出的境外直接投资前期费用确需超过境外直接投资总额 15% 的，境内机构应当持相应材料向所在地国家外汇管理局分局提出申请。

接投资外汇管理体系。除传统意义上的境内非金融机构以外，汇发〔2009〕30 号令第二十二条明确并规范境内金融机构境外直接投资的外汇管理方式和法规适用问题。最后是充分利用直接投资外汇管理信息系统，构建境外直接投资项下跨境资金流出入的统计监测机制。

除上述两方面外，为了应对境外直接投资外汇资金来源审核方式由事前审查改为事后登记可能存在的风险，汇发〔2009〕30 号令"预留一招"，其第五条中规定：外汇局可根据我国国际收支形势和境外直接投资情况，对境内机构境外直接投资外汇资金来源范围、管理方式及其境外直接投资所得利润留存境外的相关政策进行调整。

总体而言，汇发〔2009〕30 号令顺应新时期我国推动企业"走出去"的双向开放战略要求，在境外投资外汇监管方面采取了一系列革新举措，有着积极的制度改良意义。当然，其也存在一些局限性，例如，在境外投资前期费用的汇出比例和使用期限方面，现行条文的约束性仍较多，有待进一步放宽。此外，对境外直接投资项下资金汇入及结汇、境内机构向境外直接投资企业提供商业贷款或融资性对外担保的条款规定较为粗略，缺乏具体适用性，有待进一步明确细化。

（四）《中央企业境外投资监督管理办法》（国资委令第 35 号）

中央企业是我国国民经济的中坚力量，是我国开展对外经济合作的领航者。《中央企业境外投资监督管理办法》（国资委令第 35 号，以下简称"35 号文"）于 2017 年 1 月 18 日由国务院国资委发布，其前身是 2012 年公布的《中央企业境外投资监督管理暂行办法》（国资委令第 28 号）。《中央企业境外投资监督管理办法》作为一个部门规章，适用于中央企业的境外投资活动。

近年来，随着全方位对外开放方略的推进，中央企业作为"走出去"的主力军，积极开展境外投资活动，实施国际化经营战略，取得了明显成果。

截至 2018 年年底，中央企业境外单位升至 11028 户，分布在 185 个国家和地区，境外资产总额 7.6 万亿元。但是，由于错综复杂的国际投资环境及投资前期论证不充分、内控机制不健全、对国际法律规则不熟悉等原因，中央企业"走出去"也出现诸多失败案例。比如，2013 年 2 月中海油花费 151 亿美元投资加拿大尼尔森（Nexen）公司，据估计损失大约在 50 亿美元以上。中央企业在境外曲折的投资遭遇，促使国资委审时度势，出台新规加强对其投资的监管，借此规范中央企业在境外的投资行为，提升其国际化经营水平。35 号文就在此背景下应运而生。

35 号文主要涉及如下两方面内容：一是国资委的监管机制，二是"走出去"的中央企业境外投资事前、事中、事后实施要求。相较原国资委令第 28 号文，35 号文有如下新的变革举措。

1. 健全监管机制

35 号文明确国资委从"管投向、管程序、管风险、管回报"四个方面，对中央企业境外投资进行事前、事中与事后全过程监管，从决策程序、管理流程、风险管控、责任追究等方面制定具体的管理制度，明确监管实施程序，优化投资管理信息系统，借此构建高效的全方位投资监管机制。

2. 实施负面清单制度

根据 35 号文第九条规定，负面清单分为国资委建立的负面清单和中央企业自行制定的负面清单。负面清单的核心是禁止类与特别监管类项目的具体内容。中央企业境外投资如果涉及负面清单特别监管类的项目，应当报送国资委履行出资人审核把关程序；负面清单之外的境外投资项目，由中央企业按照企业发展战略和规划自主决策。

3. 确立境外投资风险管理制度

35 号文总结了近年来中央企业遭遇境外投资风险的经验教训，以专设的

第六章"境外投资风险管理"对风险防控提出了具体的要求。比如，在股权结构上要求境外投资积极引入第三方机构入股，发挥各类投资者熟悉项目情况、具有较强投资风险管控能力和公关协调能力等优势，降低境外投资风险；对境外特别重大的投资项目，规定在项目决策前应委托有资质的独立第三方咨询机构开展专项风险评估；强调充分利用出口信用保险和商业保险机制，减少风险发生时带来的损失。

4. 廓清境外投资权责边界

35 号文规定，国资委依法履行出资人的义务，以管资本为主，以把握投资方向、优化资本布局、严格决策程序、规范资本运作、提高资本回报、维护资本安全为重点；中央企业则是境外投资项目的决策主体、执行主体和责任主体，依法由中央企业自主做出投资决策的事项，由企业自担责任。同时，为增强规章威慑力，35 号文第七章专设"责任追究"章节，规定中央企业未履行或未正确履行投资管理职责造成国有资产损失以及其他严重不良后果的，按照有关法律法规的规定，追究中央企业经营管理人员的责任。国资委相关人员违反规定造成国有资产损失的，给予处分；涉嫌犯罪的，依法移送司法机关处理。

以上是修订后的 35 号文的进步之处。然以现下眼光检视之，仍不尽完善：首先是该规章仅适用于中央企业，不适用于"走出去"的地方国企及各类民营企业，调整范围偏窄。对于多元股权混合所有制的中央企业，在境外投资领域，国资委如何协调与其他股东的关系，35 号文亦未予以回应。另外，35 号文由国务院国资委制定，而国资委本身又是中央企业的出资人，与后者存在重大利害关系，由其来制定一个境外投资的"游戏规则"，立法主体身份不够独立。

农业对外合作属于境外投资的一项行业细分领域 [①]，故上述这些综合性部

---

① 根据 2019 年度中国对外直接投资统计公报，截至 2019 年年底农/林/牧/渔业对外投资存量为 196.7 亿美元，占对外投资总量的 0.9%。

门规章同样适用于农业对外合作，是农业"走出去"必须顾及的国内规则。

二、制定了包含农业对外合作内容的农业行业性法规

农业是民生之基础。运用法治手段管理农业，确立农业长效治理机制，是当今世界各国尤其是农业发达国家的普遍做法。比如，美国作为世界头号农业强国，非常注重依法治农、依法护农，1933 年制定了第一部农业法，即《农业调整法》，迄今 80 多年来，已出台了 100 多部涉农法律，形成了较为完善的农业法律体系①。除了美国，像日本②、韩国③、法国④ 这些发达国家，亦已

①　美国主要的农业立法包括如下：一是农业基本法，即 1933 年通过的《农业调整法》，其基本目标是解决生产过剩危机、提高农产品价格、增加农场主收入。该法之后做过 17 次较大修改，目前最新一版是 2014 年 2 月正式签署生效的，其为规范美国农业整体经济活动奠定了基础。二是有关农地开发和利用方面的法律，其中《宅地法》和《赠地法案》等法律影响较大，这些法律为美国实现土地私有化、保持土地的最佳综合利用以及依法对私人土地进行管理和协调等方面发挥了重要作用。三是有关农业投入和农业信贷方面的法律，主要有《农业贷款法》等 10 余部法律，这些法律专门对美国的农业投入和农业信贷做出详细规定，为建立和规范美国庞大的农业信贷系统提供法律支撑。四是有关农产品价格支持和保护方面的法律，涉及《农产品销售协议法》等多部法律，这些法律对美国农产品流通和农产品价格支持起到了决定性作用。五是有关农产品国际贸易方面的法律，如《1996 年联邦农业完善和改革法》，其为美国农场主自主进入世界市场消除了障碍，扩大了美国农产品的出口。六是有关自然资源保护和环境方面的法律，主要包括《自然资源保护和恢复法》等法律，这些法律对美国土壤保护、限制用水和防止水资源污染以及控制农药等化学物质的使用、维持生态平衡等方面发挥了重大作用。七是其他调整美国农业经济关系的法律，如《造林法》《渔业养护及管理法》《联邦农作物保险法》《灾害救济法》等。

②　日本自 1961 年制订农业"母法"即《农业基本法》以来，在"依法治农、依法兴农"原则指导下，至今已出台了 200 多部农业相关的法律法规，构建了具有大陆法系特色的农业法律体系。

③　韩国目前共有 100 多个农业法律和相配套的施行令。其中，既有规范农业全局的《农业基本法》，又有立足农业发展的《农村振兴法》和《农业现代化促进法》，还有规定农业组织、农业机械、农村能源、农产品价格、农产品流通、农作物种子、农业仓库、农业肥料、农药、农业灾害、农业用地、粮政、畜产、水产品等方面的专门法律。参见董红，王有强.国外农业立法及其对中国的启示［J］.世界农业，2009（4）：32-34.

④　法国是欧洲农业强国，向来重视农业的法律保护。1955 年法国编撰了《农业法典》，将此前制定的有关农业的法律、法令统一汇编，共 8 编 1336 条。该法典规定了土地制度、家畜和植物保护、猎猎和捕鱼、农业职业团体、农业金融制度、农事租赁合同、农业教育和科研等内容。此后于 1960 年制定了《农业指导法》(1980 年做了修订)，1962 年制定了《农业指导补充法》，1967 年制定了《农业合作社调整法》，1995 年制定了《农业现代化法》。通过前述一系列农业立法，逐步实现依法治农。参见董红，王有强.国外农业立法及其对中国的启示［J］.世界农业，2009（4）：32-34.

基于自身国情，构建了较为健全的农业法律体系，为本国农业发展提供了必要的法制保障。

自 20 世纪 80 年代以来，在改革开放的大背景下，伴随着农业现代化进程及依法治国方略的逐步实施，我国的农业立法也从无到有逐渐推进。1985 年 6 月 18 日颁布了《中华人民共和国草原法》，1986 年 1 月 20 日颁布了《中华人民共和国渔业法》，1989 年 3 月 13 日颁布了《中华人民共和国种子管理条例》，1993 年 7 月，全国人大常委会颁布了我国第一部农业基本法即《中华人民共和国农业法》。截至 2018 年年底，以《中华人民共和国农业法》为基本法，包含 26 部全国人大常委会制定的法律、约 80 件国务院制定的行政法规和相关部委规章、众多地方性法规组成的我国农业法规体系已经初步形成。在这些法规中，部分涉及农业对外交流合作条款，以下分类择要述之。

（一）农业法律

1.《中华人民共和国农业法》

《中华人民共和国农业法》（以下简称《农业法》）是我国农业法律体系的基本法，在我国依法治农进程中具有重大意义。该法于 1993 年 7 月 2 日由第八届全国人民代表大会常务委员会第二次会议通过，后于 2002 年、2009 年、2012 年做了三次修订、修正。现行修订后的《农业法》共计 13 章 99 条，涵盖面较广。该法不仅是一部农业产业促进法，也是一部农村改革促进法，其以立法形式界定了自 20 世纪 80 年代以来农村土地制度、生产经营体制等方面的改革探索成果。同时，该法也是一部农民权益保护法，从行政法律关系、民事法律关系等视角界定了农民作为当事主体的权益。此外，该法对关系国运、民生的粮食安全也设专章予以规定。总的来看，《农业法》是推进我国农业农村现代化、解决"'三农'问题"的重要法制依据，在中国农业法律体系建构进程中具有引领意义。在 2012 年修正后的最新版《农业法》中，有涉及农业对外合作相关内容的条款。例如，其中第 49 条规定："国家采取措施促进国际农业科技、教育合作与交流，鼓励引进国外先进技术。"

2.《中华人民共和国种子法》

种子是农业生产的"芯片"，对农业可持续发展意义重大。我国关于种子的立法最早可追溯至 1989 年 3 月 13 日国务院颁布的《中华人民共和国种子管理条例》。2000 年 7 月 8 日，第九届全国人民代表大会常务委员会第十六次会议以法律的形式正式出台了《中华人民共和国种子法》（以下简称《种子法》），该法于 2004 年、2013 年做了两次修正，其后于 2015 年 11 月 4 日经第十二届全国人民代表大会常务委员会第十七次会议做了一次较大修订，修订后的《种子法》自 2016 年 1 月 1 日起施行。《种子法》第 11 条中规定："国家对种质资源享有主权，任何单位和个人向境外提供种质资源，或者与境外机构、个人开展合作研究利用种质资源的，应当向省、自治区、直辖市人民政府农业、林业主管部门提出申请，并提交国家共享惠益的方案；受理申请的农业、林业主管部门经审核，报国务院农业、林业主管部门批准。"以上条款涉及农业对外合作内容。

3.《中华人民共和国渔业法》

渔业是我国大农业体系中最早实施"走出去"的项目，渔业领域的立法也是我国较早启动的农业立法。1986 年 1 月 20 日第六届全国人民代表大会常务委员会第十四次会议通过了《中华人民共和国渔业法》（以下简称《渔业法》），此后于 2000 年、2004 年、2009 年、2013 年做了四次修正。最新修正后的 2013 版《渔业法》共有 50 条，其中部分条款涉及对外合作内容，但主要是关于渔业对外合作监管体制的规定。例如，该法第十六条规定：水产苗种的进口、出口由国务院渔业行政主管部门或者省、自治区、直辖市人民政府渔业行政主管部门审批。第十七条规定：水产苗种的进口、出口必须实施检疫，防止病害传入境内和传出境外，具体检疫工作按照有关动植物进出境检疫法律、行政法规的规定执行。第二十三条规定：国家对捕捞业实行捕捞许可证制度。到中华人民共和国与有关国家缔结的协定确定的共同管理的渔区或者公海从事捕捞作业的捕捞许可证，由国务院渔业行政主管部门批准发放。

4.《中华人民共和国农业技术推广法》

该法经 1993 年 7 月 2 日第八届全国人大常委会第二次会议通过，2012 年 8 月 31 日第十一届全国人大常委会第二十八次会议予以修正，自 2013 年 1 月 1 日起施行。该法分总则、农业技术推广体系、农业技术的推广与应用、农业技术推广的保障措施、法律责任、附则等 6 章 39 条，其中初步涉及对外合作内容。如其第六条规定，国家鼓励和支持引进国外先进的农业技术，促进农业技术推广的国际合作与交流。

5.《中华人民共和国畜牧法》

该法于 2005 年 12 月 29 日由第十届全国人大常委会第十九次会议通过，2015 年 4 月 24 日第十二届全国人大常委会第十四次会议修正。其立法主旨是规范畜牧业生产经营行为，保障畜禽产品质量安全，保护和合理利用畜禽遗传资源，维护畜牧业生产经营者的合法权益，促进畜牧业持续健康发展。该法中有部分条款涉及对外合作内容，但同《种子法》《渔业法》类似，主要是一些监管性条款。

（二）农业行政法规

除了由最高立法机关制定的农业基干性法律外，我国的农业对外合作牵涉部分由国务院制定的行政法规，这部分法规中有涉及农业对外合作的内容。

1.《畜禽遗传资源进出境和对外合作研究利用审批办法》

《畜禽遗传资源进出境和对外合作研究利用审批办法》于 2008 年 8 月 20 日经国务院第二十三次常务会议通过，自 2008 年 10 月 1 日起施行。其出台背景是：新中国成立以来，我国从国外引进了大量的畜禽遗传资源，同时也开展了畜禽遗传资源的对外合作研究利用，成功培育了一批生产性能较高的畜禽良种。为了保护和合理利用畜禽遗传资源，《畜牧法》专设"畜禽遗传资源保护"一章，其中明确规定畜禽遗传资源的进出境和对外合作研究利用的审批办法由国务院制定。据此，国务院制定了《畜禽遗传资源进出境和对外合作研究利用审批办法》，规定了畜禽遗传资源对外合作研究利用的条件、审批程序及对应的法律责任，是我国畜牧业对外交流合作应当遵循的国内审批法制依据。

2.《农作物病虫害防治条例》

《农作物病虫害防治条例》于 2020 年 3 月 17 日经国务院第八十六次常务会议通过，自 2020 年 5 月 1 日起施行，是我国开展农作物病虫害防治的行政立法依据。该部行政法规贯彻预防为主、综合防治的农作物病虫害防治方针，奉行政府主导、属地负责、分类管理、科技支撑、绿色防控的理念，对农作物病虫害防治中的监测与预报、预防与控制、应急处置、专业化服务、法律责任做了系统规定。该部法规中的第九条第二款规定：国家鼓励和支持农作物病虫害防治国际合作与交流。第十七条对与境外组织和个人进行农作物病虫害防治合作信息交流、开展监测活动做了限制性规定。

3.《农业转基因生物安全管理条例》

转基因生物极为敏感，事关国家民生安全，为公众所高度关注，争议性极大。我国较早就注意以法治来引导之。《农业转基因生物安全管理条例》于 2001 年 5 月为国务院令第 304 号公布，之后于 2011 年、2017 年做了两次修订，现共有 8 章 54 条款，对在中华人民共和国境内从事农业转基因生物的研究、试验、生产、加工、经营和进出口活动进行了系统规制。该条例专设第五章"进口与出口"，对农业转基因生物的引进和出境交流的资质及监管流程用 8 个条款做了较为详细的规定。

4.《野生植物保护条例》

《野生植物保护条例》于 1996 年 9 月为国务院令第 204 号发布，于 2017年做了修订，修订后共有 5 章 32 条，对野生植物的保护、管理、行政监管体制、法律责任等做了初步界定，其立法主旨在于保护、发展和合理利用野生植物资源，保护生物多样性，维护生态平衡。该条例第二十条对进出口野生植物的审批机制做了规定，第二十一条对外国人在中国境内采集或者收购国家重点保护野生植物、进行野外考察做了限定。上述条款一定程度上涉及农业对外合作事项。

除上述内容之外，在《中药品种保护条例》①这部行政法规中亦涉及某些农业对外合作内容。

（三）农业行政规章

农业行政规章主要由国务院农业行政主管部门及其他行政主管部门制定，法律位阶偏低，但具有直接适用性，可操作性较强，是我国农业法律体系的重要组成部分。目前，有部分农业行政规章涉及农业对外合作内容，具体如下。

---

① 《中药品种保护条例》于 1992 年由国务院令第 106 号发布，2018 年做了修订。其第十四条规定，向国外转让中药一级保护品种的处方组成、工艺制法的，应当按照国家有关保密的规定办理。其第二十一条规定，中药保护品种在保护期内向国外申请注册的，须经国务院药品监督管理部门批准。上述条款部分涉及农业对外合作内容。

1.《农作物种质资源管理办法》

该管理办法是 2003 年 6 月 26 日由原农业部颁布的部门行政规章，自 2003 年 10 月 1 日起施行。该管理办法系《中华人民共和国种子法》的配套规定，其中的第五章"农作物种质资源国际交流"涉及农业对外合作的内容，具体体现在第五章的第二十七、第二十八、第二十九、第三十这四个条款中 ①，这些条款系对《中华人民共和国种子法》第十一条的细化，主要明确了对外提供种质资源的监管流程。

2.《农业野生植物保护办法》

该办法于 2002 年由原农业部公布，2004 年、2013 年做了两次修订，系根据前述《野生植物保护条例》制定的配套行政规章。主要调整由农业行政主管部门监管的野生植物保护利用所引发的社会关系。《农业野生植物保护办法》的第二十二条至第二十四条，对出口国家重点保护野生植物或者进出口中国参加的国际公约所限制进出口野生植物的审批流程、应提供材料，以及经省级农业行政主管部门批准进行野外考察的外国人在境内考察的监管要求做了细化规定。

---

① 这些法条列示如下：第二十七条 国家对农作物种质资源享有主权，任何单位和个人向境外提供种质资源，应当经所在地省、自治区、直辖市农业行政主管部门审核，报农业部审批。 第二十八条 对外提供农作物种质资源实行分类管理制度，农业部定期修订分类管理目录。 第二十九条 对外提供农作物种质资源按以下程序办理：（一）对外提供种质资源的单位和个人按规定的格式及要求填写《对外提供农作物种质资源申请表》（见附件一），提交对外提供种质资源说明，向所在地省、自治区、直辖市农业行政主管部门提出申请；（二）省、自治区、直辖市农业行政主管部门应当在收到申请材料之日起 10 日内完成审核工作。审核通过的，报农业部审批；（三）农业部应当在收到审核意见之日起 10 日内完成审批工作。审批通过的，开具《对外提供农作物种质资源准许证》（见附件二），加盖"农业部对外提供农作物种质资源审批专用章"；（四）对外提供种质资源的单位和个人持《对外提供农作物种质资源准许证》到检疫机关办理检疫审批手续；（五）《对外提供农作物种质资源准许证》和检疫通关证明作为海关放行依据。 第三十条 对外合作项目中包括农作物种质资源交流的，应当在签订合作协议前，办理对外提供农作物种质资源审批手续。

3.《远洋渔业管理规定》

渔业属于大农业的范畴，远洋渔业是指境内公民、法人和其他组织到公海和他国管辖海域从事海洋捕捞以及与之配套的加工、补给和产品运输等渔业活动，是我国广义的农业"走出去"的重要业务范围之一。自20世纪80年代以来，我国远洋渔业发展迅速，成就斐然，但仍存在一些突出问题。为加强远洋渔业管理，维护国家和远洋渔业企业及从业人员合法权益，促进远洋渔业持续健康发展，根据《渔业法》及其他有关法律、行政法规，农业部于2003年4月出台了《远洋渔业管理规定》，自2003年6月1日起施行，之后于2016年、2020年进行了部分修改。现行规定共计34条，涉及远洋渔业项目申请和审批、远洋渔业企业资格认定和项目确认、远洋渔业船舶和船员的登记及管理、远洋渔业企业的监督管理等规制内容。这些规制内容亦是我国渔业"走出去"应关注把握的规则。

上述这些法律、行政法规、规章中包含的农业对外合作相关条款，从纵向层面构成了农业"走出去"的国内法制基础，是境外农业投资及其他合作交流的行业法律依据。

三、农业对外合作相关国内立法存在的不足

如前所述，伴随着依法治国方略及新时期着力推动农业"走出去"战略的实施，我国农业对外合作确立了部分国内法律依据。然而，综合总体国内立法现状来评判，必须清醒地看到，现有的法律依据存在诸多不尽完善之处，归结如下。

（一）农业对外合作缺乏高位阶、针对性的立法

农业对外合作系境外投资的一个领域，如前所述，境外投资目前没有最高立法机关即全国人大及其常委会制定的狭义上的法律，也没有最高行政机

关即国务院制定的行政法规或地方人大制定的地方性法规。目前可以适用的最主要法律依据是商务部、国家发展和改革委员会、国家外汇管理局、国务院国资委等部门制定的行政规章。这些规章的法律位阶是比较低的，相应的约束力和执行效果就打了折扣。而且又由各个部门分别订立，难免存在规章间的对接协调问题。反观欧美一些发达国家，普遍由最高立法机关制定统一的正式法律来规制对外投资，如美国制定了《经济合作法》《对外援助法》《共同安全法》等一系列的单行法或综合法，对海外投资主体、投资方式、税收征管等进行协调。德国、日本也是如此①。另外，在《农业法》《种子法》《渔业法》等行业专门法律中，虽然有提到农业对外合作的内容，但必须实事求是地看到，这方面的规定非常简略，语焉不详，几无具体可操作的建设性条款，最多的是一些监管性的刚性要求。总体来看，目前农业对外合作缺乏由最高立法机关制定的高位阶、具有针对性和实际适用性的法律规则。

（二）农业对外合作偏重传统的政策文件调控，缺乏适应法治规制要求的系统性行政立法依据

农业对外合作是一项长周期、涉民生的基础性产业对外投资合作，国务院作为最高政府可对之行使行政调控权。同时，国务院亦具有行政立法权，按《中华人民共和国立法法》规定，可针对农业对外合作制定系统的、具有实操性的行政法规。不过，从现状来看，国务院更注重于制定指导性的政策

---

① 自20世纪70年代以来，随着海外投资兴起，日本政府把支持企业海外投资作为国家战略，采取了一系列法制保障政策。为此，先后制定了《外资法》《外汇法》《境外拓展对策资金贷款制度》《日本贸易振兴机构法》《境外投资信用保证制度》等法律，将企业海外投资的服务管理机构设置、财税、金融、保险等政策保障措施用法律的形式确定下来。作为重要的资本输出国，在对外投资领域，德国现行的法律法规主要有《对外经济法》和《对外经济法实施细则》。根据这些法律规定，除特别限制外，在对外经济合作中，包括与境外经济区的资本、服务、商品和支付往来等原则上是自由的。

文件，而对通过行政立法程序制定农业对外合作的行政法规着力不够①。比如，2016 年 4 月，国务院办公厅印发了《关于促进农业对外合作的若干意见》，第一次系统构建了支持农业对外合作的外交、外经贸、投资等政策框架体系；其后在《全国农业现代化规划（2016—2020 年）》基础上，又编制完成了《农业对外合作规划（2016—2020 年）》，对发展的目标、重点、布局、举措等进行了部署。然而，上述这些文件仅系指导性的政策文件，并非具有法律约束力、强制性的行政法规。至于国务院之下的农业农村部及地方政府，更是没有农业对外合作的专门行政规章了。可见，农业对外合作不仅缺乏高位阶的法律保障，也缺乏专门的、具有实操性的行政法规及规章等低位阶的法律规则保障。

第二节　农业对外合作的国际法规制分析

农业对外合作是我国整体国际直接投资中的重要一项。而调整国际直接投资的法制，除了我国作为资本输出国的国内法外，另一重要规则体系是由国际组织、各国政府机构制定的国际法。这些国际法是我国农业对外合作必须审慎应对的国际规则，其能在更宏大的跨国空间层面发挥规范引导作用，是调控约束我国农业"走出去"的国际投资环境重要因素。

一、我国参与农业对外合作国际规则现状

自 20 世纪 80 年代以来，在对外开放的大背景下，伴随着农业对外合作业务的逐步前行，我国加入并参与构建了一系列涉及农业对外合作的国际规

---

① 至多只有如前文所述的针对特定事项制定的几个条例中的零星条款。

则。这些规则中，有的属于综合性对外直接投资国际规则，适用于包括农业在内所有行业的对外投资；有的则属于农业行业的专门性国际规则。以下分类评述之。

（一）加入、参与构建适用于农业对外合作的综合性对外直接投资国际规则

综合性对外直接投资国际规则，适用于包括农业在内所有行业的对外投资，是调整投资主体、资本输出国、资本输入国一般性投资关系的国际规范。根据其涵盖国际法主体范围，可分为如下三类。

1. 全球性多边投资规则

该类规则，顾名思义，覆盖面较广，在全球范围内普遍适用。目前，因各国利益诉求歧异，已生效的全球性多边投资规则很少，尤其是实体方面的，至多是一些程序方面的公约，比较典型的有以下三个。

（1）世贸组织的《与贸易有关的投资措施协议》（简称 TRIMS）

其系世界贸易组织管辖的一项多边贸易协议，由序言和 9 个条款及 1 个附件组成，篇幅不多，于 1993 年 12 月 20 日通过，自 1995 年 1 月 1 日在世界贸易组织框架内生效。主要条款包括：范围、国民待遇和数量限制、例外、发展中国家成员、通知和过渡安排、透明度、与贸易有关的投资措施委员会、磋商与争端解决、货物贸易理事会的审议等条款。该协议的宗旨是，促进投资自由化，制定为避免对贸易造成不利影响的规则，便利国际投资，以便在确保自由竞争的同时，提高所有贸易伙伴尤其是发展中国家成员的经济增长水平。"TRIMS 协议是在世界性投资法典经长期酝酿却未有实质性结果的情况下制定的，是第一部世界范围内有约束力的实体性投资协定。"[①] 协议的基本

---

① 曾华群.国际投资法学［M］.北京：北京大学出版社，1999：704.

原则是各成员国实施与贸易有关的投资措施，不得违背《关贸总协定》的国民待遇和取消数量限制原则。协议的附件《解释性清单》列举了关于被禁止的与贸易有关的五种投资措施的指示性清单[①]。协议同时规定设立"与贸易有关的投资措施委员会"，通过该机构监督本协议的运行，磋商与本协议运行和执行相关的事宜。该协议总体而言概括极为简略，且仅从侧面规定了禁止性的投资措施，此外还设定了一系列适用例外情形。目前对该协议存在诸多非议，多数专家认为其条款约略含糊，适用性不强，但毕竟开风气之先，在国际投资规则演进史上仍具有标志性意义。

（2）《多边投资担保机构公约》（简称《MIGA 公约》）

该公约又称《汉城公约》，1985 年 10 月 11 日在世界银行汉城年会上通过，于 1988 年 4 月 12 日正式生效。根据该公约建立了多边投资担保机构，该机构属于世界银行集团的成员，但其同时又是独立的国际组织。我国于 1988 年 4 月 28 日签署《MIGA 公约》，两天后交存了批准书。

《多边投资担保机构公约》共 11 章 67 条，主要内容有七个方面：①宗旨。公约明确规定促进资本流向发展中国家，对投资的非商业性风险予以担保。②机构地位。享有国际法主体资格，同时具备私法意义上的法人资格。③机构的担保业务。只限于非商业性政治风险，具体包括货币汇兑险、征收险、违约险、战争和内乱险。④规定合格的投资、合格的投资者和东道国条

[①] 这些投资措施主要涉及那些要求购买或使用特定数额国产品的措施（当地含量要求）和把进口的数额限制在与出口水平相应幅度上的措施（贸易平衡要求）。具体如下：一是违反 1994 年 GATT 第 3 条第 4 款（国民待遇）的两种措施：a）要求企业购买或使用当地生产的或来自当地的产品；b）限制企业购买或使用进口产品的数量，并把这一数量与该企业出口当地产品的数量或价值相联系。二是违反 1994 年 GATT 第 11 条第 1 款（取消数量限制）的三种措施：a）对企业进口用于当地生产或与当地生产相关的产品，一般地或在数量上根据该企业出口它在当地生产的产品的数量或价值加以限制；b）对企业进口用于当地生产或与当地生产相关的产品，通过将其可获得的外汇数量限于可归属于它的外汇收入而加以限制；c）限制企业出口产品或为出口而销售产品。

件。⑤东道国主权控制的范围。⑥争端的解决。公约将争端分为三类，即有关公约的解释和施行而发生的争端、机构与会员国之间的争端、有关被保险人或再保险人的争端，对于不同的争端应适用不同的程序解决。⑦法律适用。

签署该公约与设立该机构的目的，是通过多边投资担保机构对投资者最为担忧的非商业性风险提供担保，促进东道国和外国投资者间的相互了解和信任，减轻海外私人投资者对政治风险的顾虑，鼓励成员国之间尤其是发达成员国向发展中成员国进行国际直接投资，注重投资项目的均衡发展性和社会效益性，进而增进国际经济合作，在一定程度上解决发展中国家生产投资资金之不足，提升其产业水平。当然，该公约目前也存在一些问题，主要是多边投资担保机构的决策机制有待完善，决策的透明度及效率有待提高。此外，如何在注重承保业务可持续发展的同时平衡发达成员国与发展中成员国的利益，如何应对日益增长的投保业务量，也是多边投资担保机构未来应直面的挑战。

（3）《解决国家与他国国民间投资争端公约》（*Convention on the Settlement of Investment Disputes Between States and Nationals of Other States*，简称《华盛顿公约》）

该公约于1965年3月18日由世界银行提交各国政府审议，1966年10月14日正式生效。我国于1992年7月1日经全国人大批准加入该公约，1993年1月7日交存批准书，并于同年2月6日对我国生效。该公约共9章75条，主要宗旨是为国家与他国国民之间的投资争端提供解决救济的国际机制，主要内容涵盖如下。

①投资争端处理机构。根据该公约设立"解决国际投资争端中心"（The International Center for Settlement of Investment Disputes，简称ICSID），作为世界银行下属的一个独立机构，为解决前述投资争端提供权威性的调解或仲

裁服务①。中心具有独立的国际法律人格②,设有行政理事会、秘书处、调解员小组、仲裁员小组这些具体执行机构③。中心的管辖权具有排他效力,即一旦当事人同意在中心进行处理,有关争端不再属于争端一方缔约国国内法管辖范围,而属于中心的专属管辖④。

②提交中心仲裁的投资争端应符合的条件:一是主体要求。投资争端当事人一方必须是缔约国政府(东道国)或者其公共机构或实体;另一方是缔约国国民(外国投资者),包括自然人、法人及其他经济实体。二是争端性质。依公约第25条第1款规定,中心的管辖权适用于一缔约国和另一缔约国国民之间"因投资而产生的任何法律争端"⑤。三是主观要求。依公约的规定,中心仅对争端双方书面同意提交给 ICSID 裁决的争端有管辖权。双方书面同

① 调解和仲裁是"中心"的两种业务程序。按《公约》规定,在调解程序中,调解员仅向当事人提出解决争端的建议,供当事人参考。而在仲裁程序中,仲裁员做出的裁决具有约束力,当事人应遵守和履行裁决的各项条件。

② 根据公约规定,该中心具备缔约能力、财产处分能力及诉讼能力。中心及其工作人员享有一定的特权和豁免。这些特权包括财产和资产免受搜查、征用、没收或其他形式的扣押,档案不受侵犯等。有关豁免权主要是指中心及其财产和资产享有豁免一切法律诉讼的权利,除非中心放弃此种豁免。

③ 行政理事会由各成员国派遣一名代表组成,世界银行行长是行政理事会的当然主席,但无表决权。秘书长和所有副秘书长都由行政理事会主席提名,并经行政理事会2/3多数票选举产生,任期不少于6年,可以连选连任。秘书长是中心的法定代表人。调解员小组和仲裁员小组成员的服务期限为6年,可以连任。中心备有"调解员名册"和"仲裁员名册",供投资争端当事人选择。

④ 该专属管辖存在例外情况,依公约第26条规定,缔约国可以要求用尽当地各种行政或司法救济,作为其同意依公约交付仲裁的一个条件。另依公约第27条第1款规定,缔约国对于其本国的一个国民和另一缔约国根据本公约同意交付或已交付仲裁的争端,不得给予外交保护或提出国际要求,除非该另一缔约国未能遵守和履行对此项争端所做出的裁决。

⑤ 关于何谓"投资"和"法律争端",公约本身并没有规定。依世界银行董事会之解释,何谓"投资"可以由争端当事方自主决定。关于"法律争端",董事会报告认为,"争端必须是关于法律权利或义务的存在或其范围,或是关于因违反法律义务而实行赔偿的性质或限度"。

意系成为 ICSID 受理争端的主观要求①。

③解决投资争端适用的法律。有法可依、有规可循是处理争端之前提，是评价当事方行为的尺度。依公约第 42 条规定，中心仲裁庭应依争端双方同意适用的法律规则对争端做出裁决。如双方未对适用的法律规则达成协议，则仲裁庭应适用作为争端一方的缔约国国内法（包括其冲突法规则）以及可适用的国际法规则对争端进行合理裁决。

④裁决的承认与执行。国际争端法律解决的疑难点在于裁决的约束力与执行力。如果决而不行，则流程再多亦毫无实质意义。依公约第 53 条规定，中心的裁决对争端各方均具有约束力，各方不得进行任何上诉或采取任何其他除本公约规定外的补救办法。除依公约规定予以停止执行的情形外，争端任何一方都应遵守和执行裁决②。

华盛顿公约确立的 ICSID 投资争端解决机制为缔约国海外投资者与投资东道国的纠纷提供了相对独立公正的解决途径，尤其有利于提升发达国家跨国公司进行海外投资的信心，同时也有利于缔约发展中成员国更好地吸引外资，促进国际资本流动。当然，近年来，随着其承办争议纠纷案件的增多，

① 对于同意的形式，公约未予规定，实践中书面形式种类主要有：东道国与外国投资者之间协议中的 ICSID 仲裁条款争端当事方在争端发生之后达成专门的仲裁协议；东道国的投资立法中规定同意将其与外国投资者之间的争端提交 ICSID 管辖，争端发生后，外国投资者以书面形式表示接受；投资保护协定中的"ICSID 仲裁条款"；区域性投资协定中的 ICSID 机制。批准或加入公约本身并不等于缔约国承担了将某一特定投资争端提交中心调解或仲裁的义务。根据公约规定，争端当事双方表示同意后，不得单方面撤销其同意。此外，公约的前言部分明确指出，任何缔约国不因仅仅批准、接受、核准公约就被视为接受特定案件的管辖。

② 根据公约第 54 条的规定，每一缔约国都应承认依照该公约做出的裁决对其具有约束力，并在其领土内履行该裁决所裁定的财政义务，并赋予该裁决等同于其国内法院终审判决的效力。排除了缔约国对 ICSID 裁决进行程序性和实质性审查的权力。如作为争端当事方的缔约国政府不执行中心的裁决，则投资者母国政府可以恢复其行使外交保护或提起国际要求的权利。但依公约第 64 条的规定，如果作为争端当事方的缔约国和投资者母国直接就公约的解释或适用产生争议，任何一国均可以申请将该争议提交国际法院解决。

实践中也发现 ICSID 投资争端解决机制存在一定不足之处：仲裁权不断扩大导致仲裁裁决不一致，外部监督机制缺失，仲裁员倾向于保护外国私人投资者的利益而忽视东道国国家公共利益，严格保密原则导致仲裁公信力不足等[①]。所有这些缺陷，有待各成员国在深入磋商、互利互让的基础上对 ICSID 仲裁机制与时俱进地予以改良完善。

2. 区域性多边投资规则

区域性多边投资规则不同于前述的全球性多边投资规则，其适用范围仅限于一定区域范围内。20 世纪下半叶以来，随着区域经济一体化的逐步推进，在欧盟、北美自由贸易区、安第斯集团等框架下出现了一些区域性多边投资规则。区域性多边投资规则有些属于刚性的，有些属于软性的。我国目前已参加的区域性多边投资规则主要有以下几个：

（1）1994 年作为亚太经合组织成员在印度尼西亚茂物签订了《亚太经济合作组织非约束性投资原则》

该协议遵循了"开放的地区主义"的精神[②]，基本内容如下：一是透明度原则。各成员应以透明之方式，使其所有与投资有关的法律、法规、行政指导准则和政策可以公开获得。二是投资者的待遇。各成员对外来投资要给予最惠国待遇和国民待遇。三是征用和赔偿。除非为公共目的，并根据每个成员的法律和国际法原则给予及时、充分和有效的补偿，各成员将不对外国投资者采取征用或具有类似效果的其他措施。四是汇兑自由。各成员将推动包括利润、分红、提成、还贷、清算资金在内的货币可自由兑换。五是争议解决。各成员同意，对于外国投资有关争议，双方将通过协商和谈判加以解决。如不能解决，则根据成员的国际承诺或双方共同接受的其他仲裁程序寻求解

---

① 于秀洪. 论 ICSID 仲裁机制及完善［D］. 中国政法大学，2011.

② 吕岩峰，何志鹏，孙璐. 国际投资法［M］. 北京：高等教育出版社，2005：173.

决。六是投资便利。各成员承诺将根据有关法律、法规的规定，允许更多的外来技术和管理人员为从事与外来投资有关的活动而临时入境和居留。各成员将努力避免与外来投资有关的双重征税。各成员同意最大限度减少影响外资流动的行政与机构障碍。综上所述，《亚太经济合作组织非约束性投资原则》融合了亚太经合组织发达成员和发展中成员的利益诉求，对跨境投资中法制环境、投资者保护、救济机制等核心问题予以梳理界定，有一定的时代进步性。不过，作为非约束性投资原则，其仅带有建议和指导性，主要靠各成员自愿遵守和执行，不具有法律强制约束力，其实施效果大打折扣。

（2）2009年在泰国曼谷签订的中国－东盟《投资协议》

该协议系2009年8月15日在泰国曼谷举行的第八次中国－东盟经贸部长会议上签订的，2010年生效实施。中国－东盟《投资协议》共包括27个条款，主要内容包括如下：一是投资、投资者等关键术语的定义；二是协议的目标及适用范围[①]；三是对外国投资予以的国民待遇原则、最惠国待遇原则，以及公平和公正等投资待遇；四是征收及损失补偿；五是投资转移和利润汇回的货币自由兑换；六是投资争端解决；七是利益拒绝；八是一般例外与安全例外；九是投资促进与投资便利化；十是机制安排。该协议通过强调中国东盟双方相互给予投资者国民待遇、最惠国待遇和其他投资公平公正待遇，提高外国投资法律法规透明度，为投资者创造便利、透明、公正、公平的投资环境，从而促进双方相互投资，增进区域经济福祉。总体而言，中国－东盟《投资协议》的签署为中国与东盟双方相互投资提供了初步的法制框架。

（3）2012年在北京签订的《中日韩投资协定》

中、日、韩分别是世界第二、第三、第十大经济体，GDP总量占全球

---

① 该协议第二条明确规定，协议的目标是促进东盟与中国之间投资流动，建立自由、便利、透明和竞争的投资体制；协议第三条规定，本协议适用于一缔约方投资者在另一缔约方境内的所有投资。

20% 以上，占亚洲 70% 以上①。中、日、韩三国于 2012 年提出推动中日韩自贸区建设，2012 年 5 月 13 日中、日、韩三方在北京签署了《中华人民共和国政府、日本国政府及大韩民国政府关于促进、便利及保护投资协定》及《议定书》(《中日韩投资协定》)。这是中、日、韩三方为促进东亚区域经济一体化和投资自由化而达成的一项区域投资协议。三方关于该协定的谈判自 2007 年启动，历时 5 年，先后进行了 13 轮正式谈判和数次非正式磋商。最终达成的协定共包括 27 条和 1 个议定书，涵盖国际投资协定通常包含的内容，具体包括投资及投资者等关键术语定义、适用范围、最惠国待遇、国民待遇、总体投资待遇、人员入境、知识产权、征收和补偿、转移、代位、金融审慎措施及税收、安全例外、争议解决、环境措施、联合委员会等条款。根据协定中有关法律程序规定，《中日韩投资协定》于 2014 年 5 月 17 日生效。该协定是中、日、韩之间第一个促进和保护三国间跨境投资行为的法律文件和制度安排，将为三国投资者提供更为稳定和透明的投资环境，对促进和保护三国间相互投资、进一步深化三国投资合作、推动三国经贸关系发展具有积极作用②。

（4）《区域全面经济伙伴关系协定》(*Regional Comprehensive Economic Partnership*，简称 RCEP)

该协定由东盟十国于 2012 年发起，历经 8 年 28 轮商谈，于 2020 年 11 月 15 日正式签署。成员包括东盟十国、中国、日本、韩国、澳大利亚、新西兰，该协定是截至目前全球规模最大的区域自贸协定，有 15 个成员国，区域内各国人口总量、经济产值、贸易总额均占全球总量的 30% 左右，其成员中

---

① 根据 2020 年三国公布的 GDP 总值。

② 参见中央政府门户网站　www.gov.cn 2014-05-14 21：58。

既有多个发达经济体，也有诸多新兴经济体。RCEP 协定由序言、二十章[①]、四个市场准入承诺表附件[②]组成。作为区域内综合性经贸规则，该协定因应区域内蓬勃发展的国际直接投资活动对更高水平多边投资规则的构建要求，结合当代自贸协定综合化发展的新趋势，设定了规制调整投资的专门章节。其第十章（共 18 条）涵盖了投资保护、自由化、促进和便利化四个方面的内容，具体包括承诺最惠国待遇、禁止业绩要求、采用负面清单模式做出非服务业领域市场准入承诺并适用棘轮机制[③]。投资便利化部分还包括争端预防和外商投诉的协调解决等救济机制。此外，本章还附有《服务和投资保留及不符措施承诺表》。上述这些规则，对新时期国际直接投资中最为关切的投资准入、保护、自由化和便利化等做出界定，有利于营造区域内法治化、市场化、自由化投资环境，提升经贸投资合作水平。

3. 双边投资协定（Bilateral Investment Treaty，简称 BIT）

一般指两国之间签订的，以规制、保护国际投资为目的，明晰投资原则、投资待遇与争议解决等关键内容，约定双方权利与义务关系的书面协议。从其历史演进形态看，曾有友好通商航海条约、投资保证协定、促进与保护投资协定等具体形式。据联合国贸易与发展会议（United Nations Conference on Trade and Development，简称 UNCTAD）统计，截至 2018 年 7 月，全球范围内的双边投资协定已经多达 2952 个，其中 2358 个协定处于有效状态[④]。我国

---

① 这二十章包括如下内容：初始条款和一般定义，货物贸易，原产地规则，海关程序和贸易便利化，卫生与植物卫生措施，标准、技术法规和合格评定程序，贸易救济，服务贸易，自然人临时移动，投资，知识产权，电子商务，竞争，中小企业，经济技术合作，政府采购，一般条款和例外，机构条款，争端解决，最终条款。

② 包括：关税承诺表、服务具体承诺表、投资保留及不符措施承诺表、自然人临时流动具体承诺表。

③ 即未来自由化水平不可倒退。

④ United Nations Conference on Trade and Development，at http：//investmentpolicyhub.unctad.org/IIA，July 9, 2018.

自 20 世纪 80 年代改革开放以来，积极推动与其他国家缔结双边投资协定。1982 年 3 月 29 日与瑞典签订的《中华人民共和国政府和瑞典王国政府关于相互保护投资的协定》是我国与外国签订的第一个此类协定 ①。商务部条法司网站信息显示，至 2020 年 4 月底，我国已签署并生效的双边投资协定共计 105 个，与世界上多数经济体均签订了此类协定 ②。双边投资协定对中国企业境外投资提供一定程度的安全保障，为中国企业实施"走出去"战略、拓宽对外经济合作领域提供了直接的法律框架。

上述这些全球性多边投资规则、区域性多边投资规则以及双边投资协定，属于综合性的对外直接投资国际规则，适用于包括农业在内的所有行业的对外直接投资，在不同层面上对我国对外直接投资从实体内容与程序机制等方面起着调整规制作用，是规范引领我国农业"走出去"的重要国际法制基础。

（二）加入、参与构建涉及农业交流合作的行业专门性国际规则

在经济全球化背景下，农业国际交流合作也在各层面、各领域逐步推进。自 20 世纪中叶以来，在联合国（主要是其下属的粮农组织）等国际组织的主导下，各国磋商签订了诸多农业国际公约。外交部官网内容显示，我国已加入的全球性和区域性农业国际公约有十几个，典型的有：1980 年加入的《建立国际农业发展基金的协定》、1981 年加入的《濒危野生动植物种国际贸易公约》、1992 年签署的《生物多样性公约》、1999 年加入的《国际植物新品种保

---

① 该协定第九条规定，协定的有效期为十五年，如在最初的十四年终了后，缔约任何一方未以书面形式通知缔约另一方拟终止本协定，则本协定应继续有效。2004 年 9 月 27 日，双方重签了一份新的议定书对前述协定予以修订。

② 与美国尚未签署这类协定。1994 年 4 月，中国与巴西政府签署了《关于鼓励和相互保护投资协定》工作文本，但是该协定尚未经过巴西议会批准。2019 年 10 月中国与刚果民主共和国政府签署生效的《关于促进和保护投资的协定》系目前最新的一个。中欧双边投资协定于 2014 年 1 月 21 日启动第 1 轮谈判，历经 7 年 35 轮谈判之后，2020 年 12 月 30 日中欧领导人共同宣布如期完成中欧投资协定谈判。

护公约》、2000 年签署的《生物多样性公约》（下称《卡塔赫纳生物安全议定书》）、2010 年签署的《上海合作组织成员国政府间农业合作协定》、2011 年签署的《东盟和中日韩大米紧急储备协议》、2016 年加入的《关于获取遗传资源和公正公平分享其利用所产生惠益的名古屋议定书》等。此外，也有部分涉农国际公约我国尚未加入。这些农业国际公约，涵盖了国际农业交流合作中农业发展基金、农业科技合作、农业投资、动植物品种保护、粮食储备等众多方面，是我国农业"走出去"应当关注的行业专门性国际规则。以下选取其中与农业"走出去"直接相关的几个公约加以介绍：

1.《国际植物新品种保护公约》

该公约于 1961 年 12 月 2 日制定，其后进行了修订[①]。我国于 1999 年 4 月 23 日才批准加入，并成为国际植物新品种保护联盟（UPOV）第 39 个成员国。该公约系对植物新品种进行保护的专门性国际规则，是农业领域的知识产权国际公约。该公约共有 42 条，主要涉及内容如下：公约的原则和宗旨、保护方式、国民待遇及互惠必须或可以保护的植物属和种、保护的权利及范围、保护的条件和期限、联盟的机构、联盟的法律地位、账目审计、公约的生效和修订等。其中，在公约的第三条"国民待遇及互惠"中涉及农业对外合作的内容。该条规定，就承认和保护植物新品种育种者的权利而言，在不损害本公约专门规定的权利的前提下，任一联盟成员因居住或有注册办事机构的自然人和法人，只要他们遵守和履行这些国家为本国国民制定的规定和手续，就能享受这些国家根据其各自的法律给予或随后可能给予的该国国民同样的待遇。中国目前在农作物新品种研发等农业技术领域有一定的比较优

---

① 该公约现有 1978 年和 1991 年两个文本。两个文本在保护方式、国民待遇、必须或可以保护的植物属和种、受保护的权利和范围等方面都存在不同之处，1978 年文本侧重于对使用者农民权益的保护，而 1991 年文本侧重于对育种家权益的保护。我国批准加入的是 1978 年文本。

势，加入上述公约后，基于前述条款规定的原则，对我国农业"走出去"在其他联盟（UPOV）成员国的植物新品种知识产权保护有一定的保障作用。

2.《卡塔赫纳生物安全议定书》

2000 年 1 月 29 日，在加拿大召开的《生物多样性公约》缔约方大会上通过了《卡塔赫纳生物安全议定书》。《卡塔赫纳生物安全议定书》是在 1992 年《生物多样性公约》框架下为解决凭借现代生物技术获得的、可能对生物多样性的保护和可持续使用产生不利影响的转基因生物越境转移安全问题而制定的有法律约束力的国际文件，其于 2000 年 1 月 29 日通过，2003 年 9 月 11 日正式生效，是全球调控环境保护与可持续发展的一份重要公约。我国于 2000 年 8 月 8 日签署了该议定书，并于 2005 年 4 月 27 日由国务院批准生效。议定书由前言、40 个条款和 3 个附件组成，主要内容包括：目标和关键术语、适用范围、过境和封闭使用、提前知情同意程序的适用、风险评估和管理、处理运输包装和标志、国家主管部门和国家联络点、生物安全信息交换机制、能力建设、赔偿责任和补救、财务机制等。该议定书基于预防原则制订，目标是保证转基因生物及其产品的安全性，尽量减少其潜在的可能对生物多样性和人体健康造成的损害。我国现已是其正式成员国。转基因生物及其产品目前争议很大，但转基因技术及相应的生物产品不可避免地会占据国际社会相应的粮食供给份额，也是我国农业"走出去"必然面临的问题。有鉴于此，调整转基因生物跨境转移安全的《卡塔赫纳生物安全议定书》是我国拟实施农业对外合作的投资者必须关注考量的一项国际公约。

3.《〈生物多样性公约〉关于获取遗传资源和公正公平分享其利用所产生惠益的名古屋议定书》（下称《名古屋议定书》）

该议定书于 2010 年在日本名古屋通过，2014 年 10 月 12 日其批准缔约成员国达到 50 个以上开始生效，我国于 2016 年 9 月 6 日成为其正式缔约方。

该议定书主要是就世界上丰富多样但又受到各种不法侵害威胁的生物遗传资源在各国间公正、公平地获取与惠益分享达成的一项国际公约，议定书主要内容包括目标、范围、惠益分享、获取、监测与检查以及能力建设等6个方面，共36条，另含1个附件。其适用范围是生物遗传资源、衍生物以及与生物遗传资源相关的传统知识。议定书明确规定：各国对其生物遗传资源享有主权权利，获取生物遗传资源须经原产国或已经遵照1992年《生物多样性公约》要求取得生物遗传资源的提供者的事先知情同意。总体来看，《名古屋议定书》进一步确立了各缔约方的生物遗传资源主权权利，将《生物多样性公约》制定的生物遗传资源开发利用"事先知情同意""共同商定条件""公平分享惠益"等原则，进一步细化为具体的国际法规则，明确了国际经济交往中遗传资源丰富国家和生物技术发达国家之间的利益分配格局。我国是生物多样性大国，有丰富的生物遗传资源。同时，历经多年积淀发展，我国在农业生物技术开发方面具备了一定的优势。在我国企业"走出去"到亚非拉这些生物遗传资源丰富的发展中地区拓展农业对外合作时，极有可能会利用我国较为成熟的农业生物技术结合境外投资目的地丰富的生物遗传资源去发展农业生物产业项目。在此过程中，作为《名古屋议定书》的缔约方，我国投资者必须遵守该约定书的相关规定去开发利用当地生物遗传资源并与东道国政府、土著、地方社区等主体公平、公正地分享因利用生物遗传资源产生的惠益。

4.《上海合作组织成员国政府间农业合作协定》

该协定系2010年6月11日在乌兹别克斯坦共和国首都塔什干市举行的上海合作组织成员国元首理事会第十次会议通过，2014年8月15日正式生效，系上海合作组织为发挥本组织成员国农业资源禀赋优势、增进农业交流合作而签订的首个农业合作协定。该协定共有14个条款，主要涉及如下内容：上海合作组织成员国农业合作的基本领域、合作的具体内容、合作中知识产权保护、农业专业工作组的设置、本协定与成员国参加的其他国际条约的关系、本协定的有效期限及适用范围。总体而言，本协定仅是上海合作组织开展农业合作的一个纲领性文件，内容较为简约。协定中的第二条第三款规定"制定和实施共同的农业投资项目"，初步涉及农业对外投资合作的内容。

5. 有关渔业"走出去"的相关国际公约

渔业是我国大农业体系中的重要一环，也是我国农业"走出去"最早启动的领域之一。早在 1985 年 3 月 10 日，中国水产联合总公司等派出由 13 艘渔船、223 名船员组成的我国第一支远洋渔业船队从福州马尾港启航赴西非海域捕鱼，开辟了我国与西非几内亚比绍、塞内加尔、塞拉利昂等国的渔业合作[1]。自此，中国渔业开始扬帆走向全球。历经三十多年发展，我国渔业"走出去"成就斐然，已成了全球远洋渔业大国。在国际渔业法治化监管背景下，与渔业"走出去"进程相适应，我国已加入了一系列国际多边海洋和渔业协议，以下就选择其中与渔业"走出去"密切相关的几个公约予以扼要介绍。

（1）《联合国海洋法公约》

该公约于 1982 年 12 月 10 日在牙买加的蒙特哥湾召开的第三次联合国海洋法会议最后会议上通过，于 1994 年 11 月 16 日生效，已获 150 多个国家批准。我国于 1996 年 6 月 7 日加入该公约，并于同年 7 月 7 日生效。该公约共含 17 部分，连同 9 个附件共有 446 条，调整面较为庞杂。主要内容包括：领海、毗邻区、专属经济区、大陆架、用于国际航行的海峡、群岛国、岛屿制度、闭海或半闭海、内陆国出入海洋的权益和过境自由、国际海底以及海洋科学研究、海洋环境保护与安全、海洋技术的发展和转让等。公约的一大突破是明确规定一国可对距其海岸线 200 海里的海域拥有经济专属权，其中就包括了

---

[1]　王金奎.我国远洋渔业的国际合作与风险分析［J］.对外经贸实务，2009（3）：32-34.

该海域内的渔业资源管理权。该公约是晚近以来调整国际海洋管理秩序的最重要的国际规则,对全球海洋秩序影响甚为深远。该公约中对领海、毗邻区、专属经济区、大陆架、海洋环境保护与安全这些内容的界定,很多会涉及海洋渔业资源的管理,对我国渔业"走出去"到域外开展捕捞运营将产生重要的规则调控效果。我国目前渔业"走出去"的重点布局区域如东南亚、南太平洋地区、南美、非洲的诸多国家,均是该公约的缔约国,且多数缔约国均根据公约确立了200海里的专属经济区渔业管理法制及执法机制。此外,该公约对公海的渔业资源也有趋于严格的管制要求,规定了缔约方养护海域渔业生物资源的义务。所以,我国渔业企业要顺利"走出去"开展跨境渔业合作,必须深入解读该公约,相应的投资运营行为要遵循该公约的要求。

（2）《南太平洋公海渔业资源养护和管理公约》

该公约于2009年11月14日在新西兰奥克兰签署,2012年8月24日起始生效,系基于可持续合理开发利用理念管控南太平洋公海渔业资源的国际公约。至2016年3月2日,该公约有15个缔约方[1],依据该公约成立了南太平洋区域渔业管理组织。我国于2010年8月19日签署该公约,2013年7月6日对中国生效。缔结该公约的目的是通过实施渔业管理的预防性做法和生态系统做法,确保南太平洋渔业资源的长期养护与可持续利用。公约包括45条及4个附件,主要内容如下:缔约的目标,养护与管理的原则和做法,适用区域,设立的相应组织及功能,各委员会的运行机制,养护与管理措施,新渔业或探测性渔业,资料搜集、整理和交换,委员会成员的义务,船旗国义务,港口国义务,执法程序,观察员计划,争端解决等。南太平洋是世界范围内渔业生物资源富集的海域,南太平洋区域内的国家是我国远洋渔业企业

---

[1] 这15个缔约方分别为:澳大利亚、伯利兹、智利、中国、库克群岛、古巴、厄瓜多尔、欧盟、丹麦(代表法罗群岛)、韩国、新西兰、秘鲁、俄罗斯、瓦努阿图、中国台湾省。

"走出去"拓展渔业对外合作的重要目标地，我国一些有实力的远洋渔业企业已在斐济、瓦努阿、厄瓜多尔、智利、马绍尔群岛共和国、密克罗尼西亚联邦等南太范围内的国家建立了多个远洋渔业基地，揭开了远洋渔业对外合作的篇章。鉴于我国是《南太平洋公海渔业资源养护和管理公约》的缔约国及南太平洋区域渔业管理组织的成员国，对于拟"走出去"尤其是拟到南太平洋区域进行境外投资的远洋渔业企业来说，《南太平洋公海渔业资源养护和管理公约》是必须高度关注、深入研读的一个国际渔业公约。

（3）《养护大西洋金枪鱼国际公约》

该公约在联合国粮农组织主持下于 1966 年 5 月 14 日在巴西里约热内卢通过，1969 年 3 月 21 日起始生效，迄今已逾 50 多年。我国直到 1996 年 10 月 24 日才加入。截至 2014 年 4 月 28 日，该公约现有 49 个缔约方，包括了美国、日本、加拿大、法国、巴西、韩国、俄罗斯、英国、中国、欧盟这些世界上的主要经济体。该公约是为了将大西洋金枪鱼数量和其他金枪鱼相关鱼类种群数量维持在最大可持续捕捞水平而缔结的一项养护及管理大西洋金枪鱼和类金枪鱼资源的国际渔业公约，并据此成立了养护大西洋金枪鱼国际委员会。该公约篇幅不多，仅有 16 个条款，主要内容包括：公约适用的区域、本公约成立的养护大西洋金枪鱼国际委员会的职责及运行机制、缔约方的义务、本公约与联合国粮农组织等其他组织的关系、本公约的有效期限及生效条件等。我国有为数不少的金枪鱼捕捞加工的远洋渔业企业，大西洋作为金枪鱼富集的大洋，是我国上述远洋渔业企业"走出去"的重要作业目标地。部分有实力的企业① 已在西班牙、苏里南、毛里塔尼亚、阿根廷和乌拉圭等环

---

① 如福州宏东远洋渔业有限公司全资子公司宏东国际（毛塔）渔业发展有限公司在西非毛里塔尼亚投资 1 亿美元建立的毛塔综合基地，集保税区、捕捞、仓储、加工、物流、船舶修理为一体，是中国目前境外投资规模较大的远洋渔业基地，获得了当地政府颁发的 169 张牌照。

大西洋国家建立了多个远洋渔业基地，有效地实施了远洋渔业对外合作。因此，《养护大西洋金枪鱼国际公约》成为我国拟"走出去"到环大西洋区域作业投资的远洋渔业企业应高度关注的另一个国际渔业协定。

除上述公约外，当前与国际农业投资密切相关的一个国际性文件是2014年10月世界粮食安全委员会（CFS）第四十二届大会审议通过的《农业与粮食系统负责任投资原则》（*Principles for Responsible Agriculture and Food Investments*，简称 RAI）。其主要由导言、10项原则及政府等相关利益者职责等三部分构成，涵盖62段内容。10项原则分别是：促进粮食安全和营养；促进可持续和包容性经济发展；促进男女平等和妇女赋权；鼓励青年参与并对其授权；尊重土地、渔业、森林权属及获取水资源；保护和可持续管理自然资源，提高抵御能力及降低灾害风险；尊重文化遗产和传统知识，支持生物多样性与创新；推动建立安全、健康的农业与粮食生产体系；纳入具包容性且透明的治理结构、流程和申述机制；评估和消减影响，促进问责制。RAI为自愿性质，不具约束力。但对21世纪以来风起云涌的国际农业投资从负责任、可持续、取之有道等诸多方面提出了指导性要求，可以说是国际农业投资的一项软性倡议书，必将对未来粮农领域的跨境投资合作产生影响。作为崇尚"取之有道、义利兼顾"的负责任大国，我国拟"走出去"开展境外农业投资合作的投资者必须关注并努力践行 RAI 所倡导的这些原则。

二、我国参与农业对外合作国际规则存在的不足

自20世纪80年代以来，伴随着改革开放进程，我国加入、参与构建了部分涉及跨国投资暨农业合作的国际规则，农业对外合作确立了初步的国际条法依据。但必须清醒地看到，我国现已加入的国际规则存在诸多不尽完善之处。

（一）缺乏具有建设性和直接针对性的农业对外合作刚性国际规则

如前所述，我国已加入《国际植物新品种保护公约》《卡塔赫纳生物安全议定书》《南太平洋公海渔业资源养护和管理公约》等约二十个涉农国际公约，这些公约涵盖农业科技合作、动植物品种保护、粮食储备、海洋渔业资源养护等众多方面，内容颇为庞杂，但主要涉及的是非营利性的农业交流合作或农业国际贸易，没有一个公约直接规范调整农业对外投资活动[①]。从总体上看，我国现已加入的农业国际条约虽然为数不少，但呈"碎片化"零散状态，缺乏富有建设性和直接针对性的农业对外合作刚性国际规则，对农业对外合作的投资形式、投资主体、投资保护措施、投资竞争限制、投资争议解决这些关键事项未能进行系统性的明晰规定，对新时期推进我国农业对外合作未能直接有效地发挥引领保障作用。

（二）部分国际规则的条款粗略陈旧

当前我国已签订生效的 105 个双边投资协定中，有 71 个系 20 世纪八九十年代订立的。限于当时的条件，这些协定往往较为粗略，缺乏实用性，已不能适应新时期我国农业对外合作需要。例如，中国与哈萨克斯坦于 1992 年 8 月 10 日订立的双边投资协定，目前仍在适用。该协定相关条款中，没有约定投资者利润再投资是否属于协定所保护的"投资"；在投资待遇上，没有规定国民待遇原则；在征收与补偿条款中，没有明确补偿的标准；在争端解决方面，没有规定补偿额之外的争议如何解决。其他早期签订的双边投资协定也存在类似的不足之处。这样的国际规则未能契合新时期我国农业对外合作的实际需求和利益，对拟"走出去"的境内投资者而言就显得中看不中用。

[①] 前文所述世界粮食安全委员会审议通过的 RAI，仅是一种软性的投资倡议书，而非严格意义上的国际公约。

（三）部分国际规则的适用性和约束力存在缺陷

如前所述，严格意义上的全球性多边投资规则少之又少，具代表性的仅有《与贸易有关的投资措施协议》《多边投资担保机构公约》《解决国家与他国国民间投资争端公约》这三个公约，我国现均已加入。但不少发展中国家如伊朗等地区性大国并未加入，导致我国在这些国家开展的农业对外合作业务难以适用前述公约。此外，我国已缔结的多边投资规则如 1994 年《亚太经济合作组织非约束性投资原则》、2016 年 G20 杭州峰会达成的《G20 全球投资指导原则》，本质上是一种缔约国的宣言和倡议，不具有国际法严格意义上的约束力，缔约国即便不遵守，也不能对其追责，因而难以对农业对外合作活动发挥有效的调整规制作用。

第三节　农业对外合作的东道国法律规制分析

农业对外合作具有依赖东道国基础资源、回收周期长、相对收益较低的行业特点，由此成为对外投资风险较高的领域。对于这种风险较高的对外投资业务，法律作为市场经济环境里稳定有效的调控机制，相应成为规范保障农业对外合作良性发展的重要工具。对我国农业对外合作的投资者来说，调整其对外投资的法律规则主要涵盖三类，除了前面所述国内法、国际法中的有关规则外，还涉及投资东道国的属地法律规则。投资东道国的属地有关法律规则是农业"走出去"、迈进他国门槛必须了解并遵守的"客场规矩"。

农业对外合作是跨国投资的一种，而"跨国投资具有积极作用和消极作用的两重性，一旦对其疏于管理和防范，就可能给有关国家乃至整个世界经济的发展带来不良影响，比如，对东道国而言，可能导致其经济的畸形发展，浪费资源，破坏环境"①。所以，为了发挥跨国投资的积极作用，防范其可能引致的消极影响，维护东道国主权和利益，自20世纪50年代以来，世界各国纷纷从跨国投资东道国调控角度，出台了一系列针对外国投资的法律规则。这些法律规则，是我国农业对外合作必须面对的域外宏观法制环境。

一、各国外资立法的基本模式

当前，世界上有200多个国家和地区。由于历史和现实原因，这些国家和地区在外资规制立法方面千差万别，有的在外资立法方面较为完备，有的则较为薄弱甚至近乎空白。就外资立法现状而言，虽名称各异，但大致可分为三种模式。

（一）"众星拱月"模式

即制定统一的外国投资法或投资法典，辅之以其他国内可用以调整外国投资的法律。这种模式下，颇具大陆法系法统，在外资法律体系中有一居于核心地位、作为母法的《外国投资法》或《投资法》，并辅之以其他法律。目前，阿根廷、印度尼西亚、智利、沙特阿拉伯、中亚五国等大多数国家均采用这种模式②。该模式也有称为"一核双轨制"。

（二）"各自担纲"模式

即没有一部法典式的外资法，而是制定一个或几个关于外国投资的专门法律或特别法规，辅之适用其他相关法律。这种模式下，虽有涉及外资调整的成文法，但没有一部处于特别主干地位，而是围绕外资规制管理的各个方面，如经营形式、税收、投资促进等分别立法。目前，新加坡等国即属此类。

---

① 吕岩峰，何志鹏，孙璐.国际投资法［M］.北京：高等教育出版社，2005：121.

② 我国新的统一的《外商投资法》于2019年3月15日出台，2020年1月1日起施行，故我国当前的外资立法亦可归属于这种模式。

我国在 2019 年统一的《外商投资法》出台之前，外资立法亦属这种模式。该模式又称为"复合双轨制"。

（三）"混合交融"模式

即"内外未别"，未制定关于外国投资的专门法规，而是通过一般国内法律、法规来调整外国投资关系及其活动。这种模式主要是欧美一些发达国家采用，如美国、英国、法国、德国等。这种模式彰显对外资的国民待遇原则和公平竞争原则，在对待外资进入方面展示了成熟的应对经验和底气，是最为市场化的一种外资立法模式。该模式又称为"单轨制"。

二、我国农业对外合作主要投资布局区域内相关国家外资立法概况

当前我国农业对外合作的主要布局区域是周边的东南亚、中亚、俄罗斯及外围稍远些的非洲、拉美地区。上述区域具有相对丰富的水土农业基础生产资源，而我国相对具备资金、技术、管理等优势，双边的农业投资合作具有资源禀赋对接基础。下文围绕这些区域逐一介绍评析涉及外国投资的总体法律状况①。

（一）东南亚

东南亚地区与我国毗邻，山水相连，风月同天。东南亚具有丰富多样的土地资源、充足的光照、暖湿的气候，农业生产条件良好，是我国农业"走出去"的主要目的地。该地区不少国家于 20 世纪 60 年代末开始出台外资法，具代表性的有 1968 年马来西亚制定的《投资奖励法》、1967 年印度尼西亚的

---

① 本章中相关国别的数据资料较多参考了商务部"走出去"公共服务平台中发布的指南信息，特此注明。

《外国投资法》。目前，该地区尤其是东盟成员国家均出台了调整促进外国投资的法律，只是名称有所差别。如缅甸、越南、菲律宾称《外国投资法》，泰国、老挝、文莱称《投资促进法》。总体而言，东南亚国家对外资的进入持欢迎开放态度，管制较为宽松。

1. 印度尼西亚

印度尼西亚是东南亚面积最大、人口最多的国家，也是东盟最大经济体、G20 集团成员国。该国自然资源丰富，号称"赤道上的翡翠"，是我国农业对外合作重要的投资目的地[①]。其法律历史渊源有三个方面，即习惯法、伊斯兰教法和荷兰法，总体上属于大陆法系国家。

印度尼西亚政府于 2007 年 3 月颁布了新的《投资法》。根据新的《投资法》，外国投资者享受"国民待遇"，外资可以进入印度尼西亚包括农业在内的绝大部分行业。该国对外资投资于农业领域持鼓励扶持态度，会给予部分优惠待遇[②]；在规定范围内，外国投资者可与印度尼西亚的个人、公司成立合资企业[③]；外国可以直接投资设立独资企业，但须参照《非鼓励投资目录》规定，属于没有被该《非鼓励投资目录》禁止或限制外资持股比例的行业；外国投资者可以通过公开市场操作，购买上市公司的股票，但受到投资法律对外资开放行业相关规定的限制；外国投资者一旦与印度尼西亚政府产生纠纷，可诉请国际法庭仲裁。

印度尼西亚对外商投资的管理机构是投资协调委员会（BKPM），直接对

---

① 例如，鉴于印度尼西亚是全球最大的棕榈油生产国，2006 年聚龙集团开始到印度尼西亚投资建设棕榈树种植园。2013 年以后，棕榈树种植园升级打造成了中国·印度尼西亚聚龙农业产业合作区。目前，产业合作区发展良好，已安置了上万名印度尼西亚员工就业。

② 例如，2007 年，为吸引外资与当地企业合作从事鱼类加工业，该国税收政策规定，可免除国内加工鱼产品的出口税，减轻渔业加工机械进口税，减免收入税及增值税等。

③ 根据该国 2009 年第 41 号关于保护农业用地可持续利用的法令，主要粮食作物（玉米、大豆、花生、绿豆、大米、木薯和红薯等）种植面积超过 25 公顷的，外资股权比例最高不能超过 49%。

印度尼西亚总统负责，其主要职责是评估和制定国家投资政策，协调和促进外国投资。2007 年 8 月，印度尼西亚中央与地方政府实行投资审批一站式服务[①]。实行一站式服务之后，每个部门都派代表到投资统筹机构办事处，以便加快办理审批手续。

根据印度尼西亚的相关土地法，外国人或外国公司在印度尼西亚不能拥有土地，但外商直接投资企业可以拥有土地开发权，允许为多种农业目的开发土地，如农业、渔业和畜牧业等，使用期 35 年，期满可再延长 25 年。在劳工方面，印度尼西亚对外籍劳工入境工作有着严格的规定。其基本政策是保护本国劳动力，以解决本国的就业问题，因此目前只允许引进外籍专业人员，一般劳务人员不许引进。

简评：总体来看，印度尼西亚的法律体系比较完整，对外资进入有一定的鼓励优惠措施。但也有很多法律规定较为模糊，可操作性不强，且不同法律之间的协调有待提高。我国境内投资者到印度尼西亚开展农业投资合作需要密切关注当地法制环境，坚持守法合规经营，寻求在法治框架内稳步发展。

2. 泰国

泰国地处东盟核心区域，是东南亚地区第三大经济体，也是该地区农业相对发达的国家。中泰两国自 1971 年正式建交以来，在农业等多个方面开展了交流合作。尤其是 2013 年中国提出"一带一路"倡议之后，两国农业合作水平进一步提升，在优良动植物种质资源等方面的交流合作不断拓展。

从法制现状来看，泰国法律传统具备大陆法系特征，各类法典及成文法遍及各个社会调控领域。其中，与外商投资相关的法律法规主要包括:《外商经营企业法》《投资促进法》《涉外经济法》《外汇管理法》《商业竞争法》等，

[①]　依据《投资法》第 30 条第 7 款，需要中央政府审批的投资领域包括对环保有高破坏风险的天然资源投资、跨省级地区的投资、与国防战略和国家安全有关的投资。

可见其对外资立法采取的是一种"众星拱月"模式。泰国最早规制外商投资的立法是 1972 年制定的《外商经营法》，1999 年 11 月泰国政府重新修订颁布《外商经营法》，并于 2000 年 3 月 4 日起施行。

泰国主管投资促进的部门是泰国投资促进委员会（BOI），负责根据《投资促进法》制定投资政策。投资促进委员会办公室具体负责审核和批准享受泰国投资优惠政策的项目、提供投资咨询和服务等。外资对泰国开展投资经营活动的方式可分为以下两类：一是按照泰国法律在泰国注册为某种法人实体，具体形式有独资企业、合伙企业、私人有限公司和大众有限公司等；二是成立合资公司（Joint Venture）。在泰国注册上述不同的企业形式，特别是设立有限公司等，均需到泰国商业部商业发展厅企业注册处进行申请。

简评：综上所述，泰国外资法律体系较为健全，多数行业允许外资准入，对外资引进在立法上持鼓励促进态度。但泰国现有的《外商经营法》等立法却严格禁止外资进入农业投资领域，不允许外资获得农业耕地所有权和承包经营权，也严格禁止外资进入林业投资领域，不允许外资获得林业耕地所有权和承包经营权[①]。这对我国投资者"走出去"开展农业投资合作带来重大障碍。

3. 马来西亚

马来西亚是东盟第四大经济体，物华天宝，自然资源优越，区位优势明显，可谓天时地利，是当年我国国内民众"下南洋"的首选站，也是新时期我国对外投资合作的重要目的地。马来西亚实行的法律属于英美法系。20 世纪 60 年代马来西亚联邦成立后，为了吸引外资发展本国经济，1968 年即出

---

① 根据《外商经营法》有关规定，禁止外国人投资的行业包括：报业、广播电台、电视台，种稻、旱地种植、果园种植，牧业，林业、原木加工，在泰国领海、泰国经济特区的捕鱼，泰国药材炮制，涉及泰国古董或具有历史价值之文物的经营和拍卖，佛像、钵盂制作或铸造，土地交易等。

台了《投资奖励法》，目前与外国投资有关的法律主要有：《促进投资法》[①]《外汇管理法令》《工业产权法》《专利法》《自由贸易区法》《公司法》《合同法》《劳资关系法》等。

根据马来西亚外国投资相关法律规定，马来西亚对进入本国的外国投资者在投资范围、商业投资形式以及持股比例等方面有所限制。外国投资者可以采用的商业主体主要有合伙、有限责任合伙、外商独资有限公司、合资有限公司和外国公司分支机构等。在农业生产、农产品加工、橡胶制品、木材、纸浆制品、食品加工、冷链设备这些涉农领域，外商投资者可享受行业优惠政策。根据该国土地法规定，外资购买土地（除了工业用途）须得到有关州政府的批准。不少州政府规定外资不可以购买农业耕地和林业用地，但可以租赁，一般租赁期限是 30～60 年，可以续租。此外，马来西亚政府要求外资企业招录的职工中应有一定比例的土著马来西亚人，以帮其就业。

针对不同行业的外商投资，马来西亚设置不同的政府部门进行具体管理。马来西亚负责外资管理的主要机构包括马来西亚国际贸易和工业部、马来西亚外商投资委员会以及马来西亚投资发展局。在外资管理分工方面，马来西亚国际贸易和工业部主要负责马来西亚国际贸易和投资政策的制定，具体管理马来西亚国内重大的外商投资工业项目审核工作；马来西亚投资发展局全面负责马来西亚制造业和服务业领域的外资项目管理工作；而马来西亚外商投资委员会则负责审核外国投资者从马来西亚人及其他马来西亚土著人处并购资产价值超过 2000 万林吉特的项目。此外，在服务领域的投资，往往需要通过马来西亚相关领域主管部门的审核和管理。

简评：总体而言，马来西亚投资法律体系较为完备，对引进外资有诸多

[①]　全称为《1986 年促进投资法》，是该国促进投资最重要的法律，主要通过减免税负的形式来鼓励和促进投资，发展工业、农业和其他商业企业，促进出口等。

优惠政策，营商环境较好，自由化程度较高，是我国农业"走出去"的优选地。但该国法律体系属于英美法系，成文法与判例法均在投资商事实务中适用，且又是由九个州组成的联邦制国家，州与联邦均有立法权，故法律体系颇为庞杂。我国投资者到该国开展农业投资合作，应注意法律具体适用问题，防范法律风险。

4. 老挝

老挝是中南半岛唯一内陆国，与我国山水相连，社会制度相同。该国政治环境稳定，农业资源丰富，民风平和淳朴，是近年来我国企业在境外开展农业投资的重要落地国[①]。

老挝规制外商投资的法律制度包括《投资促进法》《民法》《劳动法》《企业法》等，其中最主要的是《投资促进法》。该法 2009 年由老挝国会出台，主要涉及投资领域、投资方式、外国投资方的权利和义务、外资管理机构和投资争议解决五个方面。《投资促进法》系由原来的《国内投资促进管理法》和《外国投资促进管理法》合并而成。为进一步引进外资，促进经济和社会发展，老挝国会于 2016 年 12 月颁布实施统一的《投资促进法》（修订版），修改后的法案共有 12 部分 109 个条款，主要涉及如下内容。

（1）投资的形式

根据 2016 年《投资促进法》第二十六条规定，外国投资者在老挝进行投资可通过三种方式：一是外国投资者独资；二是内外资间的股份制投资，对于参与该投资方式的外国人，其出资额至少不得低于总投资的 10%；三是合同联营方式，是指未在老挝境内设立新法人或者分支机构的外国法人与老挝国内法人之间通过合同规定开展的联合经营。

---

① 2016 年 5 月两国元首签署的《中老联合声明》指出，双方要加强农业交流，推进无公害农产品贸易合作；继续加强在农作物育种、农业机械、生物质能源研发等领域合作。

（2）投资类型

根据老挝 2016 年《投资促进法》第三十六条、第四十一条及第五十七条之规定，投资者在老挝进行投资主要有三种类型：一是许可经营类，二是特许经营类，三是经济特区和经济专区开发经营类。现行立法鼓励外资投资农业。投资农业获得土地的方式主要有两种，即向政府租赁土地，向当地百姓租赁土地。租赁年限以合同约定为准[①]。

（3）投资促进的特别措施——"一站式"服务

《投资促进法》专门规定了投资促进的特别措施即"一站式"服务。所谓"一站式"服务，是指通过信息资料、投资审批、企业登记、特许经营权证及出具各种有关投资通知，全方位集中式地向投资人提供便利的登记许可服务。

此外，根据 2016 年老挝《投资促进法》，老挝对外国投资审批分为三种，包括许可经营类审批、特许经营类审批、招商引资项目的审批。该法对三种审批流程做了规定。另外，参照中国经济特区的发展经验，2016 年《投资促进法》第五十七条对经济特区做了规定，在该区域进行投资的企业可获得特殊投资促进措施。

简评：总体来看，作为转型的发展中国家，老挝的法律、法规基本齐备，对外资投资于农林产业领域的法律规制偏向于扶持促进，但是各种法律都在修改完善之中，在执行过程中存在有法不依、执法不严、程序缓慢等现象，到该国开展农业投资合作需注意防范法律执行风险。

5. **缅甸**

缅甸是东南亚面积第二大国家，与我国山水相连，历史上两国政治、经

---

① 老挝《土地法》对本国人与外国人在土地使用形式上做了区分。本国个人、家庭及组织享有土地使用权和土地租赁权。而外国人、无国籍人仅仅享有土地租赁权。外国人如果需要从老挝公民手中租赁已开发的土地，则应由土地所在地的省、市或特区政府向财政部建议审批。根据外国人投资的项目、产业、规模、特性，其租期最高不得超过 50 年，但可按政府的决定视情形续租。

济、文化交往甚为密切，胞波情谊源远流长，是我国新时期推行"一带一路"倡议等对外开放方略的重要节点，也是拓展农业对外合作的周边关键目标地。

缅甸因历史原因，深受英国普通法系影响，其法律渊源主要包括宪法、成文法、习惯法和英国普通法。该国1988年11月颁布了首部《缅甸联邦共和国外国投资法》（以下简称《外国投资法》），开始改变独立以来封闭的经济政策，吸引外国投资，发展本国经济。进入新世纪，为了进一步引进外资，缅甸议会于2012年11月审议通过了修订后的《外国投资法》，其配套的具体实施细则也于2013年1月中旬出台。缅甸投资委员会（Myanmar Investment Commission）是主管外商投资的机构，其主要职能系根据前述《外国投资法》的规定，对申报项目的资信情况、项目核算、工业技术等进行审批、核准并颁发项目许可证[①]。

根据修订后的缅甸《外国投资法》，农业、畜牧水产业列入限制投资领域，但允许外资与缅甸企业按法律规定组建合资企业进行运营。淡水渔业及相关服务、动物产品进出口检验检疫、宠物护理、林产品加工制造则禁止外商投资。此外，根据投资法其他条款的表述，农业和种植业是可以在权属国民的土地上开展的，但前提是必须和权属人合作经营。新法取消了缅外合资企业外资比例至少要占35%的规定，投资比例将由外资企业和缅甸合作伙伴决定。新法还包括外资与缅甸企业组成的合资企业可享受5年免税待遇等优惠政策。此外，根据1987年《限制不动产转让法》，缅甸禁止外国人及外资企业获得土地的所有权，但获得缅甸投资委员会许可的外国人或者外资企业可以长期租赁土地，租赁期限最长可以达70年。

缅甸《外国投资法》规定，政府保证在项目合同期限内包括延期期限内，

---

① 为提高外商在缅甸投资注册效率，该国于2013年在仰光、2014年在曼德勒和内比都开设国内外投资注册等业务的一站式窗口。

不会对依法成立的外资企业实行国有化，也不会在许可期限内搁置项目，并保证外资投资人在合同期满后，可以用投资时的币种提取收益。根据《缅甸公司法》，外国主体可注册外资公司或外资公司分支机构，也可与缅甸国民或相关组织共同组建合资公司。企业注册的受理机构为缅甸投资与公司管理局（DICA），该局同时也是缅甸投资委员会的秘书部门。

简评：综上所述，自20世纪80年代末以来，缅甸对外资逐步放开，相关的法规逐步完善，到该国开展农业对外合作的法制环境趋于明朗。但该国政局不稳，法律体系处于修改调整之中，所适用法系与我国不同，执法不到位、法立而不行的现象多有存在，对外资投资于农林渔业仍有一定限制。我国投资者到该国开展农业投资合作时应谨慎评估该国法治营商环境，防范法律风险。

6. 柬埔寨

柬埔寨地处东南亚核心区域。当地政局稳定，市场高度开放，投资政策相对宽松，土地、劳动力成本较低，近年来经济连续保持增长，是世界经济方阵中的"后起之秀"。中柬两国关系良好，传统友谊深入民心，为拓展双边经贸关系奠定了坚实基础。该国是传统的农业国家，约80%的人口从事农业生产，农业是其经济发展的重要支柱。目前，柬埔寨政府正在实施推进国家发展"四角战略"，加快农业发展是首要目标。作为农业大国，我国在农业领域具有相对优势，此种背景为双方农业合作提供了广阔空间。

柬埔寨属于"混合型法域"，其立法因历史原因，受大陆法系传统影响，但自20世纪下半叶独立以来又吸收了许多英美普通法的因素。柬埔寨无专门的外商投资法，对外资与内资基本给予同等待遇，其外资政策主要体现在《投资法》[①]及其《修正法》[②]《实施条例》等相关法律规定中。《投资法》调整

---

① 该法于1994年8月4日由柬埔寨第一届国会特别会议通过，1997年、1999年两度修订。

② 该修正法于2003年2月3日柬埔寨第二届国会通过。

所有柬埔寨人和外国人在柬埔寨境内的投资活动，对投资主管部门、投资程序、投资保障、鼓励政策、土地所有权及其使用、劳动力使用、纠纷解决等做出明确的规定。《投资法修正法》是对《投资法》的补充和修正。上述法规涉及外资农业投资合作的内容归结如下：

（1）对外资与内资基本给予同等待遇

政府不实行损害投资者财产的国有化政策；已获批准的投资项目，政府不直接干涉商业货物或服务的价格；不实行外汇管制，包括转账和国际结算。

（2）鼓励外商投资的行业包括农业

在吸引外商投资农业上，依据《投资法》，对开发种植 1000 公顷以上的稻谷、500 公顷以上的经济作物、50 公顷以上的蔬菜种植项目，对畜牧业存栏在 1000 头以上、饲养 100 头以上的乳牛项目，饲养家禽 10000 只以上的项目，占地 5 公顷以上的淡水养殖、占地 10 公顷以上的海水养殖项目均给予税收支持和优惠待遇[①]。

（3）外商投资涉及的土地使用

依该国宪法规定，外国人不得购买和拥有柬埔寨的土地，但可长期租赁土地（期限达 99 年，期满可申请续租）；在该国国有出租土地上的建设，外国人可以投资拥有全部产权，并可以出租、出售、抵押，产权期限与土地出让期限相同。

（4）外商投资涉及的商业组织形式

根据外商投资实际情况，可选择个人独资、合伙、公司等不同的商业组

---

① 这些税收鼓励措施主要如下：1. 项目在实施后，从第一次获得盈利的年份算起，可免征盈利税的时间最长为 8 年。如连续亏损则被准许免征税。如果投资者将其盈利用于再投资，可免征其盈利税。2. 政府只征收纯盈利税，税率为 9%。3. 分配投资盈利，不管是转移到国外，还是在柬埔寨国内分配，均不征税。4. 对投资项目需进口的建筑材料、生产资料、各种物资、半成品、原材料及所需零配件，均可获得 100% 免征其关税及其他赋税，但该项目必须是产品的 80% 供出口的投资项目。

织形式注册，且注册费用较低。柬埔寨发展理事会是负责外商投资监管事务的一站式服务机构，由柬埔寨重建和发展委员会及柬埔寨投资委员会组成。该机构负责对外商投资项目进行评估和决策，批准投资人注册申请的合格投资项目，并颁发最终注册证书。

简评：总体来看，柬埔寨现有立法对外资开展农业投资合作较为友好有利，经济政策趋于自由宽松，加上该国具有较为优越的自然资源，是我国今后开展农业对外合作的一方热土。当然，该国的法律实施水准有待提高，我国境内投资者到该国开展农业投资时，应对其投资法律体系做到了然于心，如此方能有效适用并规避可能的法律风险。

（二）中亚

中亚是欧亚世界岛的核心，号称东西方往来的"十字路口"，地缘位置重要，是我国 21 世纪推进全方位对外开放的关键拓展方向。从狭义的地缘政治语境来说，中亚一般包括哈萨克斯坦、吉尔吉斯斯坦、塔吉克斯坦、乌兹别克斯坦、土库曼斯坦五个国家。这五国原属苏联加盟共和国，自 20 世纪 90 年代初苏联解体后相继宣布成为主权国家并开启市场化经济转型活动。在此转型过程中，中亚五国在经济、商事法律法规的出台方面取得了一定进展，虽然这些法律法规的实施与执行方面难尽如人意。在投资领域，各国均出台了规制调整投资的法律规章，有些国家还专门出台针对外国投资的法律。以下分国别述之。

1. 哈萨克斯坦

哈萨克斯坦是中亚地区经济发展较快、社会秩序相对良好的国家，有着丰富的自然资源，地广人稀，农业基础禀赋较好。该国规制外国投资的法律最主要的是 2003 年 1 月 8 日颁布的《哈萨克斯坦共和国投资法》（下称《投资法》)^①。此外,2015 年 10 月哈萨克斯坦颁布《企业经营法典》,其中设置专门章节规范国家支持投资的内容。以上这两部法律构成了该国投资领域的基础规则。

《投资法》共 4 章 24 条,规定哈萨克斯坦政府对包括外商投资在内的各类投资的管理程序和鼓励办法。该法奉行国民待遇原则,规定外国投资者和本国投资者享有同样的待遇和权利,不存在仅针对外国投资者的特惠措施。《投资法》第 3 条规定:"除哈萨克斯坦共和国法律另有规定外,投资商有权从事任何项目和商业活动。"也就是说,目前哈萨克斯坦投资环境较为宽松,并未明确禁止外资进入特定产业,意味着农林领域也对外资开放。该法规定所有外资企业必须进行强制审批和登记。享受投资特惠必须提出申请,由授权机关审议。另外,外资企业必须取得在哈萨克斯坦领土上开展企业活动的许可证,该许可证分为一般许可和专项许可。在投资者权益保障方面,规定投资商可以自行支配税后收入,在哈萨克斯坦银行开立本外币账户;在实行国有化和收归国有时,国家赔偿投资商的损失;可以采取协商、通过哈萨克斯坦法庭或国际仲裁法庭解决投资争议。

根据规定,外国投资企业可采用合伙公司、股份公司以及其他不与该国法律相抵触的形式建立。外国投资企业的建立程序与哈萨克斯坦共和国法人的设立程序一样。自然人在哈萨克斯坦开展投资的规定与法人相同。根据最新版《哈萨克斯坦土地法典》,哈萨克斯坦土地分为国有和私有两部分,外国人和外资企业可以在哈萨克斯坦租赁土地,但不得转让和买卖。外国个人和企业可以承包经营农业土地,但租用期限不得超过 10 年,不能拥有土地的所有权。

简评:总体来看,哈萨克斯坦对外资持国民待遇原则,其外资立法采取

① 1994 年 12 月颁布的《外资法》和 1997 年 2 月颁布的《国家支持直接投资法》同时废止。

"单轨制模式"，我国境内投资者到该国开展农业对外合作的法制规则较为明朗。但该国土地法给外国投资者的农业用地租用期限较短，不利于农业对外合作项目的长期化规划运营。

2. 乌兹别克斯坦

乌兹别克斯坦位于亚洲腹地，是古代丝绸之路上的重要节点，有着丰富多彩的丝路文明。近年来，鉴于营商环境的逐渐改善、法律的日趋完备以及提倡自由竞争和对外开放，乌兹别克斯坦现已成为最受外资青睐的中亚国家，在吸引外资方面成就斐然。我国是该国重要的外资来源国。

乌兹别克斯坦吸引投资的主要法律有：《外国投资法》、《投资活动法》、《关于保护外国投资者权益条款及措施法》、《保护私有财产和保证所有者权益法》、《保证企业经营自由法》（新版）、《关于促进吸引外国直接投资补充措施》的总统令等。乌兹别克斯坦没有出台禁止、限制外国投资的法律法规。鼓励外资进入农业领域，特别是鼓励对农业领域的种植、养殖、加工、包装、仓储、运输、出口贸易等全产业链投资，鼓励外国投资者参与棉、纺织行业，对禽肉及蛋类生产、食品工业、肉乳业、渔产品加工等涉农行业持鼓励扶持态度，并给予免除法人利润税、财产税、社会基础设施营建税等优惠政策，以期引进外国先进技术和管理理念，促进本国农业产业发展。乌兹别克斯坦不允许外资获得农业耕地所有权，但可以获得经营耕种权。

根据乌兹别克斯坦《外国投资法》和其他相关法律，外国投资企业可在乌兹别克斯坦注册如下商事主体：股份公司、有限或补充责任公司、无限或合伙公司、单一制企业、私营企业、生产合作社、农场、法人形式的农户、其他商业单位。外资企业可以享受该国法律规定的一切权利和优惠；外国投资者可掌握、使用和分配自己的投资和在投资活动中取得的利润。由于国家管理和执法部门的非法行为和决定而给外国投资者造成的损失，外国投资者有权获得补偿。乌兹别克斯坦主管投资及外国投资的机构主要为投资和外贸部、经济和减贫部、财政部。其主要职责如下：投资和外贸部负责执行统一的投资政策，协调吸引外资；经济和减贫部负责参与制定有利于改善乌兹别克斯坦投资环境的计划措施和优惠条件；财政部负责协调外国投资者在乌兹别克斯坦境内投资活动中的金融及税务环节。

简评：总体来看，乌兹别克斯坦外资立法采取"一核双轨制"，对外资投资于农业的法律规定较为友好，但该国的投资"游戏规则"涉及法律、总统令、内阁命令等多个层面，较为庞杂且稳定性不强、协调性较差，我国投资者到该国开展农业投资合作应注意防范由此可能引发的法律执行适用风险。

3. 吉尔吉斯斯坦

吉尔吉斯斯坦耕地资源丰富，天然牧场面积广大，被誉为"山地之国""中亚水塔"，其54%的国土面积适宜发展农牧业。农牧业为主导产业，农业在国民经济中占有举足轻重的地位。近年来，基于地缘优势，已有部分中国企业在吉尔吉斯斯坦投资实施农业合作项目①。

为有效吸引外资，吉尔吉斯斯坦自1991年独立后，通过了一系列鼓励外国投资的法律和法规。主要有：1991年的《外国投资法》，1992年陆续通过的《对外活动基本法》《外国租赁经营法》《关于开办和注册外资企业、合资企业、国际联合体及组织的办法条例》《自由经济区法》，1994年通过的《政府关于向外国投资者就地质勘探提供保证的决议》等。为进一步改善投资环

---

① 例如，河南贵友实业集团有限公司是集农业种植、畜禽养殖、屠宰加工、速冻食品、印刷包装、饲料加工、仓储物流、进出口贸易为一体的涉农跨国企业。该公司自2011年起开始投资开发位于吉尔吉斯斯坦北部楚河州的"亚洲之星"农业产业合作区，合作区采用"内引外联、组团发展、产业链条一体化"的发展模式，包括农业种植、畜禽养殖、屠宰加工、饲料加工、物流仓储、农机配件加工、农业自贸保税区、国际贸易中心等板块。目前已有多家中国企业入驻合作区，完成了畜禽养殖、屠宰、加工、销售等初期项目建设。

境，吉尔吉斯斯坦于 2003 年通过了新的统一的《投资法》，对包括外国投资在内的投资活动进行统一规制。

根据该国现行投资法律，吉尔吉斯斯坦对外国投资者实行国民待遇。除了在自由经济区注册的外资企业，其他外资企业一般情况下不享受税收优惠。吉尔吉斯斯坦对外国投资不歧视，外国投资者在吉尔吉斯斯坦法律允许的范围内可在吉尔吉斯斯坦境内独立自主进行投资活动，其财产、投资及合法权利受到吉尔吉斯斯坦法律保护。外国投资者可自由支配一切合法所得，可将在吉尔吉斯斯坦经营所得利润及人员的工资收入自由汇往境外，且数量不受限制。外资企业依法享有充分的经营自主权，吉尔吉斯斯坦政府部门不得随意干涉外资企业的正常经营活动。吉尔吉斯斯坦对外国投资者无行业限制。外国投资的主要方式为直接投资和间接投资，具体出资形式包括实物、不动产、股票、债券、知识产权、企业盈利和利润。外国企业可通过全资收购和部分参股等形式对吉尔吉斯斯坦企业实行并购。

简评：综上所述，吉尔吉斯斯坦的投资法律实行内外一体的"单轨制模式"，对外国投资持平等态度，我国投资者到该国开展农业合作不存在明显的法律障碍，但也没有特别的优惠扶持待遇。

4. 塔吉克斯坦

塔吉克斯坦号称"中亚屋脊""高山之国"，自然条件较差，宜居地不到国土一成，可耕地占全国土地面积的 6% 左右。该国是以农业生产为主的国家，农业收入占国民收入一半以上，从业人口占国家总人口的 70% 以上。在农业结构中，种植业占有重要地位。近年来为发展经济，塔吉克斯坦奉行对外开放的经济政策，努力改善投资环境，积极寻求国际经济合作。根据该国总统发布的国情咨文，农业被列为鼓励外资投资的行业，对外来农业投资持欢迎态度，没有特殊的附加限制条件。由于两国比邻，在新时期"一带一路"

倡议下，中塔两国农业合作有一定的前景。

自 1991 年独立以来，为引进外资，创造良好的投资环境，塔吉克斯坦通过了《投资法》《租让法》《自由经济区法》等法律。为保护外国投资者的利益，塔吉克斯坦《投资法》规定，如果国家政策发生变化而导致外国投资企业税费增加，则 10 年内可采用企业注册时的法律规范。该法明确保障从事正常经营活动的外国投资者的合法权益，规定外国投资不得被国有化和征用，除非发生自然灾害、事故、传染病、兽疫和其他特殊情况。若须征用需经议会通过，且不得具有歧视性。征用外国投资者财产时应给予快速、有效及等价的补偿；不得无故拖延赔偿，赔偿金额应与征用时的实际价值相符；赔偿金应用外汇支付，并按投资者要求汇往境外。投资者有权在塔吉克斯坦开设本币及外币账户，完税后有权将塔吉克斯坦本国货币自由兑换成其他货币。外汇进出自由，投资者和外国工作人员有权将合法投资经营利润所得、工资等外币收入汇出境外，无须交纳特别税金。另外，该国《土地法》规定，外国企业在塔吉克斯坦农业用地采用租赁形式进行，土地租赁期限不超过50 年。

简评：总体来看，塔吉克斯坦鼓励外资投资农业，为外来农业投资合作提供了初步的法律保障。但作为转型国家，其执法存在不确定性和随意性，司法存在不透明性。我国投资者到该国开展农业投资应防范由此可能引发的法律风险。

5. 土库曼斯坦

土库曼斯坦是中亚第二大内陆国家，地广人稀，是古代丝绸之路东西交汇、南来北往的重要节点。自 1991 年独立以来，其虽邻近中东多事之地，但政治社会秩序保持稳定，与我国关系良好，中资企业已在能源、纺织等行业与当地进行了有效的合作。

自独立以来，土库曼斯坦重视吸引外资，颁布了一系列保护外资的法规和政策，如 1992 年 5 月通过的《土库曼斯坦对外经济活动法》《土库曼斯坦外国投资法》，1993 年 10 月通过的《自由企业经济区法》和《外国租赁法》，以及其后陆续通过的《外国土地租赁法》《外国投资和资本保障法》等。土库曼斯坦新版《外国投资法》于 2008 年 11 月生效，是土库曼斯坦规范外国投资者在土库曼斯坦投资活动的法律文件，该法主要涉及针对外资的国家政策、针对外资的法律制度、国家对外资的保护、外资违法责任等内容。

根据《土库曼斯坦外国投资法》及其相关法律规定，外国投资者和外商投资企业享有的法律待遇主要包括：国民待遇，即外国投资者和外商投资企业在其经营活动及支配利润等各方面所享受的法律待遇不低于土库曼斯坦本国投资者。最惠国待遇，即对于在自由经济区实施投资的外国投资者和外商投资企业给予最惠国待遇。法律稳定，即如果法律变更后所做出的禁止和限制性规定致使外国投资者、外商投资企业法律待遇恶化，那么投资注册当时有效的法律在 10 年内继续适用。总的来看，土库曼斯坦在外资法律构建方面采取"一核双轨制"，其颁布实施的《土库曼斯坦外国投资法》等法律，为外国投资者提供国民待遇、最惠国待遇、税收优惠等一系列法律待遇和法律保障，构成了土库曼斯坦投资法律环境的基础和核心。

简评：进入 21 世纪以来，土库曼斯坦法律修改较为频繁，对投资环境的稳定造成不利影响[1]。此外，该国所颁布的法律条文多为原则性、指导性的规定，缺少相应实施细则，留给执法者的自由裁定空间大，为外国投资者带来一定程度的执法风险。另外，该国新修订的《土地法》规定，外国企业需在签订土地租赁合同且获得该国内阁批准的条件下，租赁非农耕用地的土地使

---

[1]　以《土库曼斯坦税法典》为例，从 2004 年 11 月 1 日开始施行至今，以法律修正案形式修改达 26 次。

用权，租赁期限最长为 40 年，而且所租赁的土地仅限于以下使用目的：工程建设和其他非农业建设项目、临时工程设施。不允许外资获得农业耕地所有权和承包经营权。这些规定，对我国投资者开展的农业投资合作将带来法律障碍。

总之，中亚五国与我国西部边陲紧密毗邻，地大物博，有相当的互补性，是新世纪我国农业对外合作的优选区域。自 20 世纪 90 年代上述国家独立建国以来，为利用外资发展本地经济，各国纷纷出台了招商引资的相关法律制度，通过法制手段优化营商环境。有些国家如塔吉克斯坦、乌兹别克斯坦对外资投资于农业产业领域有相应的鼓励扶持政策。然而，必须清醒地看到，这些国家正处于向市场经济转型期，政治上具有威权色彩，所出台的法律多变，原则性强，司法和执法程序不透明，实施效果颇受影响，这是我国开展与这些国家农业投资合作时应审慎关注的法治营商环境因素。

（三）俄罗斯

俄罗斯雄踞地球北端，横跨两洲三洋，是世界上国土面积最大的国家，适于发展农业的土地达 5 亿多公顷，约占国土的 1/3。农业被称为俄罗斯"经济的未来"。近年来，中俄全面战略协作伙伴关系深入发展，农业合作是双方经贸投资合作的一个重要领域[①]。

从总体来看，俄罗斯具有丰富的农业资源、巨大的农业投资需求，而我国有丰富的农业劳动力资源、较成熟的农业管理经验，以及较充裕的资金，中俄双方农业合作前景广阔。双方农业合作已进入项目投资、产业升级的新阶段。中俄农业合作的重点领域涉及农业资源、农业科技、农业基础设施等，合作的方式包括农产品联合生产基地建设、在俄农业园区建设、投资设立农

---

① 截至 2019 年年底，我国在俄罗斯设立的境外农业投资企业达 89 家，投资额存量 7.72 亿美元。以上数据参见《中国农业对外投资合作分析报告》（2020 年度）。

业企业等，合作的重点区域分布在俄远东地区。

自 1991 年俄罗斯联邦独立以来，为吸引外资发展本国经济，俄罗斯相关立法机关出台了一系列调整外国投资的法律规范，形成了外资规制法律体系。具体而言，俄罗斯陆续出台的与外国投资直接相关的联邦法律有《固定资产投资活动法》《外国投资法》《战略领域外国投资法》《保护和鼓励投资法》《矿产资源法》《工业政策法》《租赁法》《保护证券市场投资者权益法》《经济特区法》《跨越式发展区法》等。此外，俄罗斯联邦政府、各地方政权也在自己的权限内颁布了众多的投资法规、法令。

《外国投资法》是俄罗斯规制外商投资的联邦层面基本法律。俄罗斯曾于 1991 年公布了第一部外国投资法，1999 年 7 月又出台新的外国投资法，该法宗旨是：吸收和有效地利用外国资金、先进技术、工艺及管理经验，保障外国投资者经营条件的稳定性并使外国投资法律制度适应国际法准则和国际惯例，加强对外国投资者合法权益的保护，对外商投资给予国民待遇。该法调整的主要是生产部门的投资关系，不涉及外国投资者对金融机构进行的投资活动。该法共 28 条，涉及保护外资内容的有 12 条，对国有化及征用、纠纷解决、外汇使用、利润转移等做出规定。此外，该法对外国投资、外国直接投资、优先投资项目、投资项目回收期限等基本概念做出了明确界定，从而廓清了外国投资者进入俄罗斯市场的投资标准。外资在俄罗斯可以创办外资企业、合资企业、分公司或外国公司驻俄代表处。外资企业或合资企业是有外国投资的法人机构，分为有限责任公司、封闭式股份公司、开放式股份公司，其中外国资本不少于 10%，创立人可以是外国自然人或法人。

根据俄罗斯联邦《外国投资法》规定：外国投资者按照俄罗斯联邦和俄罗斯联邦主体的法律享有获得土地、其他自然资源、建筑物、设施和其他不动产的权利。如俄罗斯联邦法律未做其他规定，有外国投资的商业组织可以在招标（拍卖、竞买）中获得租赁土地的权利。而根据俄罗斯《土地法》等现行相关法律法规，禁止外国公民和公司以及外资股份超过 50% 的俄罗斯公司拥有俄罗斯农业用地，租赁农用土地的上限不能超过 49 年。

除上述联邦层面的法律外，俄罗斯作为联邦制国家，实行联邦、联邦区、联邦主体和地方自治四级分权管理。各联邦主体有权依据立法权限制定相应的联邦主体层面法律。据此，俄罗斯的 89 个联邦主体基本上都制定了外国投资法或涉及吸引外资的法律。法律文本结构和原则与俄罗斯联邦《外国投资法》大体相同，但都是地方政府权限范围内的规定，内容包括地方政府支持外商对当地的投资、对外商投资的要求、对外商的法律保护和优惠等。

在税制方面，俄罗斯实行联邦税、联邦主体税和地方税三级税收体制，税种涉及流转税、所得税、财产税、行为税等。联邦税在俄罗斯境内普遍实行，联邦主体税由联邦主体的立法机关以专门法律规定，并在相应地区普遍实行。地方税由地方自治代表机关以法规形式规定并在所管辖区域实行①。根据《俄罗斯联邦外国投资法》规定，在外国投资者对俄罗斯联邦政府确定的优先投资项目进行投资时，且投资总额不少于 10 亿卢布，将根据《俄罗斯联邦海关法典》和《俄罗斯联邦税法典》的规定对外国投资者给予相应进口关税和税收的优惠，减免进口关税和增值税。外商投资俄罗斯政府鼓励的优先发展领域项目，且外方投资占项目总投资的 30% 以上，投资额不低于 1000 万美元，前两年免缴利润税，第三年缴纳 40% 的利润税，第四年缴纳 50% 的利润税。俄罗斯各地区、州、边疆区、共和国等联邦主体亦分别根据本地区的不同情况，分别制定地方法律和法规，对外国投资实行一定的减免税优惠

---

① 俄罗斯联邦税包括：增值税、某些商品和资源的消费税、企业和组织的所得税、个人所得税、海关关税和规费、地下资源开采税、动物和水生资源使用权税、水资源税等。俄罗斯联邦主体税包括：企业和组织财产税、交通运输税等。俄罗斯地方税包括：土地税、自然人财产税、广告税、继承或赠与税等。

政策，借此吸引外国投资者对本地区进行投资活动。

简评：总之，俄罗斯自 20 世纪 90 年代以来，为了引进外资发展本国经济，出台了多领域、多层级调整包括农业投资在内的外商投资法律体系，但在市场准入、国民待遇、土地使用、劳工配额等方面对外资还存在诸多限制。且法律层级复杂多变，执法司法环境不尽完善，公权力灰色寻租现象严重，加之对中方资本进入该国农林领域时有警戒异议之声，故我国投资者到俄罗斯开展农业投资合作应审慎把控应对可能的法律风险。

（四）非洲

非洲是世界第二大洲，地大物博，是世界经济版图中的一方热土，未来经济增长潜力巨大。中国和非洲远隔重洋，相距万里，但双方之间的友好交往源远流长，有两千多年的悠久历史，早在公元前 2 世纪，当时的汉朝和非洲已开始互动了解。近年来，中非经贸投资合作在克服各种阻碍、摒弃各种杂音的基础上蓬勃发展。农业合作是中非经贸合作的一项重要内容。非洲农业资源丰富，农业用地和耕地面积是中国的两倍以上，可耕地面积开发利用率只占 27%，农业发展潜力巨大。但是由于历史原因，非洲的农业技术和农业生产水平普遍较低。而中华人民共和国成立 70 多年来，农业成就斐然，以世界 6% 的淡水资源和 9% 的耕地资源，解决了世界 20% 左右人口的吃饭问题，在农业技术和发展农业生产等方面积累了宝贵的经验。因此中非双方在农业生产要素领域互补性强，加强中非农业合作具有现实需要性和可行性。

中非农业合作以 1954 年中国向几内亚政府无偿提供粮食援助为起点，历经半个多世纪的发展，合作方式经历了之前的纯农业援助阶段到如今市场经济体制下的农业经贸合作投资开发阶段。据统计，至 2019 年年底，我国境内投资者对非洲累计农业投资金额已达 13.94 亿美元，设立企业数 136 家。在一些经济作物领域，中国已成为最大的投资者。但中非农业合作亦面临一些不利因素：一是非洲部分国家政局不稳，社会冲突频发，"城头变幻大王旗"，导致农业投资合作的系统性风险偏高；二是非洲部分国家农业政策缺乏合理性与持续性，未能契合本国国情制定农业政策，影响了中非农业合作的可持续发展；三是非洲国家粮农价格机制不完全市场化，部分非洲国家长期以来对粮食价格实施国家管制政策，这对发展粮食种植业十分不利，直接影响农业投资收益。

自20世纪50年代以来，非洲各国相继摆脱殖民地命运实现国家独立。独立之后，为了改进国内投资营商环境，引导和规范外国投资，非洲各国相继制定了涉及外国投资的法律制度。尤其是进入新世纪，许多非洲国家都在推进和完善投资立法，以法律法规的形式确定投资者的合法权益。据不完全统计，自2000年以来，有30多个非洲国家制定或修改了投资法律。这些投资立法大都规定了各类不同的投资激励措施，或设立了一站式投资法律服务中心，一定程度上优化了相关国家的营商环境，以此吸引更多外国投资，其中也包括引进农业领域的投资。以下选择与我国存在较多农业投资合作关系的国家之外资法律制度方面予以评述。

1. 埃塞俄比亚

埃塞俄比亚是非洲第二人口大国，国内资源丰富，市场潜力巨大，近年来经济稳步增长，成为非洲发展的明珠。该国当前以农业为经济支柱，耕地面积约占国土总面积的45%，农业劳动力占就业总人口的80%。人均耕地面积较多，土壤肥沃，雨量充足，潜在水资源丰富，但农田土壤流失严重，水资源利用率低，农业现代化水平低，缺少必要的农业基础设施，农民生产方式较为原始，农产品单产不高，亟须引入先进的农业技术来解决"靠天吃饭"的问题。中埃两国的农业投资合作存在较大空间。

　　埃塞俄比亚总体上属于大陆法系国家。为吸引外资发展本国经济，埃塞俄比亚于 1992 年公布了《投资法》，但该法对外国投资提供的鼓励措施不多。此后，为扭转局面，埃塞俄比亚通过出台《投资公告》以及《投资鼓励条例》，采取增加投资优惠政策、降低投资门槛、扩大投资领域、实行减免税优惠等措施，为外国投资者提供保护和服务，鼓励外商投资。其中《投资公告》为在埃塞俄比亚提供了包括资本汇回、所得税免除以及对某些许可一步到位服务等鼓励措施。埃塞俄比亚法律规定，凡现行规定允许外资进入的行业，埃塞俄比亚允许外商独资或设立合资公司。一般情况下，外国投资者对单一投资项目的最低投资金额为 20 万美元。与本国投资者合资的外国投资者最低投资金额为 15 万美元。埃塞俄比亚允许外国投资企业以有限责任公司、私人独资企业、股份公司、代表处、分公司等形式进行注册。

　　埃塞俄比亚对外来农业投资持欢迎态度，根据该国相关法律，农作物生产、畜牧生产、混合养殖、林业属于鼓励外国投资者投资的领域。投资者可享受免征所得税 1～9 年的优惠。如免税期间发生亏损可结转。外资企业所需的土地通过租赁获取。农业用地的租金价格和租期由各地方土地使用法律法规规定[1]。埃塞俄比亚政府鼓励投资者向农业用地投资，对租赁 5000 公顷以上农用土地的投资者，政府将对之提供信息和技术支持及其他公共服务。此外，外国投资者在林业领域的投资机会包括木材种植及以林业为基础的综合产业，如种植橡胶、棕榈、麻风树等类似作物，制造木材制品等。

　　简评：综上所述，埃塞俄比亚经济处于上升进步期，对农业外来投资的法律规制趋向扶持鼓励。但该国法律对纳税、劳工等方面的管理非常严格，对相关违法行为的惩罚相当严厉。我国投资者应注意防范这类法律风险。

---

①　以该国奥罗米亚州为例，根据土地类型、规模及项目位置，租期从 20 年到 45 年不等。

2. 坦桑尼亚

坦桑尼亚位于非洲东部，扼非洲大陆要冲，临浩渺大洋，地理位置优越，农业资源丰富，大部分国土适合农牧作业，75% 的人口从事农业活动，是一个传统的农业国家。该国拥有 4400 万公顷适宜农业耕种的土地，但只有 24% 得到利用，农业为政府鼓励外商投资领域。该国虽然经济落后，但其市场开放程度和贸易自由化程度却相对较高。外资进入该国进行投资活动，享有国民待遇。中国与坦桑尼亚有着传统友谊，目前系坦桑尼亚第一大外资来源国，两国之间有不少农业交流合作项目，目前不少中资企业在该国投资经营剑麻农场、现代农业产业园。

因历史渊源，坦桑尼亚法律整体上属于英美法系，涉及外国投资合作的相关法律主要有：《坦桑尼亚投资法》（1997 年第 26 号）、《金融法（1997 年全面修正）案》、《土地法》（1999 年第 4 号）、《农村土地法》（1999 年第 5 号）、《增值税法》（1997 年第 24 号）、《移民法》（1995 年第 7 号）、《外汇法》（1992 年第 1 号）、《关税法（修正）案》（1976 年第 1 号）、《商业执照法》（1972 年第 25 号）等。坦桑尼亚投资中心（TIC）作为政府全权处理投资事务的首要代理机构，具有协调、鼓励、促进、便利和推动外国资本在坦投资等职能。其主要职责包括负责向政府提供投资及其相关事务的建议，帮助投资者注册公司和企业，协助投资者获取进行投资所必需的许可证、执照、批准书和登记证等，解决本地与外来投资者之间的问题，促进本地与外来投资者的投资活动等。

根据坦桑尼亚《投资法》（1997），农业属于鼓励外资进入的行业，可享受关税、增值税税收优惠减免。具体鼓励的细分行业范围包括：谷类、油料种子、食糖、蔬菜、水果、坚果、香料、棉花、烟草、林产品、禽类、种子和化肥等种植加工领域。坦桑尼亚允许外商进行直接投资和间接投资。外商可以投资设立代表处、分公司、子公司、有限公司及股份公司等。对于外商并购当地企业没有刚性规定，目前尚未建立外资并购安全审查制度。坦桑尼亚禁止非投资外国人购买土地，非公民对土地占有仅限于投资目的。根据1999年该国《土地法》的规定，外国投资者通过以下途径获得土地：①根据1999年《土地法》第20条2款获得的衍生土地；②根据1999年《土地法》规定，向土地局局长申请土地占用权；③从私人手中转租；④从政府获取许可证；⑤从其他持有土地占用权的人手中购买。根据土地法规定，衍生土地权利期限为33～99年之间。因此，外国投资者在坦桑尼亚进行农业投资的，依据其从坦桑尼亚投资中心（TIC）获得的投资证书，可以享有土地衍生权利，衍生土地权利期限也在33～99年之间。

简评：总体而言，作为转型发展国家，坦桑尼亚投资法治营商环境还不够理想，涉及外资的法律体系及实施机制均有待优化完善，法律的稳定性有所欠缺，近年来在税收和外来劳工方面的执法管制趋于严格，一定程度上影响了该国的投资营商环境，我国投资者到该国开展农业投资合作应深入调研评估其法治体系，审慎应对可能遇到的法律风险。

3. 赞比亚

赞比亚位处非洲中南部内陆。农业资源丰富，可耕地约占全国面积的六成，且多为中高产地，农业是国民经济的重要支柱，全国约三分之二的人口从事农业生产，主要农业经济作物有玉米、小麦、大豆、水稻、花生、棉花、烟草等。此外，赞比亚淡水及牧草资源丰富，养殖业及畜牧业发展潜力巨大。

赞比亚是较早吸引我国农业投资的非洲国家，如吉林海外农业投资开发集团有限公司等中资企业已在该国实施了一系列农业投资项目。目前，该国将农业列为优先发展的产业领域之一，鼓励外商投资于农业的生产和加工项目。投资农业的企业可享受系列税收优惠待遇[①]。作为一个欠发达的内陆国家，虽然赞比亚的农业发展受到基础设施薄弱、生产技术落后、劳动力素质不高等不利因素的影响，但随着近年来该国经济的持续稳步发展，未来在赞比亚的农业投资前景仍然可期，值得我国企业关注。

赞比亚属于英美法系，其以英国法律为蓝本，结合本国国情做适当修改，制定了比较完备的涉及外国投资规制保障的法律体系。主要包括如下:《公司法》，规定了公司的注册程序;《关税和消费税法》《所得税法》《增值税法》，规定了投资者可享受的税收优惠;《劳动法》，规定了投资者必须履行的劳动合同要求;《移民和驱逐法》，规定外国人获得工作许可等要求。其中核心是2006年5月颁布、2014年进行修订的《发展署法》[②]。该法规定投资程序及投资者可享受的激励保障措施，其关键内容是体现对投资者财产的保护，具体如下：外国投资者可以在缴纳相关税收后，从赞比亚转移外汇。除非出于公共目的，根据议会制定的关于强制征用的法律，并在对征用提供补偿的前提下，不得对投资者的财产、财产的任何收益及权利强制征用。补偿应依照市场价即刻支付，且应按照投资时的汇率以货币完全支付。

外国人在赞比亚的投资均需向发展署申请投资许可证，对于外资开展农业投资涉及的土地，根据赞比亚《土地法》规定，非赞比亚人或外资公司在满足相应条件后，可以租用形式获得国有土地使用权，一次租用年限为99年。外资获得农业耕地使用权也遵从以上规定。在外籍劳工使用方面，为优先保证当地人就业，赞比亚移民局相关规定中要求，雇主若能证明该岗位无

---

① 根据规定，投资农业的企业不仅可以享受10%的较低的企业所得税率，而且用于农业生产的进口设备还可以享受免关税待遇。

② 发展署系隶属于赞比亚商贸工部的半自治机构，为投资者提供"一站式"投资服务，外国投资者在赞比亚的投资均需向发展署申请投资许可证。2007年赞比亚政府将出口局、出口加工区管委会、小企业发展局、投资中心和私有化署5个部门合并成立该机构。

适当经验和技能的赞比亚人可胜任,方可申请雇佣外籍员工。因此,在办理工作许可时只鼓励工程师、专家等高级管理人员在赞比亚就业。该国法律规定在赞比亚投资不少于25万美元的投资者,有权获得一个自雇许可证和最多5名外籍员工的工作许可。工作许可应在入境前办妥。投资超过1000万美元的投资者,外籍员工数量可和政府协商。

简评:总体而言,赞比亚现行经济体制较为自由开放,对引进外资较为友好,法律上未设置某个行业或某个地区的准入限制,中资企业到该国开展农业投资不存在突出的法律障碍,但应在环保、税收、劳工等方面切实遵守当地法律,合规尽责经营。

4. 肯尼亚

肯尼亚位于非洲东部,依山傍海,地理位置较为优越。国土面积的18%为可耕地,其余主要适于发展畜牧业。肯尼亚是非洲发展较为迅速的一个新兴经济体,其营商环境在非洲大陆中的排名较为靠前。农业是肯尼亚经济的支柱之一,全国约有3/4的人口从事农业,主要粮食作物有玉米、小麦和水稻,主要经济作物有咖啡、茶叶、剑麻、甘蔗、除虫菊精和园艺产品(花卉、蔬菜、水果)。该国在2030年远景规划中,将农业列为重点发展领域。肯尼亚政府鼓励外资投资于基础农业、农产品加工、家禽生产、渔业、皮革及其制品、牲畜等领域。中资企业对肯尼亚进行农业投资面临一定机遇。

肯尼亚原为英国殖民地,独立后沿袭英国法律体系,法律制度比较健全,肯尼亚法律体系由肯尼亚本土成文法、肯尼亚普通法、英国普通法构成,并继受了少量当地部落法和伊斯兰法。肯尼亚的投资法主要移植于英国法,投资法规比较完善,有30多个法律法规保护外国投资者利益,2005年颁布了新的《投资促进法》,2015年颁布了《经济特区法案》。与外国投资者在肯尼亚进行投资最直接相关的法律包括肯尼亚的《投资促进法》和《外国投资保护法》。

肯尼亚 2005 年颁布的《投资促进法》规定，外国投资者投资额达到 10 万美元（含）以上的需向肯尼亚投资促进局 ① 申请"投资证书"。《投资促进法》同时规定，外国投资者的投资活动必须合法并对肯尼亚有利。《投资促进法》对"有利于"肯尼亚的投资活动进行了定义。肯尼亚不实行外汇管制，但银行必须向中央银行报告重大（超过 1 万美元）的外汇交易。肯尼亚鼓励投资的相关法律为《外国投资保护法》。该法出台于 1964 年，经过多次修订。其规定的鼓励投资领域包括农牧渔业。根据该法规定，除非满足《肯尼亚共和国宪法》所规定的条件并已给予充分和及时的补偿，外国投资者的财产不得被强制征收。此外，根据该国《土地管理法》，允许外资获得农业耕地的承包经营权，租赁经营期限最长可达 99 年，但不允许外资购买农业耕地；也允许外资获得林地的承包经营权，租赁经营期限最长可达 45 年，但不允许外资购买农业林地。

简评：综上所述，肯尼亚法律体系相对完备，但该国法律规定外商直接投资最低限额为 10 万美元，门槛设置较高，对外资进入造成一定障碍。在税收、经营范围、企业所有权和土地等方面，对外资也规定了不同于内资的待遇标准，给外资设置了不少经营限制。此外，该国投资优惠政策落实不足，监管和透明度较低，在执法环境方面存在灰色寻租现象，我国企业到该国开展农业投资应审慎防范由此引发的法律风险。

5. 莫桑比克

莫桑比克是南部非洲传统的农业国，农业在经济发展中的地位突出。农业和渔业产值占国内生产总值的 25% 以上，80% 左右的人口收入来自农渔业。

---

① 肯尼亚投资促进局（Kenya Investment Authority）是根据投资促进法设立的、主管一般外商投资审批的法人机构。

主要粮食作物有玉米、稻谷、大豆、木薯等，腰果、棉花、糖、剑麻是传统出口农产品，还拥有木薯、椰子、茶、烟草等特色热带农作物。由于良好的地理条件，渔业资源丰富，盛产对虾、贝类、鱿鱼、罗非鱼等水产品。

由于历史及社会体制等诸多原因，莫桑比克是世界上最不发达的国家之一，据统计，"在 5 岁以下的儿童中，有 40% 的孩子还缺少食品。就可耕地面积而言，莫桑比克有 3600 万公顷土地，却只用了 620 万公顷的可耕地面积，其中约有 30 万公顷的土地可以用于水稻种植。但是由于自身农业生产能力不足，每年仍然需要进口 37 万吨的水稻"①。莫桑比克在农业领域发展的主要表现为：粮食作物缺乏；生产力低下；农资和现代技术的使用非常少且不普及；农业领域的技术支持服务分布不集中，加之基础设施不健全，使其不能发挥其作用；农业推广以及农业研究网络的覆盖范围和质量有限。莫桑比克农业发展中存在的困境，给近年来扬帆出海的我国农业企业带来了投资机遇②。

莫桑比克最新的外国投资法律法规是于 2008 年颁布的《投资法》③和 2009 年颁布的《税收优惠条例》，这些法律列明了不同地区、行业的外国投

---

① 参见 2019 年 7 月 19 日《经济日报》中的报道《莫桑比克农业部农业林业司司长：我们需要更多的企业来莫桑比克投资农业》，系记者对莫桑比克农业部农业林业司司长佩德罗·迪祖库拉博士的专访。

② 例如，2007 年，湖北省农垦局与莫桑比克加扎省签订农业合作协议，决定在该国加扎省建立友谊农场。2011 年，湖北万宝粮油有限公司与湖北农垦局合作，对农场及周边大量闲置土地进行规模化和产业化开发，建设万宝农业园。园区占地面积 2 万公顷，计划开垦农田 1.3 万公顷，建设成为以大米种植为主、多种粮食及经济作物种植为辅，集农田开发，粮食生产、仓储、加工和销售为一体的综合性农业产业园。不到 3 年时间，万宝粮油有限公司投资近 2 亿美元平整土地、建设沟渠道路、完善水利电力等配套设施建设、购置大批机械设备。目前，万宝粮油有限公司先期开发种植的水稻，经测试，平均亩产超过 500 公斤。此外，万宝粮油有限公司还通过培训、示范和合作，与当地农户共同发展。当地农户经过培训，种植的水稻亩产可达 400 公斤，远超未培训前的产量。莫桑比克政府对此类投资十分欢迎。

③ 参考商务部网站"走出去公共服务平台"中的"国别指南"中的"莫桑比克"这一项。

资可享受的优惠政策。根据上述法律，农业、牧业和农产品加工企业、林业、木材业的加工属于鼓励外商投资的范围。莫桑比克对投资项目的环保标准要求较高。政府要求所有投资项目必须通过对环境影响的评估。对外资的投资方式无限制，但对外资雇佣外籍劳务人员有严格的限制，因投资规模和行业不同对雇佣当地人员数量有明确的比例规定。

莫桑比克政府允许外国"自然人"在当地开展投资合作，但要求外国"自然人"到莫桑比克工贸部下属机构登记注册；允许外商以货币或机器、设备以及经营外资项目所需进口的物资进行投资，也可以技术转让等无形资产投资。一般情况下对外国资本在合资企业中所占的比例不设上限。此外，《莫桑比克 No.11/2013 法案》[①]对有关外资安全审查、国有企业投资并购、反垄断、经营者集中等方面进行了规定，内容包括需要进行审查的行业、负责审查的机构和流程等。外资并购的主要手续和工作流程是向投资促进中心以及所涉行业的主管部门提交申请，并按照要求提供审查材料。

莫桑比克政府以法律形式明确对外国投资者的保护。投资保障措施包括：保护投资者的财产和工业所有权等权利；不限制企业向境外汇款支付贷款利息；解决投资争端时，按照解决投资争端国际中心（ICSID）或国际商会（ICC）的规定进行仲裁；在投资风险保险方面，提供《多边投资担保机构公约》（MIGA）以及美国海外私人投资公司（OPIC）的便利服务。此外，税法规定对农产品加工业的外国投资可以在投资初期前三年内获得 50% 的资产转移税（SISA）减免优惠。

莫桑比克政府允许外资获得农业耕地承包经营权，租赁期限为 50 年，50年以后可依申请延长。莫桑比克政府鼓励外资企业投资开发农业项目，可以以非常低廉的价格出租土地，但会对主要种植的农作物种类，以及产品是否

---

① 参考商务部网站"走出去公共服务平台"中的"国别指南"中的"莫桑比克"这一项。

主要用于国内市场提出要求。莫桑比克允许外资获得林地承包经营权，租赁期限为 50 年，50 年以后可依申请延长。政府对可开发的林地范围进行限制，并禁止砍伐和出口一些珍贵、稀少的林木种类，外国企业参与当地林地投资合作必须依法获得林业管理部门颁发的采伐许可。

简评：总之，莫桑比克对外来投资较为欢迎，整体法律体系也在逐步完善，但该国司法程序冗长，政府部门效率和执法透明度不高，加上严苛的劳工签证政策、社会治安条件欠佳等问题，会对外来投资造成不利影响。我国投资者在该国开展农业投资合作应充分考量可能遭遇的法律风险。

6. 安哥拉

安哥拉位于非洲西南部，地大物博，未开发的资源十分丰富，有"非洲巴西"之称。该国土地肥沃，河流密布，截至目前耕地面积仅占可开垦土地面积的 1/10，发展农业的自然条件良好。农业在国民经济中占据主要地位，产木薯、谷类、香蕉、大蕉、棉花、木材、玉蜀黍、棕榈油、蔬菜、麻、咖啡及烟草等多种农作物。渔业资源丰富，渔场作业条件较好，盛产龙虾、蟹及各种海洋鱼类，渔业为其重要产业。

近年来，安哥拉政府高度重视农业发展，积极与我国开展双边农业合作，注重借鉴我国农业经营管理经验并引进先进技术，借此实现粮食自给自足的国家目标，并希望我国企业不断加大对安哥拉农业的投资力度，包括农场、农产品加工厂等政府重点发展领域。部分中国企业对于投资安哥拉农业也表现出浓厚兴趣，很多民营企业已在安哥拉投资了各类型的农场，生产作物也是多样化的[1]。安哥拉制定的与外国投资有关的法律法规主要有《私人投资法》《私人投资基本法》《私人投资促进法》《私人投资税收和关税鼓励法》。《私人

---

[1]　如江苏江洲农业科技发展有限公司在安哥拉万博省等地投资建设了大量种植玉米和其他作物的农场。

投资基本法》为在安哥拉开展私人投资确立总体法基础，明确享受政府鼓励投资的条件，并提供相应便利的进入程序。《私人企业促进法》为支持私人企业的发展确立相应的规则、原则和形式。《私人投资税收和关税鼓励法》根据私人投资基本法确定的框架确定给予海关、税收鼓励的具体程序、类型和方法。

2018 年 6 月 13 日安哥拉颁布新的《私人投资法》，于当年 10 月 30 日正式生效。该法共包含 9 章 52 条。该法对外国投资者和国内投资者在安哥拉进行投资的范围、优惠措施等方面进行了规定。根据该法，安哥拉政府给予外国投资者国民待遇，保证外国投资者对投资的所有权和支配权，给予外国投资者与本国投资者同等的税收鼓励政策和必要的便利。该法对外国投资不设投资金额限制，对在农业、农产品加工业、林业等领域进行的投资给予鼓励。该法规定外国投资者享有同本国投资者同样的自主选择投资方式的权利。规定保护私人投资者的商业秘密，并取消了每个项目要让当地合作伙伴参与的要求。此外，安哥拉于 2017 年 3 月颁布第 43/17 号总统令，对雇佣外籍员工进行规范。根据总统令规定，在安哥拉企业最多只能聘用 30% 的外籍员工，其余需聘用安哥拉本土员工。外国人在安哥拉工作必须获得工作签证。

简评：总体来看，安哥拉农业发展前景广阔，对引进外资投资于农业持友好鼓励态度，已构建了初步的外资法律保障体系。但作为欠发达国家，该国总体营商环境不尽理想，在环保责任、税收、劳工等方面对外资企业仍有一系列限制，我国投资者到该国开展农业投资应有针对性地了解该国法律体系，防范各种法律风险。

（五）拉美地区

拉美地区与我国远隔重洋，但地大物博，自然资源丰富，在发展农业生产方面，与我国有很大的互补性，是我国农业"走出去"的重要布局区域。近年来，我国有不少企业，如属于国企方阵的中粮集团有限公司、中农发集团有限公司，属于民营企业方阵的安徽丰原集团有限公司等，均在拉美地区拓展农业对外投资合作项目。以下就选择该区域两个具有代表性的国家——巴西、阿根廷的外资法律制度予以归纳介绍。

1. 巴西

巴西是拉美第一大国、"金砖五国"成员之一，是全球举足轻重的新兴经济体。同时，巴西是世界级农牧业生产大国、出口大国，农业资源得天独厚，土地资源、生物资源、水资源等都十分丰富，被世人誉为"21世纪的世界粮仓、肉库"，大豆、玉米、糖、乙醇、咖啡等品种的出口量长期排名世界第一。我国农业技术相对发达，与巴西有较大的农业合作对接空间，部分中资涉农企业已在巴西卓有成效地开展了投资[①]。巴西属于大陆法系国家，成文法是其主要法源。针对外商投资的法律主要是1962年颁布的第4131号《外国资本法》及其实施细则（1965年第55762号法令）。其他与外国投资有关的法律主要有《劳工法》《公司法》《证券法》《工业产权法》《反垄断法》《环境法》《1996年税法》《联邦所得税法规》等。根据上述法律，总体而言，巴西对待外国资本和国内资本基本平等，对外资投资于农业持认可态度。但巴西禁止外国资本对海洋捕捞进行投资。对外国投资者的保护主要体现在争端解

---

① 我国农业"走出去"的龙头企业中粮集团在巴西投资金额已经超过19亿美元，逐渐构建起较为完善的巴西粮食进入中国的国际供应链体系，为其他企业赴巴西进行农业投资积累了经验。农业领域，中粮国际巴西公司的主要业务为粮油的加工和进出口，糖、棉花及咖啡的加工和出口。其他如丰原集团、重粮集团、大康集团均有在巴西投资。

决方面。随着 1996 年《仲裁法》的施行，巴西与国际商业仲裁相关的法律程序得到改善。2001 年巴西联邦最高法院确认《仲裁法》符合宪法，再加上巴西 2002 年加入了联合国《承认及执行外国仲裁裁决公约》，更有利于巴西开展涉及外国投资者的仲裁工作。

根据巴西法律，外资投资于巴西农业会受到土地法的限制。按照现行规定，巴资占 51% 以上（含 51%）股份并控制 51% 以上表决权资本的合资企业，在购买农村土地时没有任何限制。其他巴方不控制 51% 以上表决权资本的合资企业或 100% 外资企业，在购买农村土地时受到限制。这些限制均需符合土地法规的相关规定。特别是 2010 年以来，巴西政府连续出台新的土地政策，对外资持有土地进行数量限制，例如，2010 年出台法令规定外国人、外国企业或外资控股的巴西企业不得购买或租赁 50 个莫都乐以上的土地（因地理位置不同，50 个莫都乐相当于 250~5000 公顷土地）。2011 年再次出台法令，禁止上述主体购买或并购拥有土地所有权的巴西企业。不过，近年来，为吸引外资投资巴西农业，巴西有关方面一直研究考虑向外资出售农用土地，取消每位投资者购买和租赁土地的限制。此外，作为联邦制国家，巴西各州有权制定有利于地方发展和引进外资的鼓励政策，给外资企业一定的减免地方税收政策，包括免费出让土地。

在吸引国外投资上，巴西政府主管部门将有关引资项目能否为本国公民提供就业岗位作为重要的审批依据。巴西《劳动法》规定，本国劳工在人数和工资收入上分别不得低于企业全部劳工人数和工资总额的 2/3。外籍劳工必须有特殊技术专长，并有工作签证，方可在巴西企业工作。

并购是跨国投资的一种常见模式，我国有不少企业到巴西投资，采用的是并购当地企业的方式①。该国规制并购交易的适用法律主要有以下四个：一是《巴西民法典》，其规制并购交易中涉及的民商事关系、合同、协议和其他相关行为；二是《巴西公司法》，内容包括关于公司、财团、股东协议，要约收购，上市公司恶意收购和其他相关事项的规定；三是《巴西税法》，包括所有在巴西开展业务的经营实体涉及的税务关系以及其他税务事项（包括所得税、社会税和其他任何影响运营成本的税项）；四是《巴西反垄断法》，内容涉及并购交易中反垄断事项的申报工作和程序。在巴西并购企业步骤与国际通行步骤相似，但由于巴西税制、法律复杂，潜在风险较多，尽职调查应尽可能深入全面，因此聘请可靠称职的律师事务所、会计师事务所和咨询公司等中介机构至关重要。

简评：综上所述，巴西是我国农业企业拓展海外农业合作的一片热土，已构建了规制保障外国农业投资的基本法律体系。但也应看到，巴西繁杂的法律②、保护本国资源的民粹思潮、充斥官僚气息且不透明的执法司法环境③，给所有拟不远万里到巴西开展农业合作的我国投资者带来了潜在的法律风险。对于拟"走出去"的我国投资者来说，应确立国际化的法治思维，深入追踪解析巴西法律，及时有效防范可能引发的法律风险。

---

① 有代表性的项目包括国家电网对巴西第三大电力公司 CPFL 的股权收购，国家电投收购圣西芒水电站，招商局集团收购巴拉纳瓜集装箱码头，中信农业产业基金收购陶氏巴西种子业务等。其中，中信农业产业基金收购陶氏巴西种子业务系近年来中巴农业合作的重大项目。陶氏益农是化工巨头美国陶氏化学公司旗下子公司，这一收购交易金额为 11 亿美元，收购对象包括陶氏益农在巴西的种子加工厂、种子研究中心及其巴西玉米种质资源库备份等。该项并购交易于 2017 年年底宣布完成。

② 例如，巴西税法规定的税目繁多，十分复杂，且涉及税务的法律、规章不断修订调整，税目、税率也随之发生变化。当地税务部门监管严格，相关法律对逃税行为处罚较重。这些导致外来投资企业面临较高的税务风险。

③ 根据世界银行《2020 年全球营商环境报告》，巴西得分 59.1，在参评的 190 个国家和地区中综合排名仅列第 124 位，较为靠后。

2. 阿根廷

阿根廷位于南美洲南部，是拉美第二大国。该国地广人稀，物产丰饶，气候适宜，土地肥沃。其耕地和草场资源丰富，占国土面积的半数以上。其国内的潘帕斯草原是著名的农牧区，号称"世界粮仓"。经历上百年的积淀发展，该国农牧业总体较为发达，是世界主要粮食生产和出口国之一，盛产大豆、玉米、小麦等各类谷物。出产的牛肉和红虾深受全球消费者欢迎。由于良好的农业生产"天时、地利"，阿根廷成为我国在拉美开展农业对外投资合作的重要落地国。近年来，中粮集团等中国农业企业已在阿根廷开展了农业投资合作活动，并取得了一定成果。

作为亟须引进外资助推本国经济发展的经济体，阿根廷对外国投资持较为平等和宽松的态度。阿根廷系大陆法系国家，其规制外国投资权利的法律依据是阿根廷宪法和《外资法》。该国 1976 年通过的《外资法》对外商投资行为予以了具体规定，该法随后又做了几次修订，并在 1993 年第 1853 号法令中得到重申。此外，与外国投资者有关的法律还有该国的《商业公司法》《民法典》《商法典》等。

根据阿根廷相关法律规定，外商投资享受国民待遇，外国人与阿根廷人在劳动用工、经营、贸易和拥有资产等方面享有同等权利。外国人的产权不可侵犯，但必须依法办理有关手续。外国投资者在开办企业、进行各种形式的营利活动、支配企业利润等方面享有充分的权利。阿根廷没有设立一般性审批外国投资的管理机构，因此外国公司在阿根廷投资一般不需经政府批准。阿根廷工业及旅游部下设的国家投资发展署，其主要职责是提供贸易机会并促进外国直接投资。投资发展署还作为专业咨询中心，为投资者提供经济、金融、税务、教育、科技和法律等诸多方面的信息，并帮助投资者解决投资项目在申办运营中可能出现的问题。

阿根廷对外国资本参与当地农业领域投资合作没有特殊规定，准入门槛较为宽松。根据阿根廷之前的法律，外资企业可在市场上购买自身发展所需的土地，企业享受所购土地的所有权。土地所有者在购地后，须到有关政府产权登记部门登记。不过，2011年阿根廷国会通过限制外国人购买土地的新法案。该法案规定，每个外国法人或自然人在阿根廷购买的土地不能超过1000公顷。2016年6月29日，阿根廷新政府颁布820/2016号法令，取消了对于外国投资者购买阿根廷境内土地面积统一上限的全国性规定，各地可酌情出台针对外国投资者购买土地的具体限额。

阿根廷涉及外国投资实体组织形式的法律主要有《商业公司法》《民法典》《商法典》等。这些法律允许外国投资者选择公司、合伙、合资、独资、分支机构、特许经营、代理机构或许可协议等各种投资形式。外国投资者可以选择在当地设立有限责任公司，也可选择在当地成立分公司，或可通过实施并购当地企业、购买阿根廷法律承认的任何法人组织或与其合资等形式自由进入市场。

阿根廷对企业雇用外籍员工相对宽松，企业应遵守并符合阿根廷有关移民方面的法律规定。如果要聘用外籍劳工，雇主必须与外籍雇员签订劳动合同，并经阿根廷公证人公证。外籍劳工可以享受阿根廷养老和社保基金的豁免。阿根廷审批外籍劳工入境的政府主管部门是内政部移民局。雇主需持雇用外籍人员原因的文件及拟雇外籍人员所从事行业的相关证明等文件到移民局办理入境许可。

简评：总之，近年来，在全方位高水平对外开放背景下，中阿双方高层都在着力推动两国间的农业投资合作，以达到各自的国家发展目标及利益诉求。对我国企业而言，到阿根廷进行农业投资有一定的机遇，但也应充分认识到该国路途遥远、政局变幻、治安不佳、法律繁杂多变等不利因素，尤其是近年来在金融危机冲击下，阿根廷经济处于风雨飘摇状态，这个 100 年前位居世界前十强的国家[①]，进入 21 世纪却走向沦落的深渊，经济严重下滑。因此，我国企业到阿根廷进行长周期性的农业投资需充分评估系统性的法律及政治风险。

三、各国涉及外来农业投资法律规制总体启示

综上所述，自 20 世纪下半叶以来，随着经济全球化、投资自由化的不断拓展，国际直接投资方兴未艾，各种产业链条基于资源禀赋优势在全球范围内布局拓展，多数国家都出台或完善了外资立法，对外资进入本国投资创业予以国民待遇并提供相应的优惠便利措施。这些立法同样对我国企业"走出去"到东道国开展农业投资合作起着规制调整作用。梳理前文所述我国主要农业对外合作目的地东道国法律制度及其法治实践，可以得到如下启示。

（一）各国立法对外来农业投资的接纳态度迥异

基于增加农业投入、提升本国农业产业水平之战略考量，多数国家立法对外资投资于本国农业予以认可鼓励，但也有少数国家对之进行限制乃至排斥。譬如，缅甸对外资投资于农业进行限制[②]，而泰国则直接禁止外资投资于本国农林产业领域，中亚的土库曼斯坦则通过立法禁止外资企业获得耕地使用权从而变相禁止外资投资于本国农业种植领域。所以，我国农业"走出去"并非全球范围内畅通无阻，有些国家仍无法进入。

---

① 据经济史资料，1880—1905 年，阿根廷的 GDP 以年均 8% 的速度增长，甚至在 1895—1896 年成为人均 GDP 最高的国家。1913 年，阿根廷人均 GDP 排名世界第十，与英、美、法等老牌强国接近，远高于加、澳等新兴移民国家。

② 该国制订的《外国投资法》仅允许外资与缅甸企业按法律规定组建合资企业进行运营。淡水渔业及相关服务、动物产品进出口检验检疫、宠物护理、林产品加工制造则禁止外商投资。

（二）各国对本国农耕地、林地等核心自然资源均通过立法予以特殊保护

绝大多数国家只允许外资企业通过租赁承包取得耕地、林地使用权，且对这些使用权设定了长短不一的期限（最长的可达 99 年）。只有阿根廷等极少数地大物博的国家允许外资购买本国土地，但对外资购买东道国土地的限额趋紧。可见，基于本国经济安全考虑，各国对外资涉足本国农耕地、林地等核心自然资源仍存有极大顾虑，我国农业"走出去"开展投资合作应树立底线防范思维，审慎考量这种资源依附性风险。

（三）多数东道国执法司法环境有待完善，法立而不行的现象较为突出

"法立而不行，与无法等。"我国农业对外合作所指向的东道国，多数是亚非拉发展中国家，这些国家的法治水平总体较为薄弱，虽然出台了外资的一系列法律规范，但未能切实贯彻执行。在实际执法司法实践中，由于规则本身的含糊性及执法司法人员素质的欠缺，导致在法律实施中存在一系列灰色不透明现象。所以，我国企业在"走出去"开展长周期的农业对外合作活动时，必须审慎研判东道国的法治营商环境，规避防范可能的系统性法制实施风险。

第三章 农业对外合作的
企业微观法制实施困境

从系统论角度，前面所述的农业对外合作中涉及的国内法、国际法、东道国属地法供给现状及存在问题，均带有宏观性、全局性，属于企业开展农业对外合作的系统性法制环境，可谓"大势如此"，作为系统中的微观个体企业往往无法改变。除此之外，对于开展农业对外合作的企业来说，相当程度上还会遭遇与法制实施适用相关的微观困境。这些困境，源于企业的内因抑或外因，是个体企业遭遇的法治实践层面的障碍，可从静态与动态两个层面来阐述。

第一节 静态困境——我国"走出去"企业自身存在的不足

一、缺乏真正符合公司法要求的公司治理机制

企业是市场经济的主体，是社会化大生产背景下物质财富的最主要创造平台。现代企业组织形式中最具代表性的是公司。作为一种迄今为止相当有效的经济组织形式，公司的出现被公认为是企业发展历史中最引人注目的现象之一，有经济学者认为其产生的意义仅次于蒸汽机的发明。因为公司具备

资本社会化、所有权经营权优化组合、管理民主、权责分明、风险可控等特性，能适应现代经济规模化的需要和社会发展的趋势，是现代市场经济制度的基础。当然，这一切要建立在公司能切实按公司法要求确立一套完善合规的公司治理机制，而不能徒有公司之名，而无公司之实。

当前，我国开展农业对外合作的企业，从所有制角度而言，主要有国有企业和民营企业两类。而这两类绝大多数采用的是公司制。比如，我国农业"走出去"的龙头企业中粮集团有限公司[1]，该公司最早成立于 1949 年，历经多次重组变更，于 2007 年完成公司化改制，成立现有的中粮集团有限公司，性质为国务院国资委全资控股的中央所属国有独资公司。该公司作为实力雄厚的央企，近年来在开展农业对外合作方面步伐颇大，先后实施了并购澳大利亚第四大糖厂 Tully[2]、并购香港来宝农业[3]和荷兰尼德拉公司[4]的投资行为，着力打造国际大粮商全产业链，保障国家粮食安全。而其他近年来在农业对外合作领域勇立潮头的民营企业如安徽丰原集团有限公司[5]、湖南炫烨生态农

---

① 该公司在 2019 年全国农产品加工业 100 强企业名单中综合排名第 1 位。旗下拥有中国食品（00506，HK）、中粮控股（00606，HK）、蒙牛乳业（02319，HK）、中粮包装（00906，HK）四家香港上市公司，以及中粮屯河（600737，SH）、中粮地产（000031，SZ）和中粮生化（000930，SZ）三家内地上市公司。

② 2011 年发生，并购金额约 1.1 亿美元。

③ 2014 年发生，并购金额约 16.5 亿美元。

④ 2014 年至 2016 年发生，全资并购，并购金额前后约 20.4 亿美元。

⑤ 该公司总部位于安徽蚌埠，成立于 1998 年 8 月。系一家利用玉米、小麦、大豆、花生等粮食和油料作物，从事生化、制药、食品、油脂加工等产品生产经营的综合性民营企业，入选 2019 年全国农产品加工业 100 强企业名单，综合排名第 36。2013 年该公司投资 3.2 亿美元在巴西马托格罗索州建设玉米加工厂，生产玉米淀粉及其他下游产品。同年，丰原集团和 NutriplusAlimentacaoeTecnologia S/A 公司合作，在巴西成立合资公司，即丰原巴西投资公司，其中丰原集团占有 92.5% 的股份。

业发展有限公司^①、福建宏东渔业股份有限公司^②亦均系按公司法设立的公司。然而，上述这些"走出去"的农业企业，不管是国有的还是民营的，虽然已按公司法进行改制或本身就是基于公司法创办设立的，然而这只是初步有公司之"名"，未必完全具公司之"实"。对于中粮集团、重庆粮食集团^③这类"国家队企业"而言，不管是集团公司还是其下属的上市公司及其他子公司、分公司，国家（或地方政府）仍是其最根本的出资人，持有这些企业全部或绝大部分股份。由于这种背景，这些企业或多或少都保有传统国有企业集权化的做派，不少未能确实建立符合现代公司法要求、体现权力制衡的公司治理机制。而对于民营农业企业而言，很多又具有家族化企业色彩，一切唯老板意志马首是瞻，以为老板和公司就是一体的，未能引入职业经理人按公司法规定的公司治理机制进行运作。所有上述这些不足之处，会对企业开展农业对外合作活动造成不利影响，不利于企业按商业原则做出合理、恰当的投资经营决策，有时甚至会造成消极的投资后果。以下我们就以国企重庆粮食集团在南美投资遇阻案例进行评析。

---

① 湖南炫烨生态农业发展有限公司是 2013 年 8 月根据湖南省政府推动湘企"走出去"精神而成立的一家民营企业。公司注册资金 5000 万元人民币，获准境外投资 6000 万美元。主营谷物及其他经济作物的种植、收购、加工、销售，以及农业项目投资、农业技术开发等。于 2014 年 10 月在老挝投资设立炫烨（老挝）有限公司。该公司建立起老挝大米输华的质量标准，初步形成了从育种、种植、加工、存储、物流、交易的产业链，被老挝政府列入重点扶持中资企业，成为老挝大米在华首家出口商。

② 宏东渔业股份有限公司创立于 1999 年，位于福建省福州自由贸易试验区，旗下拥有宏东国际（毛塔）渔业发展有限公司、福建宏东控股有限公司、福州宏东食品有限公司、福建省深蓝生物科技有限公司、福州宏东海产品贸易有限公司、福州瀚麟渔业有限公司、香港（辰宇）海运有限公司、越泽企业有限公司等分支机构，是一家集远洋捕捞、远洋渔业基地运营、冷链物流服务、水产品加工、海洋生物为一体的具有完整产业链的远洋渔业企业，在西非毛里塔尼亚建有境外远洋渔业综合基地。

③ 重庆粮食集团是 2008 年整合重庆市 370 多家国有粮食企业组建的国有大型粮企，系重庆市属大型国有粮食独资公司，也是农业"走出去"的龙头企业。

2010 年 4 月，作为中国企业家代表，重庆粮食集团董事长在巴西出席了"金砖四国"会议。同年 10 月，重庆粮食集团决定投资 57.5 亿元人民币，与巴西合作共建 300 万亩优质大豆基地，准备种植大豆、油菜籽等农作物，同时还准备建设粮食仓储、农产品加工、港口物流等项目。除了在巴西的大规模种粮投资计划，重庆粮食集团 2012 年又宣布，在阿根廷购买了 300 万亩土地，准备着手兴建另一个大豆项目基地。然而，从 2014 年开始，重庆粮食集团在巴西、阿根廷的种粮工程就基本陷入停滞状态，其表面直接原因是在占地方面未能获得巴西、阿根廷政府的多项批文，以及环境评估的许可证。然而，据行业专业人士调查，在巴西项目的搁浅不仅仅是因为当地政府的繁文缛节，更主要是因为重庆粮食集团过于高调宣扬购买大面积土地引发了巴西立法者对中国企业"殖民占地"的担忧，重庆粮食集团的项目被广泛地认为是"豪取土地"。因而，巴西在 2010 年出台了新法令，禁止外国人、外国企业和外国控股的巴西企业购买 250 公顷以上或租赁 5000 公顷以上的土地；阿根廷在 2011 年立法限制外国人在本国买地。此外，巴西大豆行业成熟，国际大型粮食企业如美国嘉吉（Cargill）和邦吉（Bunge）公司早就进入巴西，新竞争者难以进入。在这桩投资失败案例中，导致重庆粮食集团"走出去"遭遇"滑铁卢"，其原因是多方面的，除了投资东道国政治阻力、作为竞争对手的欧美国际粮商恶意竞争外，本身重庆粮食集团的决策层肯定也应负必要责任。在重庆粮食集团高调宣布购地 300 万亩土地在海外拓展时，已有业内人士对重粮集团的投资运营前景表示不看好，因为重庆粮食集团在海外投资采取的是极易引起当地人担忧的购地方式，且数量巨大，所布局的又是国际粮商早已跑马圈地的巴西。与之相对照的是，在重粮集团于 2010 年巴西买地种豆之前，日本、韩国的企业也在南美建设大豆基地。与重庆粮食集团的风格不同，日韩企业的整个实施行动都颇为低调，也基本不采取买地种豆的做法，而是通过与多个跨国公司相互参股的方式，以此降低海外投资的政治和社会风险①。重庆粮食集团的公司决策层可能更多沿袭的是传统国企政绩型决策，决策领导层更多的是官方任命，也更注重个人政绩，有个大手笔项目就非常高调宣传，却未能真正充分审慎地了解当地投资环境，在深入调研、全面考量风险的基础上从公司长远利益按公司法的治理机制进行投资决策，由此导致在巴西、阿根廷这两个项目上接连受阻，而且所付出的"学费"还相当高昂。

从上述案例可见，导致我国农业企业海外投资失败的根源之一同公司治理机制的缺陷有关。如前文所述，从表面上看，这些企业均是按《公司法》有关规定设立的，该具备的国家行政许可程序均具备，应当说组织形式上是完善的。然而，公司组织形式表面上完备并不等于公司治理效果的"完美"。依通行公司法之要求，经理人员作为公司的受托代理人必须按照公司董事会的授权范围行事，其权力必须受到董事会的制衡并依法行使。不过，如重庆粮食集团这类国企，公司的总经理及其他高管人员实际是由政府主管部门考核任命的，公司的经营决策大权主要由这些上级任命型高管人员掌握。公司股东会及董事会仅是例行性的机构，监事会由于其非独立性亦未能真正地对公司经营与财务状况、董事和公司高管人员实施有效的监督，整体上制衡机制不到位。"一切有权力的人都容易滥用权力，这是万古不易的一条经验。"②由此，这些企业极易形成严重的内部人控制局面③，导致高管人员的不当作为

① 如日本三井物产集团就是与美国的 CHS、巴西的 PMG 贸易公司合作，联合成立了一家名叫 Multigrain 的合资公司，这样逐步渗透至控制巴西大豆生产的各个环节。参见：http://www.sina.com.cn 2011 年 05 月 19 日经济观察网报道：《多位业内人士不看好重庆企业在巴西买地种豆》。

② 孟德斯鸠.论法的精神[M].北京：商务印书馆.1961：154.

③ 所谓内部人控制，一般指作为公司的非财产所有者，如经营者控制了公司，公司成为他们谋取利益的工具，而不是股东利益最大化的工具。参见：何军.我国上市公司治理结构存在的主要问题与法律对策[J].四川职业技术学院学报，2006（2）：21.

而引发经营失败。正如亚当·斯密所说："很少有领薪管理者会像管理自己钱财那样管理别人的钱财。"①人性的天生弱点决定了管理者（受托人）极易将手中权力作为一种牟取私利的工具，从而损害公司法人（委托人）的利益。其实，不仅仅是国有企业，我国现在实施农业对外合作的企业，从数量上而言，更多的是民营企业。而民营企业，公司治理机制不完善的现象更为普遍，很多的海外投资布局，主要是基于企业老板个人意志，谈不上经过公司治理机构的切实考核论证。可以说民营企业的"人治"色彩亦相当严重，由此导致在境外投资失败的风险大大增加。所以，我国不少农业对外合作企业在治理机制上还存在深层问题，对其"走出去"进程将造成不利影响。

二、企业内部缺乏适应农业对外合作拓展要求的法律人才

在国家农业对外开放利好政策引领下，近年来我国各类企业开展的农业对外合作活动可谓五洲扬帆、风生水起。不过，上述企业"走出去"并非都是一片坦途。在国际化进程中，亦面临着日益复杂的法律事务与波诡云谲的法律风险。这是企业"走出去"到海外投资必须审慎应对的挑战，否则可能会"一招不慎、满盘皆输"。然而，面对前述法律问题，我国有不少企业总是习惯于付出重金寻求国际律师服务机构等外部力量帮助，自身内部却未能注重培育起一批熟悉国际法律规则、能在国际市场上应付自如的法律人才。长期从事中国经济研究的美国俄亥俄州立大学费希尔工商管理学院教授申卡尔博士早在 2005 年就对中国企业发出忠告：中国企业在海外投资并购中，不要习惯于一切都委托给律师事务所或者管理顾问公司去操作，而应当亲自动手实施，从其他公司的经验中学习，由此才能加速与国际接轨。而如全球四大

---

① Smith Adam. An Inquiry Into the Nature and Cause of the Wealth of Nations ［M］. New York：P.F. Collier and Son Corporation，1909.

粮商——"ABCD"即 ADM（美国）、邦吉（美国）、嘉吉（美国）、路易达孚（法国）这些国际大型农业公司为了应对变幻莫测的法律风险，往往不遗余力地培育自己的法律专业人才队伍。我国不少开展农业对外合作的企业，由于缺乏富有国际投资经验、懂外语的综合型法律人才，在处理跨国投资有关事务时难免陷于被动。如前述重庆粮食集团在巴西投资失败案例，据当时重庆粮食集团负责人声称，他们在启动投资前已支付重金委托国际律师事务所进行法律调查，但最终还是遭遇法律等一系列困境而导致投资受阻。可见，"外来的和尚"不一定会念好经。企业自身如果不能储备培养必要的、适任的内部法律人才，将成为中国企业进一步国际化的短板和障碍，面对国际商务领域不可预测的法律风险将受制于人。2018 年《中共中央、国务院关于实施乡村振兴战略的意见》提出，积极支持农业"走出去"，培育具有国际竞争力的大粮商和农业企业集团。在此背景下，我国大型农业企业"走出去"到海外投资或实施并购的行为将屡见不鲜，且涉及的农业具体细分行业将愈来愈广，投资并购金额也会十分庞大。在投资并购磋商缔约中，我国农业企业将越来越多地采用非常专业化和技术化的行业标准合同。从农业跨国并购投资的合同谈判来看，该行业所通用的投资合作合同通常冗长、繁杂。这类合同中某些高技术性条款的细微变化，就可能将数百万美元甚至数亿美元的风险从一方转移到另一方。目前我国企业在上述复杂合同的谈判方面仍缺乏拥有足够经验的内部法律人才，这既有损于企业自身的合同利益，也不利于企业与国际接轨。

第二节　动态困境——企业在农业对外合作实务中面临错综复杂的法律风险

依哲学上辩证法之原理，事物之静止是相对的，而运动是绝对的。考察企业农业对外合作的微观法制困境，亦应循此认识论范式。前文是从静态视角考察企业所存在的不足及其对企业拓展农业对外合作所造成的障碍。然而，在境外开展产业周期长、基础自然资源依赖性强的农业对外投资合作可谓"滩险流急、诸事难料"，即便企业"内功"练得再好、准备得再充分，在实际"走出去"开始境外投资那一刻起，仍会在动态实践中遭遇不经意的法律风险。之所以如此，乃是因为农业是一较为敏感的基础民生产业，其涉及的是民生"米袋子、菜篮子"，关乎社会稳定和国家经济安全。美国战略家基辛格就曾说过："谁控制了粮食，谁就控制了世界。"所以，在境外投资农业本身就"树大招风"，容易引发各种担忧。此外，在境外异域投资经营，经济、社会、文化环境与本国迥然不同，由此，"树欲静而风不止"，企业难免会与东道国政府、公众、同行企业、本企业所雇用员工等各类主体发生利益纠葛，这些纠葛通常会涉及法律调控，最终表现为此起彼伏的法律争议、复杂多样的法律风险，进而影响我国企业农业对外合作的顺利开展。从近年来的实践看，企业农业对外合作经常面临如下动态法律风险。

一、东道国颁行法案，有针对性地干预我国企业的境外农业投资合作活动

从国际范围来看，我国的农业对外合作开展时间不长，官方真正较为正式地提出农业"走出去"是在 2001 年加入 WTO 之后。而欧美、日、韩等发达国家大规模开展农业对外合作始自"二战"之后，迄今已有数十年历史。由于是国际农业投资领域的"后来者""新生"，我国有些企业在海外拓展农业对外合作时显得经验不足，经常采用购买、租赁东道国土地等较为传统的投资布局方式。然而，土地是一国立国之本、基础资源，是"命根子"。我国企业若在境外农业投资项目涉及购买、租赁东道国大量土地，难免会引起当地民众的警觉。而且，拉美、非洲这些地区土地资源富集，农业生产条件优越，是我国企业开展农业对外合作的热门区域。但这些区域，欧美很多有实力的农业公司已捷足先登，在当地投资布局并完成"跑马圈地"。我国企业作为后来者在当地投资运营难免会触动当地或国际农业既得利益集团的"奶酪"，这些集团便会以各种手段对东道国政府及民间施加影响，炮制"中国资源掠夺论""中国威胁论""新殖民主义"等耸人听闻的论调，恶化我国企业开展农业对外合作的国际舆论环境，由此可能导致东道国政府颁行特别法案，以堂而皇之的法律法案对我国企业的投资活动进行干预限制，这是我国企业走出去面临的一种系统性、制度性的法律风险。前文所述重庆粮食集团在巴西投资受挫即为这方面的典型案例。

2010 年，重庆粮食集团宣布，于当年 4 月在巴西金砖峰会上与巴西有关方面签约，拟投资 57.5 亿元人民币，以每平方米不足 3 元的价格，购买 300 多万亩的巴西土地建设优质大豆基地。重粮集团计划利用 3 年多的时间，完成在巴西的整个大豆基地建设规划。然而，这一项目一经宣布，由于涉及巨量的土地规模，便引起了巴西国内保守势力及国际粮商的排斥和抵触。部分

拉美媒体、西方媒体对此予以恶意歪曲报道。同年 8 月，巴西便颁布了对外资限购、限租的土地法令。新法令规定，禁止外国人、外国企业和外国控股的巴西企业购买 250 公顷以上或租赁 5000 公顷以上的土地，外国人购买土地不能超过每个乡镇可用土地的 25%。此法令一出，重庆粮食集团在巴西的投资即遭遇严重的法律障碍。事后，虽然巴西各级官员都强调对外国人限购的土地新法令不针对任何国家，但业内人士都清楚，明显是冲着彼时有意到巴西布局的重庆粮食集团、中国农发集团等中国企业的。此外，差不多同时，重庆粮食集团宣布在阿根廷也购买 300 万亩土地，准备着手兴建另一个大豆项目基地。然而，2011 年 12 月，阿根廷政府出台了旨在限制外国人购地的 26737 号法令，根据上述法令，任何一个外国人都不得在阿根廷各省核心区域购买超过 1000 公顷或等额面积的土地，同一国家的投资者在阿根廷购买的耕地不能超过农业土地总面积的 4.5%。此外，该法令对于一些关键问题和内容的定义及诠释模糊不清，使得重庆粮食集团在阿根廷的大豆基地项目审批困难重重，最终也未能按照计划有效推进。

除了颁布指向性的法案，有些投资东道国的政府机关会基于已有法案的弹性规定，对我国企业的境外农业投资施加额外的审查干预，从而增加该方面的投资法律风险、阻挠我国企业国际化进程。例如，2015 年 10 月，拥有超过 10 万平方千米牧场租赁权的澳大利亚家族企业 Kidman 公司挂牌出售，有几家中国企业参与竞标，但因"安全问题"，竞标和审核过程被长期搁置。某种程度上这也与同期我国企业海外收购较为频繁有关。自 2013—2014 财年开始，中国已经成为澳大利亚农业领域最大的投资国。在此形势下，澳大利亚政府加强对向中国出售农田交易的审查，规定对中资企业出售 1500 万澳元或以上的农田交易都需要审批，而来自日、韩、美的投资者在收购 11 亿澳元以下的土地时都不需要审批。

二、税收执法风险

税收是纳税人因直接或间接享受公共服务而应向国家支付的对价，企业是现代社会中税收最主要的贡献者，税收支出是企业运营中必须充分评估的一项负担因素。我国企业在开展农业对外合作中会涉及复杂的财产税、流转税、利得税、行为税等诸多税种征管，税收法律风险是跨国农业投资面临的主要风险点之一[①]。近年来，在反全球化、民粹主义等保守思潮鼓噪裹挟下，部分农业对外合作东道国通过立法手段强化对外国投资的税收征管。因此，我国企业稍有不慎便会面临严厉的税收处罚，遭遇税收执法风险。以下就以中国企业到巴西投资作为例子予以阐述。

近年来我国不少涉农企业纷纷到巴西这片全球最丰饶的土地上"拓荒种地"，但不少企业只看到其中的机遇，对其中可能面临的税收法律风险却未做深入调查了解。殊不知，巴西税收种类复杂，税负较重，据测算企业应纳税额约占经营成本的38%，税收负担位于拉美首位。有税务专家指出，巴西的税务体系几乎是全世界最为复杂的，并且管控很严，极易引致税收执法风险：首先是税种多，巴西共有各种捐税58种，从管辖主体可以分为联邦税、州税和市税三级。其中，联邦税包括所得税、工业产品税、进口税、出口税、金融操作税、临时金融流通税、农村土地税等；州政府税包括商品流通服务税、车辆税、遗产及馈赠税等；市政府税包括社会服务税、城市房地产税、不动产转让税等。除此之外，企业还要缴纳各种社会性开支，具体包括社会保险

---

① 东道国进出口关税政策可能不利于农业企业"走出去"。例如，从产品销售来看，东道国较高的农作物出口关税限制了中国农业企业生产的农作物回运，既不利于企业实现利润，也不利于供应国内市场。另外，从"走出去"企业的生产资料购买来看，东道国过高的生产资料进口关税提高了企业的生产成本，降低了经营利润。例如，津巴布韦本国的化肥价格昂贵，到该国从事农业生产的中国企业更希望从中国进口化肥，但是津巴布韦的化肥进口关税高达110%，极大增加了企业的生产成本。

金、工龄保障基金、社会一体化计划费、社会安全费等；其次是巴西税法体系复杂繁多，除联邦税法外，巴西26个州和巴西利亚特区都有自己的税法。这些税法的立法原则、法律结构和计税操作方法等都不尽相同。而且税收政策变化快，调整频繁。再者是税收监管严，巴西政府对税收采取分级征收和管理的办法，严格规定了各种税收的申报和纳税时间，并通过信息共享加强税收分析和税务审查。外国投资者在巴西投资经营中，可能会遇到国际重复征税、反避税下的转移定价、受控外国公司以及资本弱化等诸多涉税指控风险问题。其中比较经常遇到的是转移定价指控风险[①]。据税务专家介绍，税务局一般会在企业进入巴西的第4年和第5年进行税务检查，有些中资企业因对转移定价问题缺乏认识，导致企业提供错误信息或未进行转移定价计算和调整而遭到罚款[②]。

除了投资东道国繁杂的税制、严苛的税法对我国境外投资企业可能带来的税法遵从风险外，该类企业面临的另一较为棘手的税收执法风险是境外所得如何有效避免双重征税、如何充分享受境外东道国提供的税收优惠、如何有效应对境外税收争议从而维护自身的正当利益。而这涉及跨境投资中企业必须高度关注的双边税收协定法律安排。

双边税收协定（Bilateral tax agreement）是指两国间为了协调处理跨国纳税人税收征纳关系，本着对等原则，通过政府间谈判所签订的确定其税收利益分配关系的具有国际法效力的双边条约。双边税收协定最早可追溯至英国和瑞典于1872年就遗产继承税问题达成的税收协定。"二战"之后被诸多国家采纳使用。在经济全球化、企业经营国际化的当代，双边税收协定是我国

---

① 转移定价是跨国公司内部的母公司与子公司之间、子公司与子公司之间提供产品、劳务或技术所采用的定价。

② 参见《中国贸易报》2018年6月13日的报道《投资巴西，不能不知的税务风险》。

企业"走出去"的重要法律保障，其可以有效避免跨国所得双重纳税，降低境外税负，稳定税收待遇，防止税收歧视，为"走出去"的企业提供税收确定性，降低跨国经营税收风险，并有效应对涉外税收争议。

对于我国拟"走出去"开展农业对外合作的企业来说，其投资经营的涉农项目通常投资回收周期较长、投资回报率相对较低，应当充分利用双边税收协定这一"护身符"来争取税收优惠待遇、降低税收负担、维护自身的正当利益。然而，检视目前我国已缔结生效的双边税收协定，发现存在如下问题。

（一）我国的双边税收协定仍存在空白点，与世界上不少国家和地区仍未签订双边税收协定，或者签订却未能生效

我国于 1983 年与日本签订了第一个双边税收协定，此后随着对外开放事业的逐步推进，相继与世界上多数国家订立了这类协定。截至 2020 年 4 月底，我国已正式签署 107 个避免双重征税协定，其中 101 个协定已生效，和香港、澳门两个特别行政区签署了税收安排，与台湾地区签署了税收协议①。然而，全世界有 200 个左右的国家和地区，可见目前双边税收协定仍存在不少空白点。比如，缅甸是我国在东盟开展农业对外合作的重要对象国，截至 2019 年年底我国相关投资者在该国设立了 99 家农业企业，数量位居亚洲第一，但我国至今仍未与缅甸订立双边税收协定。此外，非洲的毛里塔尼亚具有丰富的海洋渔业资源，是我国渔业"走出去"的重要投资目的地。截至 2019 年年底，中国对毛里塔尼亚的农业投资存量为 3.36 亿美元，占对非洲农业投资存量总额的 24.10%，已在毛里塔尼亚设立了 11 家农业企业（渔业企业 8 家，畜牧业 1 家，其他产业 2 家）②，但我国与毛里塔尼亚未签订双边税收协定。此外，如

---

① 参见国家税务总局网站。

② 上述数据参见《中国农业对外投资合作分析报告（2020 年度）》。

肯尼亚、加蓬、刚果（布）、安哥拉、阿根廷这几个国家是我国企业拓展农业对外合作的投资目的国，我国与这些国家已签订了双边税收协定。但这些协定因为对方国内审批程序原因至今未能生效。以上这些缺漏，导致我国企业在上述国家的农业对外合作无法利用双边税收协定维护自身纳税权益。

（二）我国已缔结的双边税收协定多数签订时间较早，内容较为简略，不能切实适应我国企业"走出去"的维权需求

对截至 2020 年 4 月我国正式签署的 107 个双边税收协定进行梳理，会发现有约 2/3 是 20 世纪八九十年代签订的[①]，而自 2010 年以来签订的并不多。因为多数双边税收协定签订时间较早，囿于当时情势，这些协定的条款内容从目前角度来看显得陈旧简略，往往只原则性强调对境外所得避免双重征税，未能涵盖当代双边税收协定一般会规制的管辖原则、常设机构、税率限定、税收待遇、情报交换、转让定价等重要内容。这样的结果，难免使得这些双边税收协定流于摆设，未能切实对我国境外投资企业起到保障作用。而如税收情报交换、转让定价协商沟通等问题，在当代日益复杂的跨国投资中对维护企业利益、达到合理节税意义重大。我国双边税收协定在这方面的短板，会使开展农业对外合作的企业面临逃税指控的税收法律风险。

此外，对我国"走出去"的企业非常关心的税收优惠抵免问题，现行的多数双边税收协定也未能做出呼应。根据国家税务总局 2010 年第 1 号公告《企业境外所得税收抵免操作指南》之规定，居民企业（包括按境外法律设立但实际管理机构在中国，被判定为中国税收居民的企业）可以就其取得的境外所得直接缴纳和间接负担的境外企业所得税性质的税额进行抵免。根据该指南第七条之规定，居民企业从与我国政府订立税收协定（或安排）的国家

---

① 例如，与日本的双边税收协定于 1983 年 9 月签订，与美国的双边税收协定于 1984 年 4 月签订，与法国的双边税收协定于 1984 年 5 月签订，与巴西的双边税收协定于 1991 年 8 月签订。

（地区）取得的所得，按照该国（地区）税收法律享受了免税或减税待遇，且该免税或减税的数额按照税收协定规定应视同已缴税额在中国的应纳税额中抵免的，该免税或减税数额可作为企业实际缴纳的境外所得税额用于办理税收抵免。基于上述规定，如相关双边税收协定中无税收抵免规定，则实际上会产生双重征税的结果，使得投资者在缔约一方获得的税收减免（视同缴税）在缔约另一方仍然要纳税。从现状来看，我国之前签订的多数双边税收协定并无税收抵免规定。例如，"一带一路"倡议是我国近年来对外开放的一项重要方略，"一带一路"沿线国家也是我国农业对外合作的重要拓展区域。我国已经与"一带一路"沿线 54 个国家订立了避免和消除就同一所得重复征税的双边税收协定，但这些协定中，未规定税收优惠抵免的国家就有 39 个 [①]。由于缺乏上述这些规定，我国企业如在上述国家开展农业对外合作享受的税收优惠，很有可能回到国内还得补税，由此导致额外的税收执法风险。

三、合同履行法律风险

当代社会化大生产条件下的市场经济是一种基于分工和交易从而实现资源优化配置、达到持续运营的契约经济。对于社会再生产各个环节的主体，彼此是有着各自利益诉求的"陌生当事人"，只能通过具有法定约束力的合同去界定各自在经济交易中的权利义务。我国企业开展的农业对外合作，作为一种跨境的资本配置活动，同样必须通过签订各种交易合同去实现投资运营中不同环节的需求。然而，在错综复杂、暗流涌动的国际经济"丛林"中，

---

① 包括蒙古、新加坡、印度尼西亚、老挝、菲律宾、斯洛伐克、波兰、罗马尼亚、匈牙利、马耳他、俄罗斯、克罗地亚、白俄罗斯、斯洛文尼亚、以色列、土耳其、乌克兰、亚美尼亚、立陶宛、拉脱维亚、乌兹别克斯坦、孟加拉、马其顿、埃及、爱沙尼亚、摩尔多瓦、卡塔尔、哈萨克斯坦、伊朗、巴林、希腊、吉尔吉斯斯坦、阿尔巴尼亚、阿塞拜疆、格鲁吉亚、塔吉克斯坦、土库曼斯坦、捷克、叙利亚这些国家。

由于合同当事人主观原因或外部客观情势变化，经常出现当事人违约情形，如此将无法实现合同目的，进而引发后续的合同纠纷诉讼仲裁活动，遭遇合同违约法律风险。检视进入 21 世纪以来的农业对外合作实践，我国企业"走出去"面临的合同履行法律风险有如下情形。

（一）投资东道国政府违约

我国企业在境外开展的农业对外合作活动，往往会涉及购买使用东道国的土地资源及其他基础设施，这些土地资源及相应基础设施的权利支配主体多系东道国政府，我国企业必须与这些东道国政府订立相应的合同。然而，不少投资东道国政局不稳，政客轮流坐庄，很可能上届政府签的合同，下一届由于利益考量就变着法子违约，或干脆通过修改法律直接否认合同的效力。例如，2007 年 1 月由吉林省政府牵线，吉林富华农业科技发展有限公司曾与菲律宾政府达成农业合作协议，明确吉林富华公司将投资 49 亿美元，以租赁耕地的形式，在菲律宾 6 个省建设玉米生产基地，总计占地 153 万公顷，租赁期限 25 年。不过，这个当时被外界称为"中国在海外最大的粮食生产基地"的农业项目，由于菲律宾政局发生动乱，于 2007 年年底被菲农业部宣布"无限期延迟"，最后不了了之。而为了筹备运作这个项目，吉林富华公司之前已付出了不菲代价。据中国人民大学农业与农村发展学院副院长郑风田介绍，近些年，我国企业在海外投资农业的规模越来越大，然而，由于很多企业对国外市场不了解，使得在澳大利亚、菲律宾、老挝等国的租地或买地种粮项目，都遭到了一些政治因素的干扰，最后使得我国企业严重亏损，或者被迫撤离。对于这类东道国政府违约行为，我国境外投资企业往往处于弱势地位，即便考虑通过国际投资仲裁等法律程序，亦面临着高昂的委托费用及权益实现的诸多不确定性。这是我国企业现实中面临的一种合同法律风险。

（二）境外客户违约

我国开展农业对外合作的企业在境外投资运营中，会与上下游的采购商、供应商等各类客户签订各类交易合同。这些境外客户同样可能由于主客观原因违约给我国农业对外合作企业带来冲击和影响。比如，订单农业是国际农业界广为流行的一种农业上下游生产经营者之间的合作模式，能够较好地实现农业生产端和市场端的衔接。许多国际农业公司在拉美、非洲地区开展的农业投资经常会以订单农业的形式进行运作。我国现在不少开展农业对外合作的企业也借鉴这种模式在境外运作经营、畅通上下游供应链[①]。不过，订单农业要良好运行，必须有一些基本要求。对负责生产的农户来说，需要按照企业的要求保质保量地生产并交付相应的农产品；对作为采购方的企业来说，需要为农户的生产提供必要的资金、技术、生产资料等支持并及时收购相应的产品。然而，现实运营中，不少农户不能良好地守约履行订单合同交付义务，或者可能将好的产品高价卖给其他收购企业而将次品作为订单产品交付我方企业。在市场行情波动变化的年份，更是会有一些农户基于利益选择冒着违约追责风险去实施前述单方违约行为。对这类订单农业的违约行为，如果我方企业真要启动法律程序去追责，可能要耗费不对等的时间和费用成本，最终得不偿失，权衡之下也只能作罢。这是我国企业可能遇到的另一种合同履行法律风险。

上述两类合同履行法律风险对我国开展农业对外合作的企业来说，是一

①　采用订单农业模式开展农业对外合作，可以帮助中国企业应对西方的无理指责，对中国在拉美、非洲进行农业投资与合作有积极作用。之前一些西方研究者指责中国在海外掠夺土地资源，对于中国农业企业来说，合同种植的方式可以比较有效地避免在海外投资时面临的土地风险。从合同种植的土地所有权来看，小农户虽然参与合同种植，但其土地所有权不会受到影响，农户只是按照种植公司的要求生产相应农产品，因而企业并没有在东道国占有土地资源，这就比较好地避免了中国企业受到的攫取土地资源的指责。参见《非洲大陆合同种植农业的发展与问题研究》，发布时间：2018-04-05。

种外来被动式的合同违约风险，实践中还存在一种因我方企业违约而招致的法律风险。例如，我国有些大型企业到境外开展农业投资会采用并购境外农业企业的方式。不过，并购已有企业比新设一家企业更为复杂，如果操之过急贸然行事，会埋下一系列法律隐患。对于跨国并购，国际投资界通行高度专业化和技术化的并购合同，此类合同可谓晦涩繁杂。我国有些企业在上述复杂合同的谈判方面缺乏足够经验，实际履行合同时会存在履约不到位、操作不规范等一系列缺陷而招致法律诉讼，最终可能出现"赔了夫人又折兵"的不利局面。此外，在境外开展农业对外合作，履约方面的良好声誉会成为企业宝贵的无形财富，反之则会使企业丧失许多商业机会。我国目前在农业领域"走出去"的企业，有大量的中小型民营企业，这些企业良莠不齐，部分企业运营管理并不规范，缺乏牢固的契约意识，其与国内客户的交往中屡有违约或重订合同的记录。由于诸多因素，也许这些企业过去在国内很少被追诉并承担法律责任。然而，在走向国际化的进程中，国内的不良记录将影响其在国外的商业机会。如果在开展农业对外合作时仍积习不改，在国外市场上依旧不守诚信不切实履行合同，将不可避免地会招致合同违约法律诉讼，引发相应法律风险。

四、劳工法律风险

企业投资运营最终能否成功，其决定性因素是人。有了必要的资本及相应的生产资料，最终还要依赖一定的生产劳动者即劳工才能将前述资本及生产资料连接运营起来创造效益。所以，劳工因素是企业经营的关键因素。因劳工问题引发的法律风险是企业经营中应高度关注并防范的法律风险。我国企业"走出去"到境外开展各种形式的农业对外合作，最终能否顺利运作并取得投资成果，也必须通过相应的劳工去执行并完成生产经营任务。然而，在相对陌生的域外环境经营，由于各国劳工法律制度、社会文化、宗教信仰、生活习惯等存在诸多差异，在意识和沟通不到位的情况下，因为利益博弈关系，我国境外投资企业作为资方与境外受雇的劳动者、当地的劳工组织、当地的政府劳工监管部门难免会产生冲突摩擦，由此导致我国境外投资企业陷入争端诉讼、被处罚索赔等一系列法律风险。近年来，我国不少"走出去"的企业都遇到过这种障碍，企业的正常经营受到很大影响。通过梳理，农业对外合作中的劳工法律风险可分为如下三类。

（一）投资东道国对外国输入劳工限制引发的法律风险

为便于交流管理，不少到境外开展农业合作的企业并未急于用工本土化，而更乐意派出中方管理人员及劳工到境外工作。然而，不少东道国劳工方面的法律规定却成为中方劳工"走出去"的法律瓶颈。为了优先安排本国劳动力就业，很多投资东道国通过立法制定了严格的劳动签证制度，中方人员获得入境工作签证许可会受到诸多限制。例如，俄罗斯是我国农业对外合作的重要投资对象国，截至2019年年底我国在俄罗斯已设立89家境外农业投资企业。然而，俄罗斯对外籍劳工输入有明确的立法限制，在不少行业规定了雇用外籍员工的比例[①]。我国不少在俄罗斯投资的农业企业就因此无法正常经营。比如，我国海拉尔农垦集团公司2011年在俄罗斯的投资项目，根据中俄双方签订的合作协议，中方将派遣42名工作人员赴俄罗斯从事经营管理、技术指导、实地机械作业等工作，但俄罗斯移民局在相关政策上控制外籍务工

---

① 根据《俄罗斯联邦外国公民法律地位法》第18.1条第5款的规定，俄罗斯联邦政府有权根据各地区劳动市场的情况和优先安排本国公民就业的必要性，每年制定关于各地区使用外国劳动力的数量限制以及各行业的外国劳动力用工比例。基于以上法律，俄罗斯联邦政府会在每年9—12月份出台相关法令，对下一年特定行业雇用外国劳动力的比例做出规定。例如，2019年10月俄罗斯联邦政府发布了第1271号政府令，对2020年《全俄经济活动分类》中相关行业的外国员工雇用比例做出了详细规定，根据该规定，2020年农业企业可以雇用外国人种植蔬菜，但是其人数不得超过工人总数的50%。

人员的数量，企业在俄方有关职能部门仅能争取到 15 个劳动签证指标，对企业的工作安排带来较大影响。此外，我国不少企业"走出去"在非洲、拉美开展农业对外合作，而这些地区的国家同样会对外国劳工输入予以限制①。当然，各国从增加本国劳动人口就业、维护本国社会稳定和管理秩序等角度，对"非我族类"的外籍劳工通过立法等手段进行限制管控实属分内之事。不过，对我国境外农业投资企业而言，却会因为对这些立法监管举措不熟悉、或某些在境外的中方人员缺乏守法意识等主客观原因导致触犯当地外籍劳工监管法律制度而遭受监禁、经济处罚、吊销许可证等一系列法律责任风险。近年来，已发生过多起中国"北漂"劳工在俄罗斯非法逗留种地被处罚驱逐的不利事件。

（二）投资东道国对外资企业雇用本国劳工的保护性规定引发的法律风险

目前，我国农业对外合作重点布局于东南亚、非洲、拉美等众多发展中国家。而这些国家引进外资通常希望能有效解决本国劳动力就业，带动当地居民创收。尤其是外资进入基础性的农业产业领域，因涉及利用东道国的土

---

① 例如，巴西是我国企业境外农业投资开发的另一片热土，但其对外国劳工输入有明确的立法限制。根据巴西劳工法，外国投资者在巴西设立的企业可聘用外籍雇员，但其人数和工资收入上分别不得高于企业全部劳工人数和工资总额的三分之一。外籍劳工必须有特殊技术专长，有高等学历者必须有两年以上的专业工作经验，有中等学历者必须有三年以上的专业工作经验。他们申领到第五类临时签证（或称短期工作签证）后，才可在被聘用的巴西企业工作，总体而言限制颇多。我国在非洲开展境外农业投资的重要对象国——肯尼亚，同样在立法中对外籍劳工做出限制。该国法律规定，在肯尼亚当地的外资企业必须优先雇用肯尼亚本国劳动力，否则，一经发现，企业将被吊销执照并被罚款，其所雇用的国外劳工将被驱逐出境。不过，允许投资者在高级管理职位或需特殊技能但无合适的本国雇员的领域雇用外籍职员。外籍劳务人员需具有本科以上学历，年龄 24~45 岁。雇主需要首先在当地招聘，1 个月后仍无法从当地获得满足，才可以向移民局申请办理聘用外籍劳务人员许可证。一旦这些外籍人士的岗位可以从当地劳动力市场获得满足，他们的工作许可证在到期后将不会再被续签。其他我国境外农业投资的热点国家同样都有对外籍劳工输入的立法限制。

地等自然资源，为了消除本国民众顾虑，更是希望外资进来之后能顺带解决当地农民等各阶层劳动力的就业问题。因此，有相当多的国家通过立法明确规定外资企业雇用东道国劳工的要求。例如，巴西劳工法就明确规定，外国投资者在巴西设立的企业应当优先聘用巴西籍雇员，其人数和工资收入应高于企业全部劳工人数和工资总额的 2/3。此外，亚非拉许多发展中国家，之前多为欧美发达国家的殖民地，故其企业文化及劳工保护法律体系深受欧美国家影响。因而，在这些国家的立法中，有很多对劳工倾斜性的保护举措。例如，作为葡萄牙曾经的殖民地，巴西于 1943 年颁布了第一部系统的劳工法即《统一劳工法》，后经不断修改，最新一版是 2017 年修订的。审视巴西的现行劳工法，可以发现制定得十分严格、细致，对劳工有许多倾斜性的保护。而且，按照巴西法律规定，劳工提起诉讼时无须提供证据来证明雇主或原雇主存在违反劳工法的行为。劳工只需提起诉讼，其后即交由法庭判断雇主是否存在不当行为，且劳工的诉讼是免费的。企业稍有不慎，就会陷入劳工纠纷或受到行政调查处罚，蒙受额外损失。而世界上许多国家的法律则禁止雇主对罢工这类行动加以阻挠[①]。所以，我国企业在海外开展农业投资时，如未能建立符合当地法律要求的劳动用工制度，就可能引发劳工法律风险，招致激烈的抗议和制裁。

（三）海外并购引发投资东道国对外资企业雇用本国劳工的保护性规定法律风险

众所周知，我国企业在境外开展农业对外合作的形式，可以采用绿地投资，也可以采用海外并购。近年来，不少有实力的中国企业会通过海外并购快速实现企业经营国际化布局。例如，2012 年上海鹏欣（集团）有限公司通

---

① 例如，印度尼西亚的工资成本整体来说相对较低，但印度尼西亚的劳工法对于劳工保护规定比较苛刻，对资方不利。其法律规定，即使工人罢工，只要程序合法，也要支付薪水。

过艰苦的谈判沟通，最终挫败竞争对手，以 2.1 亿美元收购新西兰克拉法集团下面占地达 8000 公顷的 16 个奶牛农场。然而，"海外并购本身不是目的，并购成功的标志也绝不仅仅是签订并购协议或是获得东道国合并规制机关的认可。并购前期与并购完成后期的劳工法律问题一直是海外并购中的敏感问题，包括势力强大的工会阻挠、劳动合同的承继、人工成本剧增、巨额的离职人员遣散费用等，这些劳工问题很容易使企业战略调整受阻，预期并购目标不能实现"[①]。并购劳工处置管理是一个深刻影响并购能否成功的敏感问题。境外很多国家的法律对企业"改嫁"被并购后的劳工知情权、岗位延续、安置、经济补偿都具有一定的倾斜性规定。如果我国境内企业在实施并购时未能妥善安排处理，极易引发被并购企业员工的敌意和排斥。而当地的工会势力通常又会强势干预，为当地员工撑腰。我国部分境内企业只考虑通过并购快速占有市场、技术、品牌、资产等，未能深入了解被并购企业所在国的劳动法律，未能对被并购企业原有员工的安置及后续管理予以统筹考虑，甚至有部分境内企业管理者以为不配合、不需要的境外员工都能轻易驱逐处置，由此引发法律争议诉讼等一系列风险。近年来，有些"走出去"的中国企业就因为并购劳工法律风险而陷入经营困境。

五、环保监管法律风险

在当今经济全球化时代，环境问题是国际经济合作中一个备受关注的问题。保护环境、达致可持续发展成为各国共识。许多国家在引进外资时，会充分评估外资项目对本国环境的影响，有关的立法也会设定对外资运营的环境监管及法律制裁措施，环境壁垒是国际投资合作的敏感问题，环保监管法律风险成为跨国投资企业必须审慎应对的法律风险。对我国境外农业投资企

① 何琼佩.我国海外并购中的劳工法律风险[D].中国政法大学，2011.

业来说，"基于农业生产与自然资源和生态环境的高度依赖和相互作用，由海外农业投资引起的环境问题是东道国最为关心且急需解决的问题之一，其引发的环境风险是阻碍我国海外农业投资进一步发展的重要壁垒之一"[①]。环保监管法律风险是该类企业自始至终都应当充分考量并审慎应对的挑战。

农业对外合作的环保监管法律风险，探究其背后成因，大抵有以下三类。

（一）东道国本身的自然环境因素

农业是一个高度依赖"天时地利"的产业，与作业地的自然资源和生态环境息息相关。我国农业对外合作重点布局于亚非拉区域。然而这些区域的国家并不见得都是地大物博可以恣意开发，有不少本身的资源承载和生态环境较为脆弱，如有不慎即会引发环境破坏问题。例如，中亚土地资源较为丰富，我国有部分企业到中亚区域内开展种植和畜牧业投资。但中亚多数属于内陆干旱区，水源紧张，土地贫瘠，如开发不当，会引发土地荒漠化[②]、沙尘暴等严重后果。而像非洲大陆，也是我国近年来很多涉农企业"走出去"开展农业合作的布局区域。非洲虽然总体上土地面积广大，光热资源丰富，但近年来，由于人口快速增长及对土地的过度开发，非洲大陆也面临严峻的土地退化[③]问题，其是世界上土地干旱化和荒漠化最为严重的地区。据统计，在非洲撒哈拉干旱荒漠区的 21 个国家中，20 世纪 80 年代干旱高峰期有 3500 多万人受到影响，1000 多万人背井离乡成为"生态难民"。因为环境问题和生态

---

① 曾文革，孙健. 我国海外农业投资的环境风险与法制对策［J］. 江西社会科学，2015，35（3）：179-185.

② 1992 年联合国环境与发展大会对荒漠化的定义是："荒漠化是由于气候变化和人类不合理的经济活动等因素使干旱、半干旱和具有干旱灾害的半湿润地区的土地发生了退化。"

③ 在联合国《21 世纪议程》的第 12 章中，还进一步补充了定义释文中出现的"土地退化"含义："由于一种或多种营力结合以及不合理土地利用，导致旱农地、灌溉农地、牧场和林地生物或经济生产力和复杂性下降及丧失，其中包括人类活动和居住方式所造成的土地生产力下降，例如，土地的风蚀、水蚀，土壤的物理化学和生物特性的退化和自然植被的长期丧失。"

灾难极易引发其他冲突和社会动乱。再如，我国农业对外合作的另一热门国家——巴西，该国确属物华天宝之地，但巴西未开发的土地资源富集于亚马孙平原，而亚马孙平原雨林区号称"地球之肺"，备受全球关注，在这里进行农业开发会面临极大的环保风险和国际舆论压力，容易招致环保组织抗议并受到处罚。

（二）东道国多变的立法和执法因素

在法治成为当今世界主流的国家治理模式及注重保护生态环境背景下，各国纷纷通过立法，将本国的环境保护制度以具有强制约束力的法律形式界定下来。然而，法律作为统治阶级意志的体现，会受到诸多社会因素的影响，并非一成不变。我国开展农业对外合作的不少投资项目落地国，属于转型发展中国家，政局并不十分稳定，环保政策也并非一以贯之，不同的政党、不同的当权者上台，有可能施行不同的环保政策进而变更该国的环保法律。而这种环保法律的变更，极有可能对我国境外农业投资项目造成不同的环保法律评价，从而对我国农业对外合作带来系统性的环保法律风险。另一种会对我国境外农业投资企业带来环保法律风险的因素是东道国不确定、不明朗的环保执法环境。如非洲和拉美不少发展中国家，虽然有相应的法律体系，具备了法治之"皮"，却不具其"实"，实践中仍是人治的一套环保监管执法模式，可能会因为某个时期特定集团的利益诉求对我国在当地开展的农业合作项目以环保监管之名进行干扰，由此给我国境外农业投资企业带来额外的法律风险。仍以巴西为例，尽管巴西拥有相对完整的环境立法体系和执行机构，但是受巴西社会历史因素和制度性因素的影响，巴西行政部门官僚主义、贪腐成风的痼疾在自然保护和环境管理方面亦有所体现。巴西未能形成统一、严格、高效的管理和执法体制，有法不依、执法不严、政治干预、司法透明度低、司法诉讼过程漫长等现象屡见不鲜，而且执法部门之间、区域之间缺乏有效的协调机制，环境治理不仅在不同政府部门之间，而且在州、市、联邦政府之间，常引起管辖权的争端。"一政多门、一区多政"的现象凸显。巴西环境执法机制的提高有待于国家整个司法行政制度的改革和完善，实现真正意义上的司法独立尚需时日[①]。另外，部分国家政党轮流坐庄，执政集团不同，其奉行的环保政策也可能有所差异，这种差异也会给我国境外农业投资企业带来不可预测的环保法律风险。例如，巴西由于得天独厚的自然地理条件，坐拥地球上最丰富的生态系统，在保护地球生态环境和生物多样性方面处于至关重要的一环。但在发展经济与保护环境的取舍平衡方面，历届巴西政府都处于两难境地。而巴西属于奉行西方政党选举掌权的国家，为了选票，不同的当权者对环保监管力度会有所不同。比如，2019 年上台执政的巴西右翼总统博索纳罗，其政府推行经济提振政策，对环保监管相对较松，认为巴西政府过去所设立的面积广泛的生态保护区是"经济发展的障碍"，允许在热带雨林砍伐树木，借此获得的良田用于种植大豆、咖啡等经济作物，并反对世界绿色和平组织对该国环境保护进行干预。而之前的巴西左翼政府执行的却是相对严格的环境保护政策。恰所谓"城头变幻大王旗"，类似这种摇摆难测的环境保护政策，会给我国境外农业投资企业的持续运营带来冲击，诱发环保法律风险的隐患。

（三）我国境外农业投资企业本身的法律意识及作业方式

前述两者是我国农业对外合作环保法律风险的外生性因素，但光有外因尚不至于将我国境外农业投资企业完全推入环保法律风险的旋涡，引发此类风险的因素，更多的是源于我国境外农业投资企业本身的法律意识及作业方式。我国当前"走出去"到境外开展农业投资的企业，包括国有企业、民营

---

① 王友明.巴西环境治理模式及对中国的启示［J］.当代世界，2014（9）：7.

企业等多种所有制形式，从数量上而言更多的是民营企业。总体而言，多数企业经营较为规范，但亦有部分企业法治意识淡薄，对遵守投资目的国当地环保法律不够重视。根据有关调研组的调研，"走出去"的我国企业对保护生物多样性和当地社区及 NGO 在环保方面施加的压力有一定程度的认知，但对项目所在地的环境承受能力、环境信息公开和当地环保标准不够重视①。甚至有些企业会利用当地弊政沿用国内拉关系钻空子的老套路在境外规避监管。然而，这种做法存在相当大的隐患。在全球环保监管执法趋紧的大背景下，很多国家大幅提高了对环保违法行为的制裁标准，企业违反环保法律有时会面临高达数亿甚至数十亿美元的巨额行政罚款或民事赔款，主要管理人员还可能被追究刑事责任。此外，违反环保法律所引起的公众反应还可能导致群体诉讼或抵制活动，致使企业蒙受惨重的经济和信誉损失。除了主观意识原因，导致我国境外投资企业面临环保法律风险的因素还与这些企业现有的作业运营方式有关。我国"走出去"到境外开展农业投资合作的企业，应该说多数主观上不存在破坏当地生态环境的故意，但限于技术条件及企业生存营利需要，很多企业仍沿用传统的"石油农业""化工农业"的模式，投放高消耗的施工作业机械及高污染的农药化肥，甚至采用未经生物安全评估的种质资源，这种只顾短期经济利益、非环境友好型的作业模式，极易引发水源污染、土地退化毒化、生态链变异破坏等恶果，最终招致当地民众抗议及环保执法部门按东道国环保等相关法律进行制裁处罚。

在生态文明、可持续发展理念深入人心的当今世界，环境问题是我国农业对外合作须直面关注的问题，环境法律风险是我国境外农业投资企业须着力防范规避的外部风险。

---

① 李超．"隐形杀手"来了！警惕中国农业海外投资的三大社会责任风险［EB/OL］．晨哨网，2016-06-13.

六、知识产权法律风险

在注重创新、科学技术成为第一生产力的当今知识经济时代,知识产权成为企业在市场竞争中脱颖而出的重要筹码。在农业生产领域,农业知识产权同样是涉农企业的宝贵资源,是其做强、做大、保持行业领先竞争优势的利器。从广义角度而言,农业知识产权包括涉农专利、商标、版权,以及植物新品种权、地理标志、农业生物遗传资源、农业传统知识、农业商业秘密等[①]。建立健全农业知识产权保护制度对于促进农业科技创新、实现农业高质量发展、促进传统农业向现代智慧农业转型升级具有重大意义。对于到境外开展农业对外合作的企业来说,除了拥有雄厚的资本实力外,掌握以先进农业技术为核心的农业知识产权亦是稳步"扬帆出海"的可靠条件,"企业在开拓国际市场之前,如果没有知识产权意识,提前进行布局,就很难在海外走得稳、行得远"[②]。不过,现实情势是,中国企业总体上属于国际农业跨境投资的后来者,国内农业知识产权保护法律制度不尽完善,不少中国企业尤其

[①] 一般认为,涉农专利是产生于种植业、林业、畜牧业和渔业等产业,包括与其直接相关的产前、产中、产后服务的专利。其主要客体是现代农业中的农业科技与成果,比如,肥料和饲料新配方、农药和兽药组合物、食品、饮料和调味品的加工技术、新的微生物菌种及产品、动植物育种的非生物学方法。我国专利法规定对植物新品种不给予专利保护,但对育种方法给予专利保护。植物新品种权是依法授予经过人工培育的或者对发现的野生植物加以开发,具有新颖性、特异性、一致性和稳定性并有适当命名的植物新品种的所有人以生产、销售和使用授权品种繁殖材料的专有权。植物新品种权属于知识产权的一种特殊形态,也具有知识产权所存在的相关特征,如客体的无形性和公开性、易于传播性、权利的地域性、期限性等。根据《农产品地理标志管理办法》第 2 条规定,农产品地理标志是指"标示农产品来源于特定地域,产品品质和相关特征主要取决于自然生态环境和历史人文因素,并以地域名称冠名的特有农产品标志"。农业遗传资源指可用于农业生产,来自动物、植物、微生物或其他来源的任何含有遗传功能单位的材料。农业传统知识指的是长期生产实践过程中所创造的知识、技术和经验。在农业领域,例如,传统种植方法、传统的农副产品加工生产方法等都属于传统知识的范畴。

[②] 时任中国商务部条法司司长陈福利在 2018 年知识产权高层论坛的发言。

是"走出去"的中小企业在境外开展农业投资合作时缺乏知识产权意识，不了解境外知识产权法律制度，由此触发了多样知识产权法律风险。

（一）农业对外合作知识产权法律风险类别

从实践中看，农业对外合作的知识产权法律风险，根据其涉及的领域，常见的有如下几个类别。

1. 涉农专利侵权纠纷引发的法律风险

在我国涉农企业国际化经营进程中，拥有研发创新能力、掌握核心专利技术是保持领先竞争力的必备条件，是开展对外合作的重要基础，尤其是对农业加工型、服务型企业更是如此。近年来，我国涉农专利取得了长足进展，农业科技贡献率逐年提高，这些专利成为支撑我国企业稳步"走出去"到境外投资合作的技术筹码[1]。不过，专利的国际化保护有其特定的要求[2]，同时要遵守投资东道国的专利法律规定。我国部分企业虽然拥有自身的专利技术，但因对专利境外保护的法律条件和流程不熟悉或不关心，未履行必要的登记备案程序，由此导致在开展农业对外合作时，这些专利虽遭受侵害却无法得到有效的法律维权救济。反过来，也有一些法治意识薄弱的企业，在境外经营过程中，抱着搭便车心态，违规使用他方的专利技术，从而引发专利侵权纠纷，面临产品下架、经营受阻、企业受罚等一系列法律制裁风险。

2. 涉农商标侵权纠纷引发的法律风险

在愈来愈细分化的市场经济社会中，商标是企业一项重要的无形资产，是企业特色化、品牌化经营的必备要素。我国涉农企业想要高水平地开展农

---

① 根据中国农业科学院农业信息研究所撰写的《2019 中国农业科技论文与专利全球竞争力分析》报告显示，中国已经是全球最大的农业专利产出贡献国，农业发明专利申请量全球第一，且近 5 年技术发展增速保持第一；同时在园艺、种植和播种技术、饲料和肥料几个领域相对技术优势排名第一。

② 例如，专利的国际化申请，要遵循我国 1994 年正式成为其成员的《专利合作条约》（PCT）相关申请流程规定。

业对外合作，在国际农业市场站稳脚跟打响品牌，必须关注国内外商标法律制度，树立合理的企业商标意识。近年来，我国农产品商标注册量增长迅猛，国家工商总局累计核准注册农产品商标量已超过 205 万件 [1]。不过，从这些年来农业"走出去"的实践看，部分企业仍处于粗放化低端经营阶段，不注重品牌经营，忽视商标的国际化保护，导致自身生产的产品及特色标记因遭受国外企业抢注商标而丧失专营权，作为真正的原创人却被拦截在当地市场之外，不能在当地使用商标、销售产品，由此造成巨额的无形资产流失。国外企业甚至会反向起诉我国企业商标侵权，进而引发一系列因商标侵权纠纷的法律风险。

3. 植物新品种权纠纷引发的法律风险

植物新品种权是农业领域特有的一项知识产权。优良的植物新品种是农业发展的"芯片"，也是在全球农业产业链条上取得主导权的关键。近年来，随着国家和企业对农业研发创新的持续投入，我国植物新品种保护工作不断进展，品种权申请和授权数量快速增长 [2]。在我国农业企业"走出去"进程中，企业拥有的植物新品种权是开展农业对外合作的一种重要合作资源。然而，植物新品种权作为农业领域一种特殊的知识产权，在跨境交流使用过程中，需要通过一系列的法律制度予以保护确认。如果我国涉农企业利用自身培育的植物新品种在境外开展农业投资合作，却忽视按植物新品种权的国际保护规则 [3] 或东道国相关法律予以登记确认，极易导致植物新品种权纠纷，引

---

[1] 参见中国农科新闻网 2016 年 8 月 23 日报道《我国农产品商标累计注册超 200 万件》，http://www.nkb.com.cn/2016/0823/210883.shtml.

[2] 据国家林草局和农业农村部提供的统计资料，2016—2018 年我国农业植物新品种申请量连续三年位居国际植物新品种保护联盟成员国首位。截至 2019 年 7 月底，农业植物新品种保护累计受理申请 30413 件，累计授权超过 13159 件。

[3] 这类代表性国际规则有《国际植物新品种保护公约》。

发一系列法律处罚风险。例如，我国相关科研单位研发的杂交小麦、杂交水稻等优良作物品种享誉世界，之前已经走出国门，凭借高产、优质、抗病虫、耐寒耐旱等特性，有效解决了部分发展中国家的作物单产低、品质差等问题。然而，由于没有及时申请当地的品种保护，部分境外单位、企业或个人利用植物新品种易于仿冒改造的特点对之稍加改变后，"鸠占鹊巢"地将这些新品种以自己的名义申请知识产权，导致我国品种流失，进而引发一系列后续争端处理等法律风险。

4. 农业遗传资源纠纷引发的法律风险

21 世纪是生物科技全面开花的世纪，而生物科技开发利用的基础是生物遗传资源。根据 1992 年联合国环境与发展大会通过的《生物多样性公约》所提出的定义，遗传资源是指来自植物、动物、微生物或其他来源的且具有实际的或潜在价值的任何含有遗传功能单位的材料。而农业遗传资源范围相对更窄，目前无权威界定。有学者将之简要归纳为具有农业用途的物种资源[①]，而有人主张其是在农业范畴内，能够通过人工培育的、具有可开发利用价值的、能够获得新的农产品的遗传农作物种质资源和畜禽资源[②]。不管持哪种见解，普遍认为农业遗传资源是农业发展的种质基础，对保障粮食安全、推进农业可持续发展、守护生物多样性具有重大意义。我国作为具有悠久农耕文明历史的农业大国，拥有丰富的农业遗传资源[③]。2016 年我国已正式加入《生物多样性公约〉关于获取遗传资源和公正公平分享其利用所产生惠益的名古屋议定书》，这标志着我国遗传资源保护开始融入国际规则体系，开启国际普遍承认的惠益共享法制时代。

---

① 兰晓秋，刘垒.遗传资源监管体制对农业立法的启示［J］.企业导报，2011（4）：164-165.

② 刘婉贞.对我国农业生物遗传资源立法保护的思考［J］.新西部，2015（32）：94-95.

③ 据农业农村部统计，我国作物种质资源总量突破 52 万份，位居世界第二；畜禽地方品种达 560 多个，占全球的 1/6。

在新时期我国涉农企业"走出去"开展种植业、畜牧业、养殖业这类初级农业对外合作活动时，农业遗传资源是一种重要的投资合作要素。我国企业可能利用我国国内遗传资源输出至境外进行投资合作，也可能利用投资东道国的农业遗传资源来进行开发经营。然而，无论是哪一种遗传资源利用形式，都可能引发潜在的法律风险。因为，我国国内对农业遗传资源的立法保护还相对零散薄弱，传统遗传资源的盲目流出不仅会造成我国经济损失，同时流出的遗传资源在境外如无法得到有序控制，将造成物种入侵，损害当地的生物多样性和生态环境安全，由此面临投资东道国当地环保、检疫等一系列法律制裁处罚等风险。此外，我国企业开展农业对外合作主要布局于亚非拉发展中国家，这些国家拥有丰富的生物遗传资源和生物多样性，我国有实力的境外农业投资企业，会考虑利用当地的生物遗传资源结合现代生物科技进行改良研发，由此培育出新的种质资源并投入商业化运营。不过，这种开发利用，如未能基于惠益共享原则与遗传资源主权国政府及当地社区、居民等利益攸关方达成必要的利益分享安排机制，将不可避免地会引起争端，并招致在境外被抗议处罚等可能的法律处理风险。

以上归纳的是几类比较典型的农业知识产权法律风险，实际可能还有诸如涉农著作权、商业秘密等其他类型的知识产权法律风险。

（二）农业知识产权法律风险的成因

1. **外因方面：庞杂的农业知识产权法律体系**

农业知识产权涉及面广，具有突出的行业性、技术性、无形性、变动性等特点，大多数国家未对农业知识产权进行专门立法，而是将之分别归入本国的专利法、商标法、竞争法等法律调整之中。所以，农业知识产权相关法律体系总体较为庞杂。另外，农业知识产权本身随着时代进步会不断延展变动，存在着诸多模糊性、有争议性的地方，许多国家对农业知识产权的立法也处于摸索阶段，与之相关的法律制度并不完善，尤其是我国目前农业对外合作重点布局的亚非拉发展中国家，更是可能存在这些法律缺陷。这种庞杂的、变动的、不够健全的农业知识产权法律供给格局，对我国"走出去"开展境外农业合作的企业会造成法律适用困扰，从而引发法律风险。

2. 内因方面：企业知识产权法律意识缺位及法律人才的缺乏

引发农业知识产权法律风险另一重要原因是我国部分"走出去"的涉农企业知识产权法律意识缺位。有些企业的经营管理者，将主要精力集中于生产经营、开发市场这些最能带来直接利润效益的领域，而对于农业知识产权这类无形资产却不够关心，未意识到信息知识财富对企业发展的重要性，不了解运用相关法律机制保护知识产权的途径。有些企业经营管理者更是急功近利，有意采用不当手段去使用其他方的知识产权。这些经营理念的偏差都会引发不可测的农业知识产权风险。另外，合格法律人才的缺乏也是引发前述法律风险的内因。人是主导因素，人才是企业经营的第一资源，农业知识产权涵盖农学、生物学、工程技术学、法学等学科知识，有很强的专业性，而对于境外农业投资企业来说，还需要能够处理农业知识产权的法务人员具备涉外沟通能力。不过，实践中很多"走出去"的境外农业投资企业自身并不具备前述综合能力的农业知识产权法务人才，而部分企业又不愿付高价外包给专业机构处理前述事务，最终会因为无适任人员应对处理，而留下农业知识产权法律风险的隐患。

综上所述，我国"走出去"的企业，作为农业对外合作的切身参与者，面对错综复杂的国际投资环境，经常遭遇一系列不可测的法律风险和困境。这些风险和困境，有些是根源于自身静态因素，例如，企业管理者意识不到位、经验不足、企业组织制度及运行机制存在缺陷、人才缺乏等。而更多的是在国际投资"丛林"中，复杂多变的国际"丛林"法则——相关法律制度与我国企业行为的交织博弈引起的，属于动态的因素。从法学视域探析我国农业对外合作，必须审视企业这些微观层面的现实法律困境，进而寻求相应的解决之道。

第四章 新时期优化农业对外合作
宏观法制规则供给的思路

第一节 农业对外合作的国内法制改良

我国农业对外合作是在当代市场经济背景下进行的，法治是市场经济普遍采用的一种行之有效的治理机制。"治国无其法则乱，守法而不变则衰"，鉴于前述农业对外合作国内法制存在之不足，在新时期推进更高水平开放的背景下，为了优化农业"走出去"的母国营商制度环境，完善农业对外合作治理体系，促进农业对外合作持续良性发展，极有必要在总结以往实践经验的基础上，系统性地梳理改良农业对外合作的国内法律体系，健全地开展农业对外合作的母国"游戏规则"。

一、国内法制改良的总体原则

现代市场经济是一种自由经济，自由是其内在规定性和价值追求目标[①]。依据英国哲学家伯林之理解，自由可分为消极自由和积极自由两种哲学理路。消极自由代表演进理性主义，其实质上阐发的是市场的内在生发机制；积极自由代表建构理性主义，其实质上阐发的是国家的主动建构机制。由于东西

---

① 单飞跃，王显勇.经济法视域中的企业法［M］.北京：中国检察出版社，2005：3.

方异质的历史文化背景，我国的市场经济固然应以消极自由为主，但应照应中国传统社会治理模式，高扬建构理性主义之旗帜，充分发挥国家通过审慎的制度建构对市场经济的引领作用。基于上述理论分析，在新时期建设更高水平开放型经济体制大背景下，我国立法机关应秉持建构理性主义之理念，精心构建相对完善的农业对外合作国内法律体系，确立农业"走出去"的长效机制，夯实农业对外投资的母国法制基础。这种国内法的改良及构建，本质上是一种治理制度的设计和创建，必须遵循一定的原则，才能确保其施行时所趋向价值目标的统一，达致规制调控效果。有鉴于此，笔者认为，从法的内容和形式两个层面，应注意秉承如下原则对农业对外合作的国内法律体系进行优化改良。

（一）引导扶持原则

在当代经济全球化背景下，推进农业对外合作，对于联结国内国际两个市场，优化我国农产品供应结构，带动我国涉农领域资金、技术输出，提高农业产业竞争力，促进农业高质量发展，均具有积极意义。因此，引导扶持国内适格的投资者规范有序地开展农业对外合作应成为今后我国有关部门涉农工作的要点之一。在构建农业对外合作法规体系时，相应的条款设计应体现以政府"有形之手"进行合理引导扶持这种积极的色彩，在适度监管的基础上，从金融、税收、信息服务等方面，对投资者"走出去"开展农业对外合作提供切实的便利和支持，营造宽松的对外投资法律环境。

（二）市场运作原则

农业对外合作本质上是一种以追求更高层面经济效益为目的的跨国商务投资行为。因此，按市场规律办事、遵循国际商业惯例、尊重对外合作主体的经济理性选择是其良性运作的基本原则。所以，从长远考虑，作为新时期更高水平对外开放的重要经贸议题，我们应从政策制度设计层面去积极推动农业对外合作，但这种推动应是辅助性的，是在市场运作原则主导下的推动，而非违背市场规律、纯粹为了"走出去"的噱头而揠苗助长。"立法者应该把自己看作一个自然科学家。他不是在制造法律，不是在发明法律，而仅仅是在表述法律。"[①]在构建农业对外合作的国内法律体系时，必须充分遵循市场运作原则，充分借鉴国际农业对外合作实践中的成功经验和运营原则，高度尊重投资主体的商业理性选择和创新开拓行为，并将这些吸纳设定到立法的相关条款之中。

（三）产业安全原则

"安全是指某一具体系统处于受保护状态，使其能够免受危险或能防止和排除危险或将危险降至最低程度"[②]，而产业安全是指一国在对外开放条件下，具有保持本国产业持续生存和发展的能力。农业是第一产业，是我国国民经济的基础。农业的产业安全是全球化时代我国这个传统农业大国不可忘却的底线。推进农业对外合作，必须以提高农业国际竞争力、确保本国农业安全为目的，而不能"引狼入室"，为了对外合作而断送本国农业永续发展的产业根基。在构建农业对外合作的国内法律体系时，相关规则条款的设计必须体现农业产业安全的要求，切实保护国家核心的农业基因资源、技术、文化、生产环境，切实关注农业产业竞争力的提升，对农业对外合作的敏感领域进行审慎引导和监管，支持本国涉农企业通过农业对外合作做优、做强，并在国际农业高端产业价值链条上占据引领地位，从而有力地保障我国农业产业安全。

---

① 马克思恩格斯全集（第 1 卷）[M].中共中央马克思恩格斯列宁斯大林著作编译局.北京：人民出版社，1956：183.

② 沙瓦耶夫.国家安全新论 [M].魏世举，石陆原，译.北京：军事谊文出版社，2002：15.

（四）协调统一原则

当前，我国农业对外合作的相关国内立法整体上较为薄弱，需要从多个层面去加以改进完善。新时期更高水平背景下的农业对外合作，牵涉投资、金融、税收、农业生产要素流转等诸多领域，所需要的法律规则也是多层面的。这些规则有的应当由最高立法机关以法律的形式界定，有的应以行政法规、行政规章的形式出现。由于制定机关不同，难免从本位出发各行其是。为了确保法律规范实施的整体效果，应切实依照《中华人民共和国立法法》规定，改进立法技术、完善立法程序，力求上述各个层级的法律规范之间协调统一，从而构建起相得益彰、有机融合的农业对外合作法规体系。

优化改良农业对外合作的国内法制体系是一项宏大工程，以下从横向和纵向两个层面分别阐述。

二、横向层面：农业对外合作配套法制规则的优化重构

市场经济是法治经济，法治经济的要义之一是"有法可依"，为市场经营主体构建一套适宜的法制规则，使得这些主体在规则之内能各得其所、有序经营，"秩序的维持在某种程度上是以存在着一个合理、健全的法律制度为条件的"[①]。在新时期更高水平对外开放背景下，国家已明确提出，要健全促进对外投资政策和服务体系，完善涉外经贸法律和规则体系。所以，为了保障农业对外合作的顺利推进，近期内要从横向层面着力构建和改良如下关键的法制规则。

---

① 博登海默.法理学——法哲学及其方法［M］.邓正来，姬敬武，译.北京：华夏出版社，1987：305.

（一）制定境外投资基本法

农业对外合作系我国对外直接投资的一个组成部分。根据商务部网站信息，2020年我国对外非金融类直接投资累计1101.5亿美元，比之前两年有所下降，但仍位居全球第二。从对外投资流量和存量来看，我国已经成了对外投资输出大国。未来，在建设更高水平开放型经济新体制背景下，我国将进一步实施"走出去"和"引进来"双向并重的更高水平对外开放策略，国内企业"走出去"到境外投资布局、开展国际化经营将愈发常见。

不过，与高歌猛进的对外直接投资实务相对照，我国调整对外直接投资的国内法律供给却稍显滞后。目前，没有一部由最高立法机关制定的高位阶的法律调整对外直接投资，只有前述国家发展和改革委员会、商务部等制定的层级较低的部门规章。这种法律供给格局，将造成以下不利影响。

一是与世界上主要资本输出国在海外投资领域相对完备的立法局面存在差距，难以对我国海外投资确立对等的法律保护机制。如前所述，美国、日本、德国等资本输出大国均较为重视对本国海外投资的法律调整保护，均通过本国高级别立法机关制定高位阶的相关法律对海外投资予以母国法制引导保护。这种由高级别立法机关制定的法律具有正式的调控保障效果，易于为国际认可，对本国企业"走出去"开展国际投资无疑会撑起强力的法制"保护伞"。反观我国，虽已跻身对外投资大国，但高位阶的海外投资母国法律尚付阙如，无形中形成海外投资法律保护"洼地"，不利于对我国海外投资确立对等的、为国际社会广泛认可的母国法律保护机制。

二是不利于确立统一有效的对外投资国内规制体系。对外直接投资涉及资金融通转移、跨境税收征管、生产要素流转等诸多领域，所涉及的法律"游戏规则"也是多方面的。我国目前尚缺乏统一性的高位阶的对外投资立法，可适用调整对外直接投资的两个基本法律文件是国家发展和改革委员会颁布的 2017 年第 11 号令《企业境外投资管理办法》和商务部颁布的 2014 年第 3 号令《境外投资管理办法》。以上两个文件均属于部门规章，其法律层级较低，且由于制定机关不同，"令出多门"，缺乏整体设计，难免囿于本位利益及考量视角各行其是。"多元主体立法的现实造成中国企业境外投资的规制体系十分混乱"①，不利于确立统一有效的对外投资国内法律规制体系。

有鉴于此，在新时期更高水平对外开放背景下，为了进一步促进包括农业对外合作在内的对外直接投资顺利发展，为我国境内投资者"走出去"提供坚实的国内法制基础，建议围绕以下方面去构建我国对外直接投资高位阶法律。

1. 法之制定机关和名称

为了确保法制统一，提升立法权威性和国际认可度，应由最高立法机关即全国人大常委会制定一部规制对外直接投资的基本法律。具体操作时，可由全国人大常委会专门委员会牵头，委托多方专家拟订法案初稿，并及时向社会公示，集思广益，择优进入审议流程。考虑到与之前商务部、国家发展和改革委员会法律文件的衔接，该法名称可定为《境外投资法》。同时，该法中可设置一个条款，授权国务院制定配套的《境外投资法实施条例》，尽量杜绝之前由国家发展和改革委员会或商务部来另定部门行政规章的做法，从而增强境外投资法律体系的权威性，防范部门本位立法。

2. 法之制定理路

法律作为上层建筑，应当适应经济基础的前行要求。具体到境外投资立法，需深入考察本国和国际直接投资的发展大势，遵循科学的立法理路，唯此才能创制出具有时代价值的中国版境外投资法。因而，我国制定的《境外投资法》应顺应经济全球化的总体潮流，以促进投资自由化和便利化为主旨，

---

① KHALILOV NATIG. 中国企业境外投资的法律规制研究［D］. 中国政法大学，2016：19.

充分尊重投资主体的市场决策选择行为，设计有利于投资者"走出去"的规则条款。当然，在支持投资者"走出去"的同时，也要予以合理的引导监管，促进境外投资可持续高水平发展。总体而言，对于境外投资立法，规则中要做到"放管服"有机结合。另外，《境外投资法》的法律属性定位，可归为综合性、统领性的经济法，对境外投资涉及法制问题做一般性规定。既有对境外投资作为商事活动的主体资格、权利义务的界定，也有涉及国家调控监管、法律责任的制度设计。

3. 法之体例及调整内容

《境外投资法》作为一部千呼万唤始出来的对外经济合作大法，其立法体例应由惯常的总则、分则、法律责任、附则这些模块组成，彰显一部严谨的法律应有的内在逻辑结构要素。至于其调整内容，应厚植于现实，总结我国各类企业多年来"走出去"进程中的宝贵经验及深刻教训，并汲取国家发展和改革委员会 2017 年第 11 号令《企业境外投资管理办法》和商务部 2014 年第 3 号令《境外投资管理办法》这两个现行规章中的合理条款，在如下关键方面做出界定。

（1）境外投资的形式

作为一部高位阶的法律，对境外投资宜采取宽口径，明确其形式包括在境外新设企业这种传统的"绿地投资"，也包括通过增资并购取得已有境外企业股权财产份额或者其他类似权益，另外还包括在境外投资建设项目这类契约式投资。同时，立法中可设定包含其他形式的兜底性条款，以规制未来可能出现的一些投资新业态。

（2）境外投资的主体

我国之前在对外投资合作准入主体范围方面的规定有一定的局限性。例如，商务部 2014 年第 3 号令《境外投资管理办法》及国家发展和改革委员会

2017 年第 11 号令《企业境外投资管理办法》这两部近年来出台的行政规章，均规定境外投资主体仅限于企业。在新时期，因应全方位对外开放之需要，与时俱进，敢于创新，在境外投资法中适当放宽对外投资主体范围，明确规定所有企业和适格的中国公民个人①，均可申请开展境外投资。此外，对我国境内投资者在境外设立并能实际控制的经营主体，可作为延伸性的境外投资主体，其投资行为亦纳入我国未来《境外投资法》的适用调整范畴。

（3）境外投资者的权利义务

法律作为具有强制约束力的刚性社会规则，设定相应的权利义务是其基本构成要素。我国拟出台的《境外投资法》，必须回应晚近以来"走出去"的投资者的诉求，吸纳其他国家的可行举措，系统性地规定境外投资者及其所设境外企业享有的权利义务。首先在权利方面，明确境外投资者对其资本及滋生的利益有完全的产权，可自主支配，不受非法干预和征收；当投资者的投资及经营受到不法侵害时，有寻求国家公权力救济保护的正当权利。其次，在义务方面，明确境外投资者及其所设境外企业应遵守母国和东道国法律，规范经营，依法纳税，承担环境保护、民生就业等必要的现代企业公民社会责任。

（4）境外投资的扶持与保护

进入新世纪，我国境外投资蓬勃发展，近年来投资存量已跻身全球前三，但总体而言仍属于"多而不强"阶段。在未来建设更高水平开放型经济新体制背景下，鼓励、扶持境内投资者"走出去"开展全产业链的国际直接投资应是我国对外经济工作的应有之义。因而，在《境外投资法》中，应以最高立法机关明文立法形式确立我国政府对境外投资的综合性扶持与保护机制。

---

① 适格的中国公民个人可从是否具备完全民事行为能力、是否存在从业限制、信用是否良好等方面予以认定。

该机制应涵盖境外投资事前、事中、事后的全部进程。具体而言，主要有如下方面。

一是由政府对外投资主管部门，联合行业协会，利用现代信息网络技术，及时发布精准的境外投资指导信息，并为拟投资者提供切实的投资前咨询服务，消除信息不对称风险，引导投资者做出科学合理的投资决策。

二是对投资者启动境外投资项目后，提供融资、财税、保险、人员要素转移等多方面的扶持措施。鼓励境内金融机构尤其是政策性银行对"走出去"的投资者提供贷款；对符合产业政策、属国家鼓励类的项目经评审后予以合理的财政资助；通过双边税收协定及国内税制的合理设计，对境外投资中涉及的流转税及所得税予以减免优惠，对符合国家产业政策返销母国的商品，予以进口环节税收豁免；设立普惠性的境外投资保险制度，健全境外投资保险机构，鼓励投资者积极投保境外投资保险；对因境外投资产生的人员和生产要素输出，予以通关便利化待遇。

三是对投资者在境外投资权益受到的不法侵害，提供有效的母国救济保护措施。政府对外投资主管部门应成立专门的境外投资者维权机构，确立符合国际惯例的境外投资争议应对受理机制，及时受理投资者境外投资权益维权诉求，并能以官方的有利身份出面调解沟通，维护我国投资者的正当权益。同时，由政府对外投资主管部门联合境外投资的行业协会，建立应对境外投资争端的专家库，为我国投资者在境外遭遇的仲裁、诉讼等各种争端提供专业的维权、咨询服务。

四是对投资者在境外投资项目结束后的清算予以便利化待遇。对清算后的资金及其他生产要素回归国内，予以转移便利和合理的税收优惠。对清算后资金在境外的再投资，按从简监管原则予以引导并提供合理扶持。

（5）境外投资的监管

境外投资涉及母国资金、技术、人员及其他生产要素的流出，关乎经济体系的秩序和安全，对之进行必要的引导监管实属必要。根据我国现行境外投资相关行政规章之规定，国家发展和改革委员会、商务部、国务院国资委、国家外汇管理局等多个部门均可对境外投资进行监管，呈现多头监管格局。尤其是国家发展和改革委员会、商务部这两个关键部门的监管，存在一定的职能重叠之处。"善为政者，弊则补之，决则塞之。"[①] 在当前优化营商环境、促进投资便利化背景下，对上述监管体制进行改进实属必要。通过这种改进，借此确立统一便捷、符合国际惯例的监管体制。有鉴于此，在拟出台的《境外投资法》中，对境外投资的监管宜做如下制度安排。

由国家商务部门统一负责对境外投资项目进行审核[②]。其中，一般性投资项目只需进行备案管理，但对敏感地区、敏感行业[③]的投资则需要进行实质性的核准。商务部备案核准通过后，即予颁发"企业境外投资证书"，并将相关投资信息共享给发改委、税务局等相关部门。之后，投资主体再凭前述环节所取得的备案核准资料向住所地银行办理境外投资外汇登记手续。此外，除了初始投资适用上述监管程序外，对于后续变更或终止投资，亦按上述流程进行相应的报备。由此，从前期的境外投资项目设立到后期运营及终止，均通过立法构筑起相对合理有效的监管机制，确实发挥宏观层面的法治调控作用。

（6）法律责任

法律作为一种正式的社会调控规则，具有不同于其他社会规则的强制约

---

① 见西汉桓宽《盐铁论·申韩》。

② 当然，特定行业如金融等，其他法律有专门规定的除外。

③ 敏感地区、敏感行业由国家发改委、商务部另发文动态调整。

束力，"从法理角度而言，一部科学、完整的法律必须具有法律责任即罚则条款，以确保其权威性和执行力"[1]，否则就会沦为"中看不中用"的摆设。"法律责任是法律的内在组成部分，是完善法律的法理要求，是保障法律效力、权威的重要因素。通过法律责任的设定，法律实现有了基本保证。"[2] 为了确保《境外投资法》的规制调整效果和体例的科学性，在制定该法时，应在总结近年来境外投资监管执法经验的基础上，析出专章，针对立法中的约束性法律条款，规定对应的法律责任，主要是行政法律责任[3]。具体来说，对一般性的行政相对人的违法行为，应在法条中规定具体的行政执法机构、执法调查程序、行政处罚的种类及幅度、处罚送达告知程序、相对人对处罚的救济途径。除此之外，对行政主体及其工作人员的违法行为，在立法中亦做出相应的行政处分规定。当然，如上述两类行为情节严重，已触犯《中华人民共和国刑法》，则适用《中华人民共和国刑法》的相关罪名追究对应的刑事责任。总之，经由这些明确的法律责任条款规定，确保最高立法机关出台的《境外投资法》具备必要的威慑力从而得以贯彻执行，最终达致博登海默所指出的："规定制裁的目的在于保证法律命令的遵守与执行，强迫行为符合业已确立的秩序，以实现和加强有序的、一致的和有效的执法。"[4]

（二）境外投资保险法规的构建

境外投资保险，惯常的称谓是"海外投资保险"，是指资本输出国政府对

---

[1]　李兴国.新时期制定我国《石油天然气法》之思考［J］.西北农林科技大学学报（社会科学版），2008（6）：117-121.

[2]　高其才.法理学［M］.北京：清华大学出版社，2015：135.

[3]　境外投资涉及的民事责任可由《中华人民共和国民法典》等民商事法律适用调整。

[4]　博登海默.法理学——法哲学及其方法［M］.邓正来，姬敬武，译.北京：华夏出版社，1987：305-516.

本国投资者在海外投资因东道国国内政治风险①遭受的经济损失提供的公力救济式财产保险。凡符合条件的本国海外投资者，经审核后与指定的承保机构缔结海外投资保险合同。如承保风险发生并导致损害时，承保机构依约向投资者支付赔偿金并有权代位向东道国政府进行索赔。

海外投资保险本质上是资本输出母国政府以政策性的金融手段对本国海外投资者在境外遭遇非商业的政治风险的一种终极保障，该制度始于"二战"后美国实施马歇尔援欧计划中所实行的投资保证方案。20世纪60年代以来，海外投资保险已为大多数资本输出国广泛采用，日本、法国、德国、丹麦、澳大利亚、荷兰、加拿大、瑞士、比利时、英国等国家先后确立起具有本国特色的海外投资保险制度。当然，各国称谓有所不同，除了常见的"海外投资保险"，也有称为"海外投资保证"的。不过，从严格意义来说，二者之间既有联系又有区别。"投资保证一般对所受损失进行全部补偿，而投资保险只按投资的一定比例并基于一定条件进行补偿；投资保证的范围包括商业风险在内，而投资保险则不包括商业风险。"②当然，从内在机理上讲，两者是一致的，都是国家为保护和促进本国海外投资而建立的一种保障制度。

1. 海外投资保险立法必要性分析

自2015年以来，我国已成为世界第二资本输出大国，我国企业的海外投资目的地遍及全球。根据商务部、国家统计局和国家外汇管理局联合发布的《2020年度中国对外直接投资统计公报》，截至2019年年底，中国对外直接投资存量达2.2万亿美元，占全球比重6.4%，次于美国（7.7万亿美元）和荷兰（2.6万亿美元）位居世界第三，超2.75万家境内投资者在全球188个国家

---

① 政治风险主要包括不能自由汇兑的风险，征用、没收或国有化的风险，战争、革命、暴动风险，政府停止支付或迟延支付的违约风险等。

② 陈立虎.中国海外投资保险法律的地位与模式［J］.南京师大学报（社会科学版），2008（6）：27-32.

（地区）设立对外直接投资企业 4.4 万家。伴随着境外投资总量的持续增长和覆盖区域的延展，我国境外投资可能招致的政治风险也不断增加。之所以如此，一方面是我国当前"走出去"的布局区域，亚非拉地区的国家占了很大比重。而这些区域的不少国家缺乏成熟稳定的国家治理体系，政局变幻难测，"没有永恒的朋友，只有永恒的利益"，因而我国企业遭遇征收、汇兑、停止支付或履约等政治风险的概率大大增加。另一方面，反全球化、贸易保护主义、经济民粹主义等保守思潮这些年来大行其道，这些思潮会扭曲东道国政府的外资政策，增加我国境外投资企业的政治风险。面对错综复杂的境外投资政治风险，急需确立一套汲取国际有益经验、适应本国国情的海外投资保险制度，为我国走出去的投资者提供必要的母国理赔保障。而在全面依法治国背景下，发挥法律权威性、确定性、稳定性的特点，以法制的手段对我国海外投资保险制度进行顶层制度设计就尤为必要。通过科学立法，将我国海外投资保险的承保原则、承保范围、经营机构、运营理赔流程、行业监管、法律责任等海外投资保险关系中的关键事项予以明晰的界定，有利于推动我国海外投资保险事业在法制框架内健康有序发展，借此构建符合国际惯例的海外投资保险制度。

2. 海外投资保险立法现状

从世界范围内看，伴随着 20 世纪下半叶以来海外投资保险实务的进展，主要的资本输出国纷纷确立了适应本国国情的海外投资保险法律制度。美国作为 20 世纪国际经济体系中的头号霸主，其于 1948 年通过的《经济合作法案》首次从最高立法层面对海外投资保险做出规定。日本 1950 年制定了《贸易保险法》，该法确立了以国家输出信用保险制度为基础，以政府财政作为理赔后盾的海外投资保险制度。此外，自 20 世纪 60 年代以来，德国、法国、澳大利亚、加拿大、韩国、英国等多数发达经济体亦制定了相应的海外投资保险法律。及至 20 世纪 80 年代之后，部分发展中国家亦启动了海外投资保险立法。从现有立法情况来看，有些国家对海外投资保险制度进行单独立法，也有些国家是将其包括在对外经贸保险法律之中①。

我国是海外投资的后起之国，海外投资保险业务起步较晚。在"摸着石头过河"、重政策轻法治等实用理念主导下，相应的海外投资保险立法几近空白，没有一部权威性的法律法规对海外投资保险制度予以界定。目前涉及海外投资保险的调整性文件主要如下：一是国务院部委出台的文件，如 2005 年 1 月 25 日国家发展和改革委员会联合中国出口信用保险公司颁发的《关于建立境外投资重点项目风险保障机制有关问题的通知》（发改外资〔2005〕113 号文）②；二是司法解释文件，即最高人民法院在 2013 年 5 月 2 日发布的《关于审理出口信用保险合同纠纷案件适用相关法律问题的批复》（法释〔2013〕13 号文）③，该批复非常简略，仅明确了审理包括海外投资保险在内的出口信用保险合同纠纷时适用保险法的问题，对海外投资保险的其他诸多问题均未涉及；三是中国出口信用保险公司制定的海外投资保险《投保指南》。中国出口信用保险公司是 2001 年成立的一家政策性金融机构，不具有法定的立法主体资格，其制定的业务指南偏重流程性的操作规定，内容极为简略，只能是内部的指导性文件，不具备对外的法律约束力。综上所述，我国海外投资保险基本上处于"无法可依"的状态。这种局面有其过往存在的合理性，但从长远来看，不利于保障我国海外投资保险的良性发展。

---

① 例如，韩国是在原先的《出口保险法》中规定了海外投资保险相关条款，该法于 2010 年更名为《贸易保险法》。

② 该通知规定，中国出口信用保险公司向国家鼓励的境外投资重点项目提供境外投资保险服务，承保境内投资主体因征收、战争、汇兑限制和政府违约等政治风险遭受的损失。

③ 该批复如下：对出口信用保险合同的法律适用问题，保险法没有做出明确规定。鉴于出口信用保险的特殊性，人民法院审理出口信用保险合同纠纷案件，可以参照适用保险法的相关规定；出口信用保险合同另有约定的，从其约定。

3. 海外投资保险立法指导理念

法律是上层建筑，海外投资保险立法是对海外投资保险活动的顶层制度设计，必须在深入调研的基础上，确立科学的指导理念，才能制定出一部精良可行、适应新时期我国"走出去"事业需要的中国版海外投资保险法。有鉴于此，应确立如下的基本指导理念。

（1）开放包容原则

目前，在全球范围内，不论是英美法系还是大陆法系，已有众多国家以立法形式确立了海外投资保险法律制度，且这些制度在实践中得到了有效运用。我国新时期推进海外投资保险立法，必须深入探查剖析他国已有的海外投资保险法律制度，充分借鉴其中有益的立法经验。除此之外，海外投资保险立法本质上属于国内法，由于我国已签订了一百多个双边投资协定，这些协定中有大量的涉及海外投资保险的内容，故在制定海外投资法时，必须注意与上述这类双边投资协定的对标衔接。另一方面，MIGA 公约是承保海外投资政治风险的权威性国际条约，其在海外投资保险领域创制的一系列制度规则体系具有广泛的标杆效应，我国已是该公约的成员国，因此在制定我国的海外投资保险立法时，应注意与 MIGA 公约的制度协调。

（2）采取单边立法模式

单边立法模式不要求投资母国与东道国已订立双边投资保护协定，只需依投资母国的海外投资保险法律制度即可承保对有关东道国投资的政治风险，而最终行使保险代位求偿权的依据是外交保护的国际法制度[①]。为了全面推进对外开放方略，广泛扶持国内企业在全球范围内合理投资布局，节约缔结双

[①] 一般认为，当今国际社会包括三种海外投资保险制度模式，即双边模式、单边模式和混合模式。其中，双边模式以投资母国与东道国签订的双边投资协定（BIT）为基础，此模式以美国为代表。混合模式系以双边为主、单边为辅的制度，此模式以德国为代表。本书建议我国采单边模式。

边投资保护协定的隐形成本，新时期我国海外投资保险法应具备超前的视野，宜采取较为宽松的单边立法模式。

（3）渐进式的立法位阶进路

海外投资保险立法的调整范畴相对狭窄，不可能一步到位由最高立法机关制定高位阶的法律，可采取渐进式的立法进路，先由国务院按《中华人民共和国立法法》之规定出台属于行政法规性质的《境外投资保险条例》，侯该条例施行若干年限后相关制度机制较为成熟后再由最高立法机关制定更高位阶的专门法律或融合到综合性的境外投资法中。

（4）彰显效率、可持续、共享的内在立法精神

海外投资保险本质上是一国政府以财政手段为本国私人投资者在境外投资遭遇非市场风险"埋单"的制度，这种"埋单"必须合理有度、注重效率，不能护佑过多，应注重提升投资者自身的风险防控应对能力。也唯有如此，才能促进我国海外投资的可持续发展。此外，海外投资保险作为对我国企业"走出去"的政策性保障机制，必须树立义利兼顾、共荣共享意识，所承保的投资要顾及投资东道国的长远利益，不能扶持"损人利己"的不良投资。因此，在海外投资保险的承保的险别、费率、承保后的风险管理、理赔额度等制度设计方面，应彰显效率、可持续、共享的内在立法精神。

4. 海外投资保险立法具体内容

海外投资保险法从部门法属性而言属于经济法范畴。成文的经济法有其惯常构成体例，譬如总则、分则、法律责任、附则这些模块。我国海外投资保险法的具体内容，亦不外乎围绕前述这些方面来设计。总则是有关我国海外投资保险的一般性要求和原则；分则是涉及海外投资保险法律关系中的实体和程序方面，具体涵盖海外投资保险法律关系中的相关主体、当事方权利义务、承保的客体、海外投资保险承保和运行程序等方面的规定；法律责任

则是一部严谨的正式法律所具有的否定性评价条款；附则是法律施行的时间维度规定。从研究现状来看，理论界对上述诸多方面已有了较为深入的研究，形成一系列共识，笔者无意多加赘述，唯对如下方面予以阐释。

（1）海外投资保险法律关系中的相关主体

首先是海外投资保险的承保机构。实务中，中国出口信用保险公司是唯一经营海外投资保险业务的机构①，这种独家经营模式有其过往的现实合理性。但未来，伴随着高水平全方位对外开放进程及经济业态的多元细分化，适度增加海外投资保险承办机构能够促进必要的竞争，更好地契合对外投资发展需要。故在海外投资保险法中，不宜明定独家经营的内容，而应凸显海外投资保险承保机构是经国务院批准设立的具有法人资格、符合《公司法》要求的政策性保险公司。在立法中，应对海外投资保险承保机构的经营治理进行细致的规定，从资本效能、风险防范、治理机制等方面借鉴国际经验进行法制设计。此外，支持商业性保险公司在经济理性评估基础上作为共保人参与海外投资保险。其次是海外投资保险法律关系中的投保人即合格的投资者。之前国家发展和改革委员会联合中国出口信用保险公司颁发的《关于建立境外投资重点项目风险保障机制有关问题的通知》（发改外资〔2005〕113号文）中规定的是"在中华人民共和国境内注册的企业法人均可申请为其提供境外投资项目风险保障服务"。这样的规定范围偏窄，从当前现实情势来看，具备对外投资资格的，不仅仅是法人制企业，也包括合伙及独资的企业。此外，中国公民个人未来亦有可能成为对外投资主体。基于这些因素，在统一的保险法中，建议将合格的投保人修改为"在中华人民共和国境内注册的企业法人、其他组织及适格的中华人民共和国公民"。再次是海外投资保险业务的监

---

① 该公司是由国家出资设立、支持中国对外经济贸易发展与合作、具有独立法人地位的国有政策性保险公司，于2001年12月18日正式挂牌运营。

管机构。由于海外投资保险业务有其特殊性，是一种对我国境内资本"走出去"的政策性金融扶持手段，涉及对外投资、保险、财政等行政管理领域，但又不宜多头管理，故在海外投资保险法中，可明确规定海外投资保险业务由国家银保监机构统一监管，但海外投资保险公司应向商务部、财政部等行政主管部门报送业务承办相关报告。

（2）相关主体的权利义务

法律规则最根本的属性是要界定当事方的权利义务，海外投资保险法的核心内容亦是要界定相关主体在海外投资保险法律关系中的权利义务。为此，该法的分则中应界定如下内容。

①海外投资保险公司的法定权利。立法中应明确，承办海外投资保险业务的海外投资保险公司是依法设立的金融企业法人，具备独立的经营自主权，能依法对投资者申请投保的业务进行审批并决定是否予以承保①。对同意承保的业务，有权要求投保人提供必要的资料并接受实地核查，有权向投保人收取相应的保费。在项目承保期间，有权跟踪查询投资项目运行情况并提供风险防范建议；当其依约向投保人理赔后，即取得合法的代位求偿权，可要求投保人予以配合，并依双边投资保护协定、国际法惯例向东道国政府等相关主体索赔。对于境内投资者来说，当其遭遇约定承保的政治风险时，有权要求海外投资保险公司依约及时理赔。对海外投资保险公司的违约行为，可依法行使仲裁诉讼救济权并可向监管机构申诉举报。

②相关主体的义务性规定。立法中应明确，海外投资保险公司必须依法合规开展业务，切实履行保险合同义务。至于承保的期限，参照国际经验，立法中可规定最高不超过20年。当发生约定的保险事故时，海外投资保险公

---

① 也就是说，我国海外投资保险机构宜实行集审批权和经营权于一体的机制，以提高业务效率。在这方面有别于德国审批权和经营权分属不同机构的模式。

司应当根据投保人的申请及时理赔。至于赔偿的范围，从稳健性、实操性和可持续性考虑，立法中应明确为直接的经济损失，不包括预期性的未来收益。而且，基于前述彰显效率、可持续性的理念，立法中对理赔的比例应做出规定，最高不超过实际损失的90%。同理，对于投保人，立法中也应设计义务性的条款，规定投保人应当诚实守信，向承保人提供真实的投资信息，依约及时缴纳保费。当然，作为政策性的业务，海外投资保险的保费应低于商业性保险保费。具体收费比例应报经监管部门审核。当发生保险事故理赔后，立法中应要求投保人必须尽力配合海外投资保险公司行使代位求偿权，否则要承担退还一定的保险理赔金等法律后果。

（3）承保的客体

海外投资保险法应厘清的另一个重要问题是海外投资保险法律关系指向的客体，即承保的合格投资及承保的政治风险险别。综合前述分析，我国海外投资保险法所承保的合格投资，必须是经投资母国及东道国相关政府部门核准、履行过法定审核登记流程的投资。当然，基于前述单边模式，这类投资所在的东道国，不要求必须与我国业已签订双边投资保护协定。至于所承保的政治风险，立法中可沿用之前中国信保公司的做法并参考国际经验，将征收、汇兑限制、战争及政治暴乱、政府违约等政治风险纳入承保范围。

（三）外汇管理法规的完善

农业对外合作作为境外直接投资之一，本质上是一种跨境资本输出。资本的现实承载形式有许多种，其中最主要的是货币资金。相应地，跨境资本输出通常要借助外汇的形式进行转移，由此涉及外汇管理的相关"游戏规则"，这些规则构成了农业对外合作相当重要的配套法规。

如前所述，我国当前涉及境外投资外汇管理的法规主要有两个层面：其一是外汇管理行政法规，主要指2008年8月1日国务院修订通过的《中华人民共和国外汇管理条例》(以下简称《外汇管理条例》),这是目前外汇调控管理的核心法律依据。其第三章"资本项目外汇管理"对境外投资外汇管理做了原则性规定。其二是国家外汇管理局、中国人民银行制定的部门行政规章及规范性文件。现行有效的主要有如下几个:《境内机构境外直接投资外汇管理规定》(汇发〔2009〕30号)、《国家外汇管理局关于境内企业境外放款外汇管理有关问题的通知》(汇发〔2009〕24号)、《国家外汇管理局关于鼓励和引导民间投资健康发展有关外汇管理问题的通知》(汇发〔2012〕33号)、《国家外汇管理局关于进一步改进和调整资本项目外汇管理政策的通知》(汇发〔2014〕2号)、《国家外汇管理局关于进一步简化和改进直接投资外汇管理政策的通知》(汇发〔2015〕13号)。总体来看,近年来,随着我国"走出去"和"引进来"双向资本流动的拓展,适应"放管服"行政改革大势,有关资本性外汇项目的规制文件也与时俱进不断调整,总的趋势是调控管制逐步放松。在新时期更高水平对外开放背景下,为了推进包括农业对外合作在内的境外投资事业顺利发展,改良跨境资金转移治理体系,应从如下方面对我国现行外汇管理法规进行必要的修订完善。

1. 立法形式方面的完善

现有外汇管理法律依据,主要是国务院出台的《外汇管理条例》这部行政法规,以及国家外汇管理局制定的几个行政规章及规范性文件。总体上较为庞杂零碎,法律层级不高。尤其是后面以"通知"形式出现的四个文件,其法律约束力更是薄弱。法治之真谛在乎先有"良法"后行"善治","良法"乃法治之前提。所以,为提升境外投资外汇管理法治化水平,建议对2008年颁布的《外汇管理条例》和2009年颁布的《境内机构境外直接投资外汇管理规定》进行修订,将《国家外汇管理局关于境内企业境外放款外汇管理有关问题的通知》(汇发〔2009〕24号)、《国家外汇管理局关于鼓励和引导民间投资健康发展有关外汇管理问题的通知》（汇发〔2012〕33号）、《国家外汇管理局关于进一步改进和调整资本项目外汇管理政策的通知》（汇发〔2014〕2号）、《国家外汇管理局关于进一步简化和改进直接投资外汇管理政策的通知》（汇发〔2015〕13号）这四个通知的内容，整合到修订后的《外汇管理条例》这部行政法规和《境内机构境外直接投资外汇管理规定》这个针对境外投资的专门行政规章之中，从形式上提高立法的规范性和严肃性。

2. 内容方面的完善

境外投资顺利开展的保障条件是资本项目外汇支出能够较为宽松自由地进行。同时，境外投资企业设立后能够得到适当的融资支持。为了达致这些目标，有必要对我国现行外汇管理法规实体内容从如下方面进行适时的调整完善。

（1）资本项目外汇支出规制内容的完善

我国现行《外汇管理条例》在其中的第五条规定："国家对经常性国际支付和转移不予限制。"反过来，对资本项目的外汇收支，国家目前仍然实行行政管控。为了适应跨国投资便利化以及人民币国际化的大潮，建议将前述《外汇管理条例》第五条修改为"国家对经常性国际支付和转移、经有关主管部门批准或备案后的资本性国际支付和转移不予限制"，对资本项目外汇支出真实合规的审核更多地赋予商业银行把控，注重市场化和经营主体风险自负原则。此外，根据《境内机构境外直接投资外汇管理规定》第十四条规定，境内机构在境外直接投资项目或企业设立之前，若需汇出一定金额的前期费用，需向所在地外汇局申请，并凭外汇局核准件到银行办理汇出。由此可见，境外直接投资前期费用的外汇转移，当下仍实行较为刚性的外汇核准制。在更高水平对外开放背景下，这种核准实无必要。建议对这一条款予以修改，将境外直接投资前期费用的外汇转移由核准改为通行的登记制。通过前述这些法条修改，进一步放宽对资本项目的外汇管制干预，提升投资运作效率。

（2）对境外投资企业融资扶持规制内容的完善

资金是企业运营的血液，境外投资企业欲达致持续健康成长，离不开充足可靠的融资扶持。这也是影响我国企业"走出去"成效的重要因素。对于境外投资企业急需的融资扶持，《境内机构境外直接投资外汇管理规定》第十一条规定："境内机构可以按照《中华人民共和国外汇管理条例》和其他相关规定，向境外直接投资企业提供商业贷款或融资性对外担保。"但《外汇管理条例》中的第十九条、第二十条规定，无论是对外提供商业贷款或融资性对外担保，均需经外汇管理机关审批。在更高水平开放背景下，为了更加便捷地为境外投资企业提供融资支持，顺应简政放权变革趋势，增进境外放款的可操作性，建议修改现行《外汇管理条例》中的第十九条、第二十条的规定，将上述境内机构向境外直接投资企业提供商业贷款或融资性对外担保审批制改为备案制，同时吸收《国家外汇管理局关于鼓励和引导民间投资健康发展有关外汇管理问题的通知》（汇发〔2012〕33号）的精神，明确规定境内个人可作为融资性对外担保的共同担保人。如此，将为境外投资企业融资提供更多便利，促进包括农业对外合作在内的境外投资良性发展。

（四）税法的完善

"税收在本质上是国家与社会成员之间的一种利益交换，是社会成员享受国家提供的公共产品而支付的价格费用。"[1]涵盖农业对外合作在内的我国境外直接投资，涉及资金、技术、实物、人力等要素的跨境转移配置，引发境内外多种经济利益交换分配关系，由此会进入国家税收征管范畴。当代税收实行法定主义原则，课税必须于法有据，一国的税制系通过一定的税法体系

---

① 张富强.税法的概念、本质和特征新论［J］.安徽大学法律评论，2007（2）：31.

确立。

税收作为国家参与国民收入中剩余产品分配的一种基本形式，具有经济调控功能，会通过税收效应 [1] 对企业的投资行为产生影响。目前，我国已出台了一些有利于企业"走出去"、实施境外投资的税收优惠规定 [2]。但总的说来，我国与境外直接投资相关的税法仍不完善，不能很好地推动农业对外合作等境外直接投资的发展。笔者以为，欲确立科学的鼓励境内资本"走出去"税制，达致以合理税收手段促进境外直接投资稳健发展之目标，须借鉴国际经验，立足本国实际及过往涉外税务实践的启示，秉承法治精神，对境外直接投资涉及的相关税法从如下方面进行改良完善。

1. 境外直接投资中出资环节的税法完善

在"走出去"实务中，我国境内投资者在境外并购投资的具体出资方式，除了货币资金出资外，还可能以实物、无形资产等非货币资产出资。对于以非货币资产到境外出资，我国现行税法规定视同销售交易处理，由此会涉及较为复杂的所得税计征问题。

根据《国家税务总局关于企业处置资产所得税处理问题的通知》（国税函〔2008〕828号文）第二条规定，企业将资产移送他人的情形，因资产所有权属已发生改变而不属于内部处置资产，应按规定视同销售确定收入。所以，境内企业以非货币资产到境外投资，属于改变资产所有权属的用途，应视同

---

[1]　税收效应是指纳税人因政府课税而在其经济选择或经济行为方面做出的反应。参见罗宏斌编著：《国家税收学》，湖南大学出版社2003版，第87页。

[2]　如2006年《关于出口货物退（免）税若干问题的通知》（国税发〔2016〕102号）第6条中规定的"企业以实物投资出境的设备及零部件……实行出口退（免）税政策"。此外，《财政部 国家税务总局关于高新技术企业境外所得适用税率及税收抵免问题的通知》（财税〔2011〕41号）规定，以境内、境外全部生产经营活动有关的研究开发费用总额、总收入、销售收入总额、高新技术产品（服务）收入等指标申请并经认定的高新技术企业，其来源于境外的所得可以享受高新技术企业所得税优惠政策，即对其来源于境外所得可以按照15%的优惠税率缴纳企业所得税。

销售确定收入，从而计征企业所得税。此外，根据《财政部、税务总局关于个人非货币性资产投资有关个人所得税政策的通知》（财税〔2015〕41号文）规定，个人以非货币性资产投资，应按评估后的公允价值确认非货币性资产转让收入。非货币性资产转让收入减除该资产原值及合理税费后的余额为应纳税所得额，并按照"财产转让所得"项目，适用20%税率计算缴纳个人所得税。

按照上述两个规章的规定，境内投资者不管是企业还是适合的个人，以非货币资产到境外出资开展对外投资合作，均视为财产销售转让，会涉及企业所得税或个人所得税征管问题，且其视同销售处理的计税收入金额弹性较大，投资者自身面临着一定的税务风险。"税捐对财产权的侵害，只有在合乎财产权的社会义务框架之下，才有正当的基础。"[1] 为了促进境外直接投资，支持有条件的国内企业和个人投资者"走出去"，同时也从节约税收征管成本考虑，笔者建议，财政部及国家税务总局应对上述两个税收规章进行修订，明确规定对以非货币资产到境外投资的，只要不违背国家法律禁止性规定，则免征企业所得税及个人所得税。当然，为了防止有些人假借出资非法转移资产，可规定所出资资产应与投资企业的经营具有经济关联合理性，同时对出资后资产及因此形成的股权限定禁止转让的期间（譬如2年），且应向税务机关履行报备程序。通过上述这些税法规则的改良修订，更好地扶持包括农业对外合作在内的境外直接投资发展。

2. 境内居民企业对境外投资企业技术转让的所得税优惠

根据《企业所得税法实施条例》第九十条规定，一个纳税年度内，居民企业技术转让所得不超过500万元的部分，免征企业所得税；超过500万元

---

① 黄士洲.依法课税的宪法意义与租税改革的关键理念［G］//财税法论丛（第10卷）.北京：法律出版社，2009：112-118.

的部分，减半征收企业所得税。由此可知，如境内居民企业将其研发的技术转让给其在境外投资设立的企业，相应的技术转让所得可享受上述所得税优惠。这种优惠举措，有利于增进企业进行研发的可支配利益，促进相关先进技术在境内母子公司之间有效流转。然而，财政部、国家税务总局2010年12月31日出台的《关于居民企业技术转让有关企业所得税政策问题的通知》（财税〔2010〕111号文）第四条规定：居民企业从直接或间接持有股权之和达到100%的关联方取得的技术转让所得，不得享受技术转让减免企业所得税优惠政策①。该规定的初衷在于防止纳税人利用关联关系进行技术转让，从而规避国家税收。然而，在企业"走出去"的国际资本流动特殊情境下，如仍囿于上述规定，不利于境内居民企业将其开发的技术合理转让给其在境外设立的全资企业，不利于这些先进技术在本企业集团内的正常流转。因此，在技术创新层出不穷的时代，为了全方位支持境内居民企业"走出去"，应对财税〔2010〕111号文第四条规定予以修订，允许境内居民企业以公允合理的市场定价从其直接或间接持有股权之和达到100%的关联方取得的技术转让所得按《企业所得税法实施条例》第九十条规定，享受相应的所得税减免优惠，借此推动包括农业对外合作在内的企业国际投资经营行为。

3. **境外所得企业所得税抵免规定之完善**

境内投资者"走出去"到境外进行直接投资，其取得的各项投资经营所得，会面临投资东道国的属地管征及投资者本国的属人管征双重课税。为消除双重课税的不利影响，各国通常会采用所得税抵免法或直接免税法予以处

---

① 例如，2020年甲公司将一项发明专利技术转让给乙公司，取得技术转让所得5000万元。甲公司与乙、丙公司存在关联关系，甲公司持有乙公司40%股份、持有丙公司100%股份，丙公司持有乙公司60%股份。甲公司直接或间接持有乙公司股权之和为40%+100%×60%=100%。因甲公司直接和间接持有乙公司股权之和达到100%，所以，甲公司从乙公司取得的技术转让所得无法享受减免企业所得税优惠政策。

理。我国参照国际通行做法，在《企业所得税法》《企业所得税法实施条例》及其他配套性税收政策文件中详细规定了境外所得企业所得税抵免制度。然而，比照国际经验，考察过往我国涉外所得税的征管实践，可以发现现行境外所得企业所得税抵免存在不尽完善之处，应从如下方面予以改良完善。

（1）修改《企业所得税法实施条例》第七十八条之规定，允许境内企业自行选择分国抵免法或综合抵免法来抵免境外已缴的所得税

根据《财政部　国家税务总局关于企业境外所得税收抵免有关问题的通知》（财税〔2009〕125号）第二条和第六条，允许企业境外所得缴纳的所得税在一定限额内抵减其应纳税额，具体应采取分国抵免法，并对我国企业在境外缴纳的所得税的抵免层级规定不能超过三层。这种分国抵免法及最多三层抵免规定存在一定的不足之处[①]，为此，2017年12月28日财政部、国家税务总局联合推出的《关于完善企业境外所得税收抵免政策问题的通知》（财税〔2017〕84号）第一条规定，企业可以选择分国抵免法或综合抵免法，分别计算其可抵免境外所得税税额和抵免限额。上述方式一经选择，5年内不得改变。该文第六条规定，间接抵免层级由三层扩大至五层。可见，在境外所得税抵免方面，财税〔2017〕84号文做了重大突破，赋予企业抵免选择权，更加有利于我国国内资本输出。然而，在2019年4月23日国务院修订通过的《企业所得税法实施条例》这一更高位阶的所得税法规中，其中的第七十八条涉及境外所得税抵免，但只强调了以往的分国抵免法，对综合抵免法未予以直

[①] 其不足之处如下：一是可能存在抵免不足问题。分国抵免法下，不同国家（地区）的抵免限额不能相互调剂使用，纳税人在低税国的抵免余额无法调剂给高税国使用，其高税国超过抵免限额的部分无法得到抵免，而来自低税国的所得还需要在国内补缴税款，因此可能出现抵免不够的现象；二是抵免层级较少，也使得一部分税款无法抵免。在"走出去"实务中，有时因战略布局需要在境外投资架构中设立多个中间层平台公司，部分境内母公司的投资链条控制层级会超过三层，而财税〔2009〕125号文"抵免层级不超过三层"的限制，导致一些企业的境外投资最终运营实体缴纳的所得税难以获得抵免。

接回应，也未涉及这两种抵免法的选择权，对间接抵免层级由三层扩大至五层也未涵盖做出正面规定。为了健全新时期扶持企业"走出去"的税制，切实回应企业国际化进程中的税收优惠便利诉求，应对《企业所得税法实施条例》第七十八条等相关条款进行修订，将财税〔2017〕84号文中允许企业选择综合抵免法、增加间接抵免层级这些规定吸纳到《企业所得税法实施条例》的条款之中，通过这一部更高位阶的境外所得税行政法规的明确界定，确立更加宽松、更加科学、切实有利于我国企业"扬帆出海、全球布局"的企业所得税抵免制度。

（2）同一法人实体企业境内外之间的盈亏允许相互弥补

作为一种直接税，我国现行企业所得税法规定企业所得税的纳税主体是法人单位，法人单位下属分支机构的经营所得原则上要与总机构的经营所得汇总申报纳税。我国企业在"走出去"的实务中，在境外设立的投资实体，有些选择设立的是分支机构等非法人制单位。因而，这些境外非法人实体之经营成果不论盈亏应与境内总机构的经营成果汇总计算整个法人单位的应纳税所得额。不过，鉴于境外经营复杂、难以查验，为了防止企业人为操控境外亏损达致缩减整体应纳税所得额的不当目的，现行《企业所得税法》第十七条规定：企业在汇总计算缴纳企业所得税时，其境外营业机构的亏损不得抵减境内营业机构的盈利。《财政部 国家税务总局关于企业境外所得税收抵免有关问题的通知》（财税〔2009〕125号）第三条第（五）款亦规定：在汇总计算境外应纳税所得额时，企业在境外同一国家（地区）设立不具有独立纳税地位的分支机构，按照企业所得税法及实施条例的有关规定计算的亏损，不得抵减其境内或他国（地区）的应纳税所得额，但可以用同一国家（地区）其他项目或以后年度的所得按规定弥补。检视上述这些法条规定，可知其遵循的是分国亏损单列法理念，切断了在同一法人单位体系内，源自境外某国（地区）之亏损与境内或他国（地区）盈利冲抵的可能性。这种法制设计，虽能简便地切断操控境外亏损来规避境内缴税之行径，但与《企业所得税法》以法人制单位整体作为纳税人的立法主旨不符，不利于我国企业"走出去"在境外组织形式的合理选择。因此，建议修改《企业所得税法》、财税〔2009〕125号文中的相关规定，明确允许企业境内外之间的盈亏不分国别和项目均可汇总计算相互抵补，且境外未弥补完的亏损亦可从以后年度的境内外汇总所得中结转抵补①。经由上述法条的改良，使企业境外投资与国内投资享受同等的税收待遇。

（3）创建符合中国国情的税收饶让抵免制度

企业境外所得税优惠抵免亦即通说的税收饶让抵免是企业"走出去"实务中关注的一个涉税热点问题。我国《企业所得税法》《企业所得税法实施条例》均未明确规定税收饶让抵免。不过，根据国家税务总局公告2010年第1号《企业境外所得税收抵免操作指南》第七条之规定，居民企业从与我国政府订立税收协定（或安排）的国家（地区）取得的所得，按照该国（地区）税收法律享受了免税或减税待遇，且该免税或减税的数额按照税收协定规定应视同已缴税额在中国的应纳税额中抵免的，该免税或减税数额可作为企业实际缴纳的境外所得税额用于办理税收抵免。不过，审视上述规定，可知其做出的是积极性要求，即相关双边税收协定中必须有税收减免优惠抵免规定，如无规定，则投资者在投资东道国获得的税收减免在资本输出母国仍要纳税。然而，我国并未与世界上全部国家（地区）都订有双边税收协定②，且已订立的税收协定中有很多并无税收减免优惠抵免规定。如果维持现状，我国企业

---

① 当然，可参照目前《企业所得税法》第十八条规定，准予用以后年度的所得结转弥补，但结转年限最长不得超过五年。此外，在具体实施中，为防止企业人为操控亏损额，可在立法中要求上述亏损额须经会计师事务所、税务师事务所等经济鉴定机构审核、鉴证。

② 截至2020年4月底，我国已对外签署107个避免双重征税协定，其中101个协定已生效。

在境外部分国家开展投资合作所享受的东道国税收优惠就失去了意义。因而，在新时期，为了更好地扶持企业"走出去"，同时也维护国家税收利益，可以通过修订《企业所得税法实施条例》，设立有选择性的税收饶让抵免制，对国家鼓励的企业境外投资项目（具体可由财税部门出台操作性的行业项目清单，将农业、国家急需原材料、高科技之类的行业境外投资纳入扶持清单范围），其在境外享受的所得税减免优惠，无论投资东道国是否与我国订有双边税收协定及税收减免优惠抵免条款，上述这类扶持清单范围内的境外所得均可享受税收饶让抵免。通过上述规则设计，构建符合国家产业政策、契合本国实际、扶持企业宽松地"走出去"的税收饶让抵免制度。

（4）适度引入基于资本输入中性原则的免税法

国际上对跨境所得避免双重征税主要做法有抵免法和免税法两种模式，前者是基于属人的资本输出中性原则（CEN），后者是基于属地的资本输入中性原则（CIN）[①]。资本输出中性原则下采用的抵免法有助于跨国企业基于经济理性在全球内实施资本最优配置，在国际上被广泛采用，我国当前《企业所得税法》第二十三条亦规定已在境外缴纳的所得税税额，可以从其当期应纳税额中抵免。不过，抵免法操作较为复杂，无形中会增加纳税人的遵从成本。而基于属地的免税法可减少课税的复杂性，减轻"走出去"企业的税收负担，从而达致涵养税源、提升企业国际竞争力之目的，故有不少资本输出大国如法国、加拿大等采用该种模式，美国作为头号海外投资大国亦于 2018 年宣布对境外投资所得实行免税制模式。在新时期更高水平对外开放背景下，鼓励我国有实力的企业"走出去"在全球范围内投资布局成为对外经济工作中的长期方略，为此，应充分发挥税收效应，深入研判免税法的合理之处，在对我国企业境外所得避免双重征税的税收征管机制中适度引用免税法。笔者以

---

① 　这两个原则由佩吉（Peggy Musgrawe）在 20 世纪 60 年代提出。

为，为了保持境外所得税收征管机制的稳定性，照应当下国情，我国可延续以往主要采用抵免法，但可规定一定期限（譬如境外投资企业运营的前五年）内的境外所得直接适用免税法。同时，可在税收法规中列出属于国家扶持鼓励行业范围[①]的境外投资所得亦可持续适用免税法。

4. 境外直接投资相关流转税法的完善

在经济全球化时代，企业生产运营链条在全球范围延展布局，进而实现资源优化配置和效益最大化。而主权国家作为公共服务提供者，以税收形式参与社会再生产大循环中的经济利益分配。当然，课税的形式有很多种，除了前面属于直接税的企业所得税和个人所得税外，还有大量的间接税如增值税、关税等。这些税种同交易流转环节相关，属于流转税类。我国涉农企业等不少企业"走出去"在境外投资设立实体运营，其经营产出的成果如农产品、初级原材料等，基于分工和比较优势，会进口销往国内。依我国现行《增值税暂行条例》《进出口关税条例》，这类从境外投资企业进口销到国内的产品，在进口报关环节要缴纳增值税、进口关税等流转税。然而，我国设立的境外投资企业在海外开发这些产品时，绝大多数已向东道国缴过与前述性质相同的税收。依照我国现行税制，在返销回国内时要再缴纳增值税、关税这些流转税，这无疑会加重企业负担。虽说这类税收理论上均可转嫁给终端消费者，但毕竟会影响涉农企业资金流，不利于企业开展境外农业投资经营。因此，为了确立更有利于企业国际化经营的税制，促进我国需要的农产品、资源类产品等境外产品能顺畅地返销国内，建议对现行流转税法律体系做如下改良。

首先，应修订《增值税暂行条例》及其《实施细则》等配套规定，免征国内涉农企业进口其境外农业投资企业所经营产出的粮油等初级农产品返销

---

① 如农业对外合作、基础资源能源开发型行业。

进口环节的增值税。按照原有规定，此类商品进口增值税率为9%。开展农业对外合作，主旨之一是布局国际市场，打造全球化农业大产业链，保障国内农产品供应。为体现对企业境外农业投资初级农产品返销国内的支持，对涉农企业报关进口上述产品，宜视同农业生产者自产农产品，直接免征进口增值税，以减轻这类企业的税款资金占用。其次，应修订《进出口关税条例》等相关法规规章，明确规定对涉农企业报关进口其在境外开展农业对外合作产出的初级农产品返销国内免征进口关税。从实践中看，为了支持某类产品进口、引导某些行业发展，国家允许在关税征收上实行特定减免税政策（如进料加工、来料加工）。企业境外农业投资属于国家鼓励的领域，理应享受前述政策"阳光"的照耀。而且，进口关税作为一种流转税、间接税又会最终转嫁给消费者，对企业本身调节作用不大。综合上述分析，笔者认为，应修订《进出口关税条例》等相关法规规章，实行对涉农企业报关进口其在境外开展农业对外合作产出的初级农产品免征进口关税的优惠政策。通过上述税收优惠政策，从而做到一方面扶持企业的农业对外合作活动，另一方面鼓励企业将其在海外的农业合作经营成果"反哺国内"，改善国内粮食供给结构。

5. 相关税法外在表现形式的梳理及重构

法治之前提在乎有良法可依，而良法除了内容的科学精准，也涵盖形式的严谨规范。如前所述，现行有关企业海外投资具体的税收措施大部分是通过各个分散的行政规章来规定的，其形式上经常表现为财政部、国家税务总局等部门出台的"通知""试行稿""暂行办法""意见"等，具有明显的探索性、临时性和不稳定性，且法律效力层级较低，规制内容零散不尽协调。在新时期的更高水平开放背景下，为了优化我国境内资本"走出去"的国内税收环境，提升涉外税收法治化水平，今后应在总结既往税收征管经验的基础上，对境外投资相关税法外在表现形式进行整合梳理，通过科学的论证、富有前瞻性的探索，在遵循法制统一性、协调性的前提下，由国务院择机出台一部内容上具有系统性、综合性，形式上具有规范性、严谨性的涉及境外投资具体税收制度的行政法规，从而为包括农业对外合作在内的企业境外投资提供统一明晰的本国税收规则。

三、纵向层面：农业对外合作所在行业专属法的改良

法作为上层建筑，是特定时期经济基础的反映，"无论是政治的立法或市民的立法，都只是表明和记载经济关系的要求而已"[①]。因此，我国现阶段的经济立法必须同国家经济发展战略相适应。一方面，农业对外合作是广义的对外直接投资，以法治手段引领农业对外合作，必须从横向层面建立健全涉及对外直接投资的配套性法律，借此促进包括农业对外合作在内的对外投资合作稳步发展。另一方面，农业对外合作又归属于农业产业范畴，是农业行业的特定跨国投资活动。由此，完善有利于拓展农业对外合作的顶层设计和治理体系，必须对农业对外合作所在行业专属法与时俱进地进行改良。

（一）农业基本法：基于全球化时代"引进来"和"走出去"双向开放的总体要求，增加细化农业对外合作内容，提供高位阶的农业对外合作法律依据

《中华人民共和国农业法》是农业对外合作应遵循的基本"行业游戏规则"。如前所述，该法有部分条款[②]涉及农业对外交往。然而，限于制定时的历史条件，这些条款更多关注的是外资"引进来"，几乎没有明确规定"走

---

① 马克思.哲学的贫困［M］//马克思恩格斯选集（第4卷）.北京：人民出版社，1972：122.

② 主要在该法中的第十六条、第三十条、第四十一条。如第三十条："国家鼓励发展农产品进出口贸易。国家采取加强国际市场研究、提供信息和营销服务等措施，促进农产品出口。"第四十一条："国家采取措施，促进农业扩大利用外资。"

出去"的相关法律问题。在当代经济高度全球化的背景下，农业对外交往不单是敞开国门让外资涌进来，也包括我国境内投资者利用本国资金技术优势"走出去"开展海外农业并购投资，拓展农业产业国际活动空间。"实施农业'走出去'，是实现中国农业可持续发展，转移农业过剩产能的重要途径。"[①]因此，为适应新时期农业对外合作的需要，必须与时俱进地对《中华人民共和国农业法》进行再次修订，增加细化农业对外合作内容。比如，在《中华人民共和国农业法》第六章"农业投入与支持保护"这部分中的第四十一条第二款，建议修订为"国家采取措施，促进农业扩大利用外资，支持境内企业和适格的个人投资者到境外开展农业投资"；第四十五条第四款建议修订为"国家通过贴息等措施，鼓励金融机构向农民和农业生产经营组织的农业生产经营活动、向境内投资者开展的农业对外合作项目提供贷款"。通过这些条款的修订，首次在《中华人民共和国农业法》这部农业行业大法中明确规定农业"走出去"的基本国内规则，为新时期农业对外合作提供高位阶的法律保障。

（二）行政立法层面：制定农业对外合作专项法规

我国农业对外合作是在当代市场经济背景下进行的，法制是市场经济普遍采用的一种治理机制，"没有合适的法律制度，市场就不会产生体现任何价值最大化意义上的效率"[②]。在新时期更高水平对外开放背景下，为了优化农业"走出去"的母国营商制度环境，完善农业对外合作治理体系，达致以法治手段推进农业对外合作良性发展之愿景，在顶层法制规则设计方面，除了由最高立法机关提供诸如《中华人民共和国农业法》这类高位阶、一般性的

---

① 唐盛尧.浅谈农业走出去问题［J］.农村工作通讯，2016（12）：25.

② 布坎南.自由、市场和国家［M］.吴良健，桑伍，曾获，译.北京：北京经济学院出版社，1988：89.

法律保障之外，应当在次一级的法律规则层面出台更系统、更精准的专门法规来调整农业对外合作的相关问题。

1. 新时期对农业对外合作进行专项立法的积极意义

立法作为一种正式的国家规则创制，并非闭门造车，而应当契合现实需求，彰显积极的制度建构、社会调控意义。新时期农业对外合作专项立法的积极意义，亦即立法必要性，体现于如下三个方面。

（1）有助于践行全面依法治国方略，完善当代中国农业法律体系

推进全面依法治国、建设社会主义法治国家是我国在《宪法》中确立的国家治理基本方略。具体到农业领域，就是要依法治农，以法治手段来引领农业现代化，促进农业高质量可持续发展。从世界范围看，运用法治手段规制引导本国农业发展，亦是境外农业发达国家的通行做法。自 20 世纪 90 年代以来，因应农业现代化进程，我国的农业立法从无到有逐步推进，至今已初步构建起一套多层次、多领域的中国特色农业法律体系[①]。然而，在方兴未艾的农业对外合作领域，却缺乏明确、有针对性和系统性的法律保障。在经济全球化时代，农业对外合作对保障国家经济安全、提升农业产业竞争力、促进农业可持续发展具有深远意义。但农业对外合作又注定是充满风险和挑战的。所以，在全面依法治国背景下，国家应主动作为，谋定而后动，加强顶层法制设计，循序渐进地推动农业对外合作专门立法，营造良性的国内法制规则环境，夯实投资者"走出去"的母国制度基础，补足农业对外合作立法短板，进而完善新时期中国农业法律体系。

---

① 截至 2019 年年底，以《中华人民共和国农业法》为基本法，包含 26 部全国人大常委会制定的法律、约 80 件国务院制定的行政法规和相关部委规章、1300 多部地方性法规组成的中国农业法律体系已经初步形成。

（2）有助于规制农业对外合作主体行为，保障农业对外合作良性推进，建立农业对外合作长效机制

"法治是最好的营商环境"，其能依法平等保护各类市场主体的合法权益，规范政府和市场的边界，调整各类市场主体的利益关系[①]。农业对外合作本质上是一种资本、技术、人才资源等要素在农业产业价值链条内的国际配置活动，涉及境内外多方主体的利益关系，需要法律这种体现国家意志的正式规则介入，从而厘清各自利益关系，规范各方主体行为。如果我国相关立法机关能够在契合农业对外合作现实要求的基础上，制定出一部精准可行的农业对外合作"良法"，则投资者就能依据法条要求指导自身从前期筹办到后期运营的一系列投资活动，借此实现微观个体投资利益诉求与上层法律意志要求的一致性，引领农业对外合作沿着正当的法制路径推进。此外，通过科学审慎的立法，将农业对外合作的参与主体、合作形式、监管模式、投资便利化扶持措施等以法律条款的权威形式厘定出来，并以法特有的实施和制裁机制去推行之，如此则能发挥法律普适性、确定性、强制性的规制调控功能，确保农业对外合作持续稳健地推进下去，建立农业对外合作的长效治理机制，解决农业对外合作的深层次矛盾问题。

（3）有助于保障农业境外投资安全，防范境外投资风险

"农业对外合作作为跨境投资活动，境内投资者要注入资金、技术、人力等资源拓展国外市场，要应对复杂难测的国际投资环境，投资回收周期又因为行业特点往往较为漫长，故其面临的投资运营风险通常高于境内投资项目。"[②]为了规避投资风险，保障投资安全，在微观层面上，作为"走出去"风险承担主体的境内投资者本身要夯实"扬帆出海"的经营基础，量力而行、谋定而后

① 陆娅楠，吴秋余，刘志强，等.法治是最好的营商环境［J］.公民与法（综合版），2019（5）:6-8.

② 李兴国.中国农业对外合作国际规则构建研究［J］.亚太经济，2019（2）：129-133.

动，通过科学审慎的评估机制进行理性的对外投资决策。在宏观层面上，我国立法机关也应审时度势，出台相关立法，为境内投资者"走出去"提供有力的资本输出国法律保障机制。法律是防范应对境外投资风险的重要依据，若能推出一部适宜可行的农业对外合作"良法"，我国拟"走出去"的投资者就能对照立法要求，合法合理地开展投资前期筹办和后期运营活动，从而有效规避因为逾矩越规可能引发的非市场风险及争议。纵然发生风险和争议，亦可借助法律确定的救济方式维护自身正当权益。有鉴于此，适时出台农业对外合作专项立法对保障农业境外投资安全、防范投资风险具有积极意义。

2. 农业对外合作专项立法的路径

农业对外合作专项立法，本质上是一种特定产业领域的"游戏规则"设计，唯有秉持市场经济条件下建构理性主义之理念，充分照应我国法治现实和农业"走出去"情势，选择合适的立法路径，并依循一定的立法原则，才能制定出具有科学合理性、现实适用性的农业对外合作法律规则。

立法是一项严谨细致、责任重大的社会治理规则创制活动，需要依据法定的权限、遵循法定的流程。我国的最高立法机关是全国人大及其常委会，其制定的是具有最高适用效力的狭义上之法律。然而，作为最高立法机关的全国人大及其常委会，现阶段需应对的立法事项千头万绪，短期内欲将农业对外合作这一特定领域纳入其立法议程殊为不易。笔者以为，可采取渐进式的立法路径，即在近期内先力争出台属于行政法规层面的《农业对外合作条例》。具体操作上，可由农业农村部牵头，遵循理性、审慎、集思广益之原则，经由一定程序，广泛组织有关实务部门、智库研究机构的专家进行深入调研论证，在此基础上，拟订出《农业对外合作条例》的草案初稿，最终按行政法规的制定程序，经国务院法制机构审查后提交国务院常务会议审议通过。该条例施行若干年限后，在总结汲取其施行过程中的经验教训的基础上，待时机成熟，再由国务院提交全国人大常委会审议制定更高位阶的农业对外合作专门法律。这种渐进式的立法路径，是未来农业对外合作专项立法较为务实可行的选择。

3. 农业对外合作专项立法的主要规制内容

法作为上层建筑，是由特定时期经济基础决定的，"每一时代的社会经济结构形成现实基础，每一个历史时期的由法的设施和政治设施以及宗教的、哲学的和其他的观念形式所构成的全部上层建筑，归根到底都应由这个基础来说明"[①]。因此，我国现阶段的农业对外合作立法必须同国家经济发展战略、农业对外合作相适应，"立法者代表人民的意志，在实际政治生活中进行活动。他们必须把经济上和社会上的要求与立法活动联系起来，制定出反映人民意志和愿望的法律"[②]。在更高水平对外开放背景下，应深刻秉持融会前述三项立法原则，按照正式法律的构成逻辑理路，在农业对外合作专项立法中界定如下关键内容。

（1）农业对外合作形式及对外合作主体

农业对外合作专项立法，从部门法属性来说归于经济法的范畴。而一部科学制定并能得到有效实施的经济法规，必须照应市场经济环境下经济法的职责，明晰地界定自身所需要聚焦调整的对象。所以，在农业对外合作专项立法这部经济法规中，必须开宗明义地界定如下两项关键性的规制调整对象。

①农业对外合作形式。广义的农业对外合作包括商业性的农业产品、技术、服务对外贸易及农业对外投资，也包括非营利性、援助性的农业技术、管理、产业信息对外交流及咨询活动。为了顾及现实，增强法律的适用性及

---

①　马克思恩格斯全集（第25卷）［M］.中共中央马克思恩格斯列宁斯大林著作编译局.北京：人民出版社，1974：392-393.

②　梅利曼.大陆法系［M］.顾培东，禄正平，译.北京，知识出版社，1984：94.

规制执行效果，当下农业对外合作专项立法中所界定的农业对外合作形式，宜采取窄口径，仅限农业对外投资①。农业对外投资的具体形式，结合近年来农业对外合作实践经验，立法中可明确规定涵盖如下：一是进行项目开发契约式合作。即境内外经营者基于各自比较优势和市场需求，未另行成立经营实体，而是通过签订农业项目合作合同，由我国境内投资者输出资金、技术、设备等，在部分农业产业项目上进行阶段性项目开发合作。目前我国"走出去"的农业企业在非洲及拉美地区广泛采用的合同种植、订单农业即属于此类。二是成立经营实体。即我国境内投资者通过新设、并购、参股等资本输出方式，在境外成立农业合资或独资企业等经营实体。这是农业对外合作的主流形式。三是在境外投资建设规模化农业合作产业园区、打造集群化农业产业链条。这是农业对外合作的较高级阶段，对"走出去"的投资者运营实力有相当的要求，也是我国政府所推动和倡导的。

②农业对外合作主体。以涉农企业为代表的农业对外合作主体是我国农业"走出去"的实际参与者和推动者。在更高水平对外开放背景下，若想在国际农业合作"丛林"中占据制胜引领地位，需要培育一大批具有强大竞争力的跨国涉农企业等适格的对外合作主体，舍此则无从谈起。笔者认为，在新时期，因应产业特点和农业"走出去"的实际运营需要，应在农业对外合作专项立法中适当放宽对外合作主体范围，明确规定所有企业和适格的中国公民个人②，均可申请开展农业对外合作。此外，对兼具援助性、投资性的农业对外技术交流合作，可在立法中规定，经备案的科研院所等机构亦可成为对外合作主体。

---

① 至于农业产品、技术、服务的对外商业性贸易则由《民法典》《对外贸易法》等相关法律调整，不列入现阶段农业对外合作专项立法调整范畴。

② 如前所述，适格的中国公民个人可从是否具备完全民事行为能力、是否存在从业限制、信用是否良好等予以认定。

（2）农业对外合作的扶持措施

在新时期更高水平对外开放背景下，农业"走出去"意义重大。然而，因其长线行业和跨境活动特点，农业"走出去"通常要承受较大的风险和挑战。为了充分发挥政府"有形之手"的能动作用，对农业"走出去"提供切实有力的支持，确保农业对外合作稳健发展，同时彰显经济法规固有的干预调控属性，在制定农业对外合作专项立法这部经济法规时，有必要深入调研近年来"走出去"的农业境外投资者遇到的困境，听取其合理的诉求，经过审慎的论证，在该法中系统性地规定如下扶持举措。

①信息及咨询服务。"知己知彼，百战不殆"，市场如战场，对拟"走出去"的投资者来说，只有掌握充分可靠的境外投资信息，及时获得有效的咨询服务，才能做出正确的投资决策，规避投资风险——诚如《孙子兵法》中《九地篇》说的"合于利而动，不合于利而止"。所以，在农业对外合作专项立法中，应制定信息及咨询服务扶持条款，规定由国家划拨财政专项基金，在农业农村部内设立专门的农业对外合作信息服务机构，利用现代信息技术手段，由该机构收集境外农业投资合作的宏观微观信息，建立"出海"项目库，对拟"走出去"的农业对外投资者提供有价值的信息及咨询服务。同时，通过立法，引导"走出去"的农业对外合作经营主体成立行业协会，并由财政资金予以一定的扶持资助，在行业协会内建立相应的境外投资信息咨询服务机构。

②资金及融资扶持。资金是企业经营的血液，是农业"走出去"的财力支持。农业对外合作项目通常前期需要注入较多的资金，而回收周期因行业特点又较为漫长，故需要投资者有充裕的资金支撑。当前，除了一些央企和有实力的民营企业之外，开展农业对外合作的境内投资者多数为中小民营企业，普遍面临资金压力。为了更好地支持农业对外合作拓展，在农业对外合

作专项立法中，应借鉴日、韩等国经验，设定资金及融资扶持条款，规定由国家财政提供配套性补助资金，对国家鼓励类的农业对外合作项目，根据对外投资额度，经投资者提出申请并按流程评审合格后，予以一定比例的财政资助。另外，鼓励引导中国进出口银行、农业发展银行这类政策性银行向农业对外合作项目的境内投资者提供政策性贷款。对符合条件的境内中小企业为开展农业对外合作而举借的商业银行贷款，经评审合格后，予以一定比例的贷款利息贴息财政资助。通过上述这些规则设计，为农业"走出去"确立一定程度的资金扶持法制保障基础。

③农业对外合作保险。农业对外合作是我国海外投资的重要组成部分。海外投资保险制度是国际上广泛施行的海外投资保护措施。农业对外合作项目通常运营回收期较长，且我国目前农业对外合作重点布局的亚非地区，又多数属于法治不彰、变乱频仍的国度。因而，农业对外合作往往要承受更多的政治风险。为了防止农业对外合作项目在境外"裸奔"，借鉴他国经验、适当开展农业对外合作投资保险业务就显得极为必要。故此，应改变之前无法可依的状态，在农业对外合作专项立法中，设定农业对外合作投资保险业务的相关条款，具体如下：一是在立法中规定，设立由农业农村部主管的承办农业对外合作保险业务的政策性保险机构。如前所述，我国仅有中国出口信用保险公司一家经营海外投资保险业务。这种独家经营的局面不一定是最优的。考虑到农业对外合作的特殊性，应当在立法中规定，设立专门的农业对外合作政策性保险机构，并对该机构承保的风险范畴、经营职责等做出界定。二是在立法中规定，鼓励农业对外合作的境内投资者按规定程序投保海外投资保险业务，引导农业对外合作政策性保险机构合理、优惠收费。对农业对外合作境内投资者因投保发生的保险费用，经投资者按规定程序申请后，可由国家财政予以适当额度的资助。

④争议救济。按照马克思主义的观点，每一既定的经济关系首先表现为利益关系，"人们奋斗所争取的一切，都同他们的利益有关"[①]。农业对外合作作为一种跨境经济活动，境内外相关主体之间会存在一系列利益交织分配关系，由此难免会产生各种投资争议。从国际投资实践来看，广义的投资争议包括三个层面：一是投资者之间的争议，二是投资者与国家之间的投资争议，三是国家之间的投资争议。而狭义的投资争议仅指投资者同东道国政府之间的投资争议。通常所谓的投资争议即指狭义的投资争议，而以国际投资仲裁为核心的 ISDS（Investor-State Dispute Settlement）机制是传统上解决该类争议的主要方式。不过，"随着国际投资格局的变化，ISDS 机制受到越来越多的批评"[②]。近年来，以协商、调解、调停等形式为主，体现协商合作精神、程序相对灵活的 ADR（Alternative Dispute Resolution）机制，即"替代性争议解决方法"，在处理国际投资争议实践中逐步受到重视。

近年来，我国农业"走出去"步伐逐渐加快，有众多的国内企业选择到非洲、拉美等土地资源丰饶的国家开展各种形式的农业投资合作。然而，上述这些国家的政局往往缺乏稳定性，农业对外合作项目的运营回收周期又相对较长，加上国外部分别有用心的媒体将我国正常的农业对外合作解读为"新殖民主义行为"，因此到这些国家投资要承受较高的政治和法律风险，经常会出现各种投资争议。对于这类投资争议，我国"走出去"的投资者往往处于"人为刀俎，我为鱼肉"的弱势地位，若通过传统的国际投资仲裁来解决，虽然具有一定的权威性，但通常会存在程序繁杂、费用高、期限长等不足之处。为了有效地防范化解争议，力求以较小的代价去维护我国投资者的

---

① 马克思恩格斯全集（第 1 卷）[M].中共中央马克思恩格斯列宁斯大林著作编译局.北京：人民出版社，1956：82.

② 唐海涛.欧盟投资者：东道国争端解决机制的改革及我国的应对策略[J].河南财经政法大学学报，2018，33（3）：145-155.

根本利益，营造和谐的国际经营环境，应借鉴国外经验，积极采用 ADR 机制来解决。为此，在农业对外合作专项立法中，应当制定争议救济条款，规定由农业农村部牵头成立农业对外合作争议调处中心，建立争议调处专家库，确立争议受理的明晰流程机制，为"走出去"的投资者遭遇的争议纠纷提供协商、调解、调停等 ADR 沟通救济方式。通过这些立法设计，切实维护我国投资者的合法权益。

（3）农业对外合作的监管机制

农业是基础民生性产业，农业对外合作涉及种质资源、基因技术、远洋渔业资质等诸多敏感关键领域。而且，农业资本输出会直接影响我国国际收支平衡状况。因此，农业对外合作同国家经济安全息息相关。在新时期推进更高水平对外开放大背景下，除了以政府"有形之手"对农业对外合作进行适度扶持之外，应贯彻前述的产业安全和投资便利化原则，借鉴其他农业资本输出国的经验，对农业对外合作进行适当的监管，确保其规范有序发展。同时，基于正式法律的强制约束性特点，规定相关的法律责任。

目前，我国对包括农业对外投资在内的境外非金融类直接投资之监管，通常会涉及发改委、商务部门、外汇管理部门三个监管机构①，总体上看对企业"走出去"行为的监管还是较为繁杂的，牵涉多个部门。在当前优化营商环境背景下，对上述监管体制进行合理改进实属必要。2018 年新一轮国务院机构改革之后，新成立的农业农村部的职能有所调整，原属国家发展和改革委员会、财政部等职能的农业投资管理审批划归农业农村部。结合上述机构改革职能调整背景，考虑到农业对外合作的行业属性及投资便利化大趋势，在农业对外合作专项立法中，对农业对外合作的监管宜做如下制度安排。

---

① 如境外投资主体是国有企业的，还需另外取得国资委的审批或备案。

　　由农业农村部统一负责对种植业、畜牧业、渔业、种质资源等初级农业对外投资进行审核。其中，一般性投资项目只需进行备案管理，但对敏感地区、敏感行业[①]的投资则需要农业农村部进行实质性的核准。农业农村部备案核准通过后，投资主体凭取得的备案或核准通知文件，向商务部及省级商务主管部门申请备案，商务部及省级商务主管部门不再进行实质性审核，而是形式审查符合要求后即予颁发《企业境外投资证书》。之后，投资主体再凭前述两个环节所取得的备案核准资料向住所地银行办理境外投资外汇登记手续。此外，除了初始投资适用上述监管程序外，对于后续变更或终止投资，亦按上述流程进行相应的报备。由此，从前期的农业对外合作项目设立到后期运营及终止，均通过立法构筑起相对合理有效的监管机制，确实发挥宏观层面的法治调控作用。

　　总之，农业对外合作是推进更高水平对外开放的重要经贸议题，法治是保障更高水平对外开放的可靠机制。为了规范有序地开展农业对外合作，完善新时期我国农业"走出去"的治理体系，适时针对农业对外合作进行系统性、专门性的立法成为必须直面的国内法制建设任务。我国具立法权的机关应基于《中华人民共和国宪法》和《中华人民共和国立法法》的要求，充分考量农业对外合作发展态势及他国经验，及时出台一部体例科学、内容合理、适应更高水平对外开放要求的农业对外合作专项法规，引领农业对外合作沿着法治路径扬帆远行、良性发展。

---

① 敏感地区、敏感行业由农业农村部另发文动态调整。

（三）国内渔业法律制度的修订：引领渔业"走出去"、促进远洋渔业发展

广义的农业包括种植业、林业、畜牧业、渔业这些细分产业形式。在现阶段，渔业在我国国民经济中占据重要地位，是我国大农业体系的重要组成部分[①]，其在保障民众膳食结构中日益增长的水产品消费需求、优化农业产业体系、维护民生和国家食物安全等方面发挥了重要作用。在 21 世纪农业深度开放时代，农业对外合作也涉及渔业对外合作，渔业是我国最早"走出去"的产业之一。而在市场经济大环境里，渔业的发展及国际化进程，离不开法制的调控引导。"法律必须是稳定的，但不可一成不变"[②]，在新时期更高水平对外开放背景下，促进渔业对外合作良性发展，必须审时度势，对国内渔业相关法律制度与时俱进地予以修订完善。

1. 《中华人民共和国渔业法》的修订完善

《中华人民共和国渔业法》（以下简称《渔业法》）出台于 20 世纪 80 年代中期，其后历经四次修正。最新修正后的 2013 版《渔业法》共有 50 条，对渔业中养殖业及捕捞业的产业政策、渔业资源的增殖和保护、渔业监管体制及法律责任做了较为全面的规定。该法中第十六条、第十七条、第二十三条款有涉及水产苗种的进出口、远洋渔业捕捞许可等对外合作内容。然而，以当下眼光检视，该法调整范围有其局限性，整体上仍囿于传统国内渔业产业

---

① 据国家统计局公布数据，2019 年全社会渔业经济总产值 26406.50 亿元，其中渔业产值 12934.49 亿元，渔业工业和建筑业产值 5899.17 亿元，渔业流通和服务业产值 7572.83 亿元。渔业经济总产值占当年农业总产值的比重超过 11%。从 1989 年起，我国水产品产量跃居世界第一位，已经连续 30 年保持世界第一。

② 博登海默.法理学——法哲学及其方法［M］.邓正来，姬敬武，译.北京：华夏出版社，1987：311.

活动，缺少对渔业"走出去"及国际化经营的关注回应①。笔者认为，我国渔业"走出去"在境外投资经营，当然主要应基于属地原则遵循投资东道国的法律、双边协定等国际条约，但基于利害关系，资本输出母国对本国境外投资者也可行使属人管辖权。为此，适应全球化时代渔业对外合作拓展需要，《渔业法》可从如下方面进行局部的修订完善。

（1）在《渔业法》总则中纳入渔业对外合作的相关内容

现行《渔业法》第四条为：国家鼓励渔业科学技术研究，推广先进技术，提高渔业科学技术水平。建议在该条后面加一款，即国家鼓励有实力的企业及适格的个人投资者，以新设、并购等形式在境外开展养殖、捕捞、加工、储运等渔业对外合作项目，完善渔业产业链条，提升我国渔业产业国际竞争力。如此，一方面可将我国鼓励渔业"走出去"的政策以国家最高立法机关层面的法律明定下来，同时也在立法中明示渔业对外合作亦属于我国《渔业法》的规制范畴，填补法律调控盲区。

（2）在《渔业法》分则中，增加鼓励开展境外渔业投资从事养殖、捕捞的条款

现行《渔业法》第二章"养殖业"第十条为：国家鼓励全民所有制单位、集体所有制单位和个人充分利用适于养殖的水域、滩涂，发展养殖业。该条主要针对的是国内水产养殖。为了明确扶持渔业对外合作，建议在该条后面增加一款，即国家在财政、信贷和税收等方面采取措施，鼓励、扶持境内单位和适格的个人依法在境外设立投资项目，从事养殖生产。此外，现行《渔业法》第三章"捕捞业"第二十一条为：国家在财政、信贷和税收等方面采

---

① 例如，该法第二条规定："在中华人民共和国的内水、滩涂、领海、专属经济区以及中华人民共和国管辖的一切其他海域从事养殖和捕捞水生动物、水生植物等渔业生产活动，都必须遵守本法。"上述条款未将我国渔业企业在境外的养殖和捕捞、加工、储运等纳入《渔业法》调整范畴。

取措施，鼓励、扶持远洋捕捞业的发展，并根据渔业资源的可捕捞量，安排内水和近海捕捞力量。该条款涉及远洋捕捞，但较为笼统（一般意义上理解，远洋捕捞包括到公海和他国管辖海域的捕捞），建议修订为：国家在财政、信贷和税收等方面采取措施，鼓励、扶持远洋捕捞业的发展，鼓励、扶持境内单位和适格的个人依法在境外设立投资项目从事境外捕捞作业，并根据渔业资源的可捕捞量，合理安排境内、境外捕捞力量。通过上述部分条款的修改，进一步细化渔业对外合作的扶持举措，统筹安排境内境外渔业产业链条。

2.《远洋渔业管理规定》的修订完善

我国涉外渔业管理的最直接依据是法律层级较低的部门行政规章《远洋渔业管理规定》，该规定于 2003 年 4 月 18 日由原农业部制定，2020 年 2 月农业农村部又做了全面修订，出台了新的《远洋渔业管理规定》，自 2020 年 4 月 1 日起施行。新出台的《远洋渔业管理规定》共有 44 条，涉及远洋渔业项目申请和审批、远洋渔业企业资格认定和项目确认、远洋渔业船舶和船员、监督管理等方面内容。对比分析，新的《远洋渔业管理规定》在诸多方面进行了重大改进[1]，体现了立法照应现实、服务社会的基本要求。然而，从 21 世

---

[1] 根据农业农村部网站的解读说明，新的规定改进之处如下：一是接轨国际管理规则。新《规定》更强调养护和合理利用海洋渔业资源、可持续发展远洋渔业、合理控制船队规模。涉及远洋企业、渔船、船员的责任和监督管理措施与现行国际规则和要求相衔接。二是强化涉外安全管理。新《规定》进一步加强渔船和船员的责任，对渔船淘汰报废、悬挂国旗、外观标识、船员配备、变更国籍等做出明确要求。进一步强化安全生产，明确了远洋渔业企业、管理人员和船长的安全生产责任，增加了对渔船海上作业、登临检查、通航他国水域、进入他国港口、环保排污等要求。三是加大违规处罚力度。新《规定》对原有 11 种违法情形进行梳理，将从事 IUU 捕捞、故意关闭船位监测设备等增补为违法行为，列出了 13 种违法行为，视情节轻重依法予以处罚，违法情节严重的企业将被暂停或取消从业资格。同时，明确建立远洋渔业从业人员"黑名单"制度，存在严重违法违规行为、对重大安全生产责任事故负主要责任和引发远洋渔业涉外违规事件的企业主要管理人员、项目负责人和船长，纳入远洋渔业从业人员"黑名单"管理。四是便利管理相对人。新《规定》对远洋渔船作业涉及的项目审批、项目确认、项目执行、资格授予、年度审查、项目终止等环节进一步梳理和明确。同时，根据"放管服"改革要求，取消了渔船勘验报告等材料。

纪渔业产业链条全球化、远洋渔业企业经营国际化及完善涉外渔业顶层法制设计这一视野来检视，2020年新出台的《远洋渔业管理规定》仍存在不尽完善之处，未来可从如下方面予以修订改良。

（1）形式上，将部门行政规章名称修改为《远洋渔业及渔业对外合作规定》或《涉外渔业规定》。

现行《远洋渔业管理规定》自2003年出台以来，虽已历经2004年、2016年、2020年三次修订，然综观之，其调整范围仍然偏窄，不能充分起到作为涉外渔业活动基本法律依据的应有作用。从其名称就可看出，该规定主要侧重界定远洋渔业行政管理法律关系，具有明显的公法特征。且《远洋渔业管理规定》所定义的远洋渔业系指"中华人民共和国公民、法人和其他组织到公海和他国管辖海域从事海洋捕捞以及与之配套的加工、补给和产品运输等渔业活动"。该定义与渔业对外合作并未能完全等同。例如，我国境内某单位走出国门设立境外渔业投资企业，通过该境外渔业投资企业在他国管辖海域从事养殖、捕捞加工、储运等渔业活动，上述这一系列活动不能直接归为远洋渔业。所以，诸如渔业对外合作在内的涉外渔业法律关系牵涉面甚广，其既有大量的公法关系，亦有诸多在市场经济条件下相当重要的私法关系，现行的《远洋渔业管理规定》鉴于其法律性质定位难以对这类重大问题进行全面调整。在新时期，为了更好地发展远洋渔业，促进渔业"走出去"，我们有必要总结以往经验，以更高远的视野对现行《远洋渔业管理规定》做出全面修订。正所谓"名不正则言不顺"，为了理顺关系，首先在形式上宜将修订后的规章名称相应改为《涉外渔业规定》，以彰显其作为涉外渔业基本"游戏规则"的特性，淡化"管理"色彩，从而更为全面地对包括远洋渔业、渔业对外投资合作在内的一系列问题进行系统规定。

（2）实体内容上，应确立一套健全合理的涉外渔业监管和促进法律制度，对包括渔业对外合作在内的涉外渔业活动进行科学引导规制。

2012年中共十八大报告提出，要提高海洋资源开发能力，发展海洋经济，建设海洋强国。随着建设海洋强国方略的提出，近年来从中央到地方，出台了一系列发展海洋经济、扶持远洋渔业、促进渔业"走出去"的政策文件①。但政策文件的约束性和强制性较差，并非真正意义上的刚性法律法规。为了以法治的长效机制更加有力地推动我国渔业"走出去"，有必要根据我国《立法法》《规章制定条例》及其他上位法等相关法律规定，梳理近年来扶持远洋渔业、促进渔业"走出去"的政策举措，结合涉外渔业发展的现实情况，制定一部系统性的涉外渔业行政规章。在该部规章的实体内容设计上，应与时俱进，改变以往重管制、轻服务的刚性模式，适应当前优化营商环境、扶持产业发展的总基调，参照近年来国际渔业管理规则的最新变化，注重合理引导、适度扶持、有序监管相结合的立法原则。为此，在该部规章中，建议界定如下主要内容。

①涉外渔业的监管机制。这部分可参照沿用现行《远洋渔业管理规定》的内容，增加渔业对外直接投资的审批规定，建立涉外渔业事前、事中、事后的监管机制。除此之外，为推进涉外渔业转型升级并做优、做强，杜绝低端竞争，应在《远洋渔业管理规定》所设准入门槛的基础上，适当提高境内企业从事涉外渔业的资质条件，具体可从企业的注册资本、自有渔船数量、适任船员配置、投资者经营信用记录等方面做出明晰规定。

---

① 如2013年3月8日国务院发布的《关于促进海洋渔业持续健康发展的若干意见》（国发〔2013〕87号）、2012年11月农业部发布的《农业部关于促进远洋渔业持续健康发展的意见》（农渔发〔2012〕30号）。此外，部分省份如福建这样的远洋渔业大省也出台了地方性政策，如《福建省人民政府关于促进海洋渔业持续健康发展十二条措施的通知》（闽政〔2013〕43号）、《福建省人民政府关于进一步加快远洋渔业发展五条措施的通知》（闽政〔2015〕24号）等。

②对涉外渔业的扶持措施。应总结近年来从中央到地方出台的政策性文件中所提出的对远洋渔业及渔业"走出去"进行扶持的有益措施，以更权威更具约束力的正式规章这一立法形式，在《涉外渔业规定》中详细界定对涉外渔业活动予以的财政、信贷、税收、保险、人才储备培养等具体扶持举措，彰显该规章作为促进法的特色。

（四）畜牧业法律制度的修订

畜牧业是我国大农业体系中的重要组成部分，也是我国保障粮食安全、优化居民膳食结构的重要支撑。如果说吃得饱主要是靠种植业，那吃得好在很大程度上就要靠畜牧业。在经济全球化时代，我国农业对外合作也包括畜牧业对外合作。近年来，在"一带一路"等对外开放方略引领推动下，我国畜牧业对外合作有了长足发展，涌现了光明牧业、新希望集团等较有影响的畜牧业"走出去"龙头企业。

在当今竞争激烈的市场经济环境里，畜牧业整体的持续健康发展及对外交流合作的顺利进行，均有赖于法制的调控指引。2005 年 12 月，十届全国人大常委会第十九次会议通过了《中华人民共和国畜牧法》（以下简称《畜牧法》），时隔十年，2015 年 4 月，十二届全国人大常委会第十四次会议又对之进行修正。修正后的《畜牧法》有 73 条，其中第十五条、第十六条、第十七条及第三十一条涉及畜禽遗传资源的进出境和对外合作研究利用的审批、种畜禽进出口管理等对外合作内容。此外，2008 年 8 月 20 日，国务院根据前述《畜牧法》以国务院令第 533 号发布了《中华人民共和国畜禽遗传资源进出境和对外合作研究利用审批办法》（以下简称《审批办法》），自 2008 年 10 月 1 日起施行。该审批办法共 28 条，主要规定了畜禽遗传资源进出境和对外合作研究利用的审批监管机制。

检视上述《畜牧法》及国务院配套制定的《审批办法》，其调整畜牧业对外合作的面非常窄，主要是畜禽遗传资源进出境和对外合作研究利用、种畜禽进出口，且具体条款集中在行政管制措施上。至于畜牧业对外投资合作的相关内容几无涉及。在新时期更高水平对外开放背景下，为了更加有效地利用全球农牧资源、进一步开拓国际市场、保障国内肉蛋奶等高品质食物供给，应当审时度势，建立健全有利于畜牧业对外合作的法律制度。

1. 对《畜牧法》进行合理修订，以经济全球化的更宽广视野，增加畜牧业对外合作的内容

（1）在《畜牧法》总则中，加入鼓励、支持畜牧业对外合作的框架性条款。现行《畜牧法》第三条第一款为：国家支持畜牧业发展，发挥畜牧业在发展农业、农村经济和增加农民收入中的作用。县级以上人民政府应当采取措施，加强畜牧业基础设施建设，鼓励和扶持发展规模化养殖，推进畜牧产业化经营，提高畜牧业综合生产能力，发展优质、高效、生态、安全的畜牧业。第二款为：国家帮助和扶持少数民族地区、贫困地区畜牧业的发展，保护和合理利用草原，改善畜牧业生产条件。建议在前两款之外，增列第三款，即国家支持畜牧业开展对外合作，鼓励境内企业和个人到境外开展畜牧并购投资，鼓励境外畜牧业投资企业将生产的优质畜牧产品经检疫程序返销国内。通过在总则中增列上述条款，将我国对畜牧业对外合作的基本政策取向以更为明晰的立法形式固定下来，以达到更好的法律调控指引效果。

（2）在《畜牧法》分则"畜禽养殖""畜禽交易与运输"这些章节中，增加涉及对外合作的内容，健全畜牧业对外合作的全产业流程扶持及监管引导机制。例如，现行《畜牧法》第三十六条为：国务院和省级人民政府应当在其财政预算内安排支持畜牧业发展的良种补贴、贴息补助等资金，并鼓励有关金融机构通过提供贷款、保险服务等形式，支持畜禽养殖者购买优良畜禽、繁育良种、改善生产设施、扩大养殖规模，提高养殖效益。基于前述促进畜牧业对外

投资合作之要求，建议修订为：国务院和省级人民政府应当在其财政预算内安排支持畜牧业发展的良种补贴、贴息补助、境外投资补助等资金，并鼓励有关金融机构通过提供贷款、保险服务等形式，支持畜禽养殖者购买优良畜禽、繁育良种、改善生产设施、扩大养殖规模，支持有实力的境内投资者到境外开展畜牧业投资。此外，在该法第五章"畜禽交易与运输"中，也应对境外畜牧业投资企业返销国内的畜禽产品的交易与运输做出相应的规定，既从生物安全要求依法予以监管，又要体现鼓励"走出去"反哺国内导向，利用现代智能信息技术对境外投资产品返销国内予以便利化待遇。总之，经由前述局部性的修订完善，使我国的《畜牧法》成为一部具有国际化视野、适应畜牧业"走出去"需要的良法，完善畜牧业对外合作的法律调整治理机制。

2. **择机出台一部具有法律约束性的畜牧业对外合作专项行政法规，对畜牧业对外合作做出系统明晰的界定**

畜牧业是现代大农业体系的重要组成部分，是提高国民营养膳食水平的产业之源，畜牧业对外合作是经济全球化时代我国畜牧业做大做强、保持产业链竞争优势的必然选择。畜牧业对外合作的良性稳健发展有赖于健全法制的调控。我国《畜牧法》虽可涉及畜牧业对外合作的初步内容，但该法主要规制的是国内的畜牧业活动，仅有的少量涉及对外合作内容的法条过于简略原则，实操性不强。此外，国务院虽然发布了《审批办法》，但其调整面过窄，无法承担起畜牧业对外合作基本法规的功能。故此，建议由国务院主导，择机出台一部具有法律约束性的畜牧业对外合作专项行政法规，该法规名称可定为《畜牧业对外合作条例》。在具体法规内容设计上，应注重与之前《农业对外合作条例》的承启衔接，贯彻开放、绿色、共享、投资便利、市场主导、产业安全这些基本立法原则，结合畜牧业的行业特点，对畜牧业对外合作的适格主体、合作形式、扶持举措、审核监管机制、法律责任等做出具体完整、富有针对性的规定。通过创制这部系统明晰的畜牧业对外合作专项行政法规，结合前述《畜牧法》《审批办法》，借此构建一套相对健全的我国畜牧业"走出去"国内法制体系。

第二节　农业对外合作的国际规则构建

农业对外合作是国内资本基于经济理性抉择到境外创办经营实体从事涉农产业活动的跨境投资行为。这种投资行为具有跨国性、长期性、多要素组合性、逐利性、不确定性等多种特点。在当前更高水平对外开放背景下，农业对外合作欲顺利推进，除了提供友好适宜的国内法制体系作为"走出去"之内部"家规"外，更重要的是创建良性的国际投资外部环境，优化我国农业"走出去"的国际法制基础，减少国际化经营中的外部协调成本。因此，必须立足高远，全面审视现有农业对外合作双边、多边、全球性规则存在的不足，积极参与国际农业治理，着力推动构建更为公平合理的农业对外合作国际规则体系。

一、构建总体指导原则

构建农业对外合作国际规则本质上是一种国际农业治理制度的设计和创建，必须遵循一定的原则，才能确保制度的正面功效。有鉴于此，笔者认为，应注意秉承如下原则。

（一）整体设计原则

在 21 世纪风云际会、百年未有之大变局背景下，构建农业对外合作的国际规则体系，必须统筹兼顾如下关键因素：一是适应我国建设更高水平开放型经济新体制这一对外开放方略的总体安排；二是对标我国传统农业向现代型、开放型农业转型升级的产业趋势；三是立足我国农业对外合作主要布局区域巨大的发展差异及多样化的国际环境。因此，我国政府相关部门在着手推动构建农业对外合作规则体系时，应当通盘考虑上述因素，充分吸纳学界与实务界专业人士意见，把握农业"走出去"的主要矛盾，从战略全局高度进行整体规划设计，借此推动相关各方构建程式和内容上均较为科学合理的农业对外合作国际规则体系。

（二）逐步推进原则

在经济全球化深度推进时代下构建农业对外合作的国际规则体系，牵涉农业国际产业链条上各国及民间参与主体的切身利益。由于各自发展背景和利益诉求存在诸多差异，要达成共识缔结各方均能认可接受的规则，这个过程往往较为曲折甚至历久无功。故对这种构建要有清醒的认识，要保持足够的定力，本着先易后难、逐步推进的原则，从较易达成的双边投资协定入手，延展到区域性多边协定，再到全球性多边协定，在摸索积累经验的基础上稳步推动农业对外合作国际规则构建，扎实推进国际农业治理。

（三）互利共荣原则

农业对外合作是经济全球化背景下的跨国产业活动，必须尊重东道国的经济主权，确保合作各方通过投资合作切实提高彼此收益，真正做到互利共荣，促进农业对外合作赢得投资东道国民心从而持久运营下去。从长远考虑，在经济全球化深度推进时代下构建农业对外合作国际规则体系，必须充分体现互利共荣原则，充分照应投资目的地国家和当地民众的利益诉求，将"构建人类命运共同体"的理念对标贯彻到农业对外合作国际规则条款之中，借此确立新型跨国投资合作关系。

（四）产业优化升级及可持续发展原则

新时期我国推进的农业对外合作，不是以邻为壑式的落后产能和技术的输出，而应"风物长宜放眼量"，以宽广的经营视野和高度的经济自信，输出先进的农业技术和产能。在国外投产的项目，应是优质高效、引领潮流、切实能提升带动当地农业产业转型升级、实现可持续发展的项目。这样做的后果，短期内可能会给国内的农业产业带来压力，但从长远看，会进一步激发提升国内农业产业竞争力，实现国内国际两个市场的良性互动。因而，在构建设计农业对外合作国际规则条款时，应着力贯彻产业优化升级及可持续发展原则，体现"限制落后、扶持先进"的制度安排，对优质高效的农业对外合作项目予以相应的投资便利化待遇和鼓励扶持措施。

二、构建具体指导思路

国际条约依其参加主体可分为双边协定、区域性多边协定、全球性多边协定这三个层面。农业对外合作国际规则体系亦由上述三个层面构成。致力于创建更加有利于农业"走出去"的国际投资宏观场域，针对这三个层面，可依循如下具体思路分别推动构建。

（一）双边协定层面

1. 双边投资协定

双边投资协定是最具灵活性与针对性的国际投资规则。"双边投资协定提供了一种异于国家制度的投资保护，能够替补东道国制度的缺位，东道国的制度环境越差，签署双边投资保护协定对于促进和保护投资的作用越大。"[①] 在

---

① 竺彩华，李诺．全球投资政策发展趋势与构建"一带一路"投资合作条约网络［J］．国际贸易，2016（9）：58-65．

当前国际社会对跨国直接投资规制理念及利益诉求歧异较大的情势下，缔结广覆盖、精细化的双边投资协定是推动我国农业"走出去"的有效手段。具体举措如下。

（1）进一步推动签署双边投资协定，实现双边投资协定在全球范围内的普遍覆盖

当前我国已签署并生效的双边投资协定有105个，与我国农业对外合作重点布局区域的多数国家均签订了这类协定。不过，从全球政治版图来看，仍存在诸多缔约空白点。例如，亚洲国家伊拉克、巴勒斯坦、不丹、文莱、阿富汗、马尔代夫、尼泊尔[1]等，以及非洲的大多数国家[2]，因为外交等诸多原因仍未缔结双边投资协定。这些国家虽多属中小不发达国家，经济地位不突出，属于国际社会的"弱势群体"，但也是农业国际产业活动空间范畴内不可忽略的节点。"不谋全局者，不足谋一域"，我国商务部等政府有关部门应洞察经济全球化深度推进大势，着眼全局，主动作为，先易后难，适时启动与这些尚未缔约国家的磋商谈判，争取早日签订双边投资协定，实现对世界上绝大多数国家双边投资协定的网络化覆盖，尽可能多地为我国农业境外投资者到全球投资提供直接规则保障，营造稳定、透明、可预期的域外投资环境。

（2）完善细化双边投资协定的内容条款

当前我国已签订生效的105个双边投资协定中，有71个系20世纪八九十年代订立的。彼时，我国对外开放以将外资"引进来"为主基调，且

---

[1]　2001年5月14日，中尼两国在加德满都签订了《中华人民共和国政府和尼泊尔王国政府关于对所得避免双重征税和防止偷漏税的协定》，并于2010年12月31日起正式生效。但两国间尚未签订双边投资协定。

[2]　非洲共有60个国家，但截至2019年10月底，只有加纳、埃及、摩洛哥、毛里求斯、津巴布韦、阿尔及利亚、加蓬、尼日利亚、苏丹、南非、佛得角、埃塞俄比亚、突尼斯、赤道几内亚、马达加斯加、马里、坦桑尼亚、刚果、民主刚果这19个国家与我国缔结了双边投资协定，约占非洲国家总数的三分之一。

与众多发展中国家签订的双边投资协定中，有些系出于南南合作等政治外交原因而缔约，政治意义大于经济、法律意义。限于当时条件，这些协定多采用第一代的欧洲（德国）双边投资协定模式，以投资保护为主，协定的条款不多，多数为 13～16 条，且条款较为粗略[1]，缺乏实用性。总体来看，大多数双边投资协定已不能适应新世纪我国资本大规模"走出去"的需要。为推进包括农业对外合作在内的境外直接投资的良性发展，我国政府相关部门应借鉴他国双边投资协定的成功经验，通过坚持不懈的沟通谈判，与时俱进地对已订立或即将订立的中外双边投资协定条款从如下方面进行精细化的修订设计。

①改进协定中对"投资"的界定。我国早期所签的双边投资协定，对拟保护的"投资"多采取概括式、开放式的定义[2]，由此导致可能引发保护诉求的投资过于宽泛，缔约方所承担的责任随之增大。结合晚近以来国际上双边投资协定的演进趋势，建议对已订立或即将订立的中外双边投资协定中的"投资"采用北美双边投资协定版本中封闭列举式的界定，从而明确厘清协定

---

[1] 比如，中国与哈萨克斯坦于 1992 年 8 月 10 日签署的双边投资保护协定，目前仍在适用。该协定相关条款中，没有约定投资者利润再投资是否属于协定所保护的"投资"；在投资待遇上，没有规定国民待遇原则；在征收与补偿条款中，没有明确补偿的标准；在争端解决方面，没有规定补偿额之外的争议如何解决。

[2] 如 2003 年 12 月 1 日中德两国在北京重新签订的《中华人民共和国和德意志联邦共和国关于促进和相互保护投资的协定及议定书》中，第一条中关于投资的定义为："投资"一词系指缔约一方投资者在缔约另一方境内直接或间接投入的各种财产，包括但不限于：（一）动产，不动产及抵押、质押等其他财产权利；（二）公司的股份、债券、股票或其他形式的参股；（三）金钱请求权或其他具有经济价值的行为请求权；（四）知识产权，特别是著作权、专利和工业设计、商标、商名、工艺流程、商业秘密、专有技术和商誉；（五）法律或法律允许依合同授予的商业特许权，包括勘探、耕作、提炼或开发自然资源的特许权。作为投资的财产发生任何形式上的变化，不影响其作为投资的性质。

保护的"投资"的具体范围，减少不确定性①。此外，结合我国近年来"走出去"的实际情况，协定中保护的"投资"应涵盖投资者利润再投资及我国境内外资企业对另一缔约国的投资，借此弥补之前保护的空白点。

②对标国际先进理念，完善投资待遇。首先是投资准入前的待遇。自20世纪90年代以来，随着国际投资自由化理念的推行传播，对投资准入前实行国民待遇＋负面清单的模式成为一种广泛采用的引资举措。我国2020年开始生效的《外商投资法》亦明确采用这种模式②。故在今后修改已有协定或缔结新协定时，应着力将投资准入前实行国民待遇＋负面清单的这一新机制吸纳进去。其次是投资准入后的基本待遇，协定中应包括国民待遇、最惠国待遇、公平公正待遇这些基本原则，且这些原则适用于投资运营各个阶段。同时，前述三项待遇原则在协定中的具体内涵及关系、适用的例外情形要厘清，确立以国民待遇、最惠国待遇原则为基础，公平公正待遇原则为补充性的最低保障原则。

③确立明晰的社会责任条款。在近年来的国际投资实践中，适应可持续发展理念和国内民众诉求，各国愈发重视外来投资所应承担的社会责任及对公共利益的维护。2012年美国推出的最新版双边投资协定范本中，包括了对环保、劳工权益等社会责任的规定，也涉及了对公共利益的关注。该版本是国际双边投资协定的最新标杆范本，为众多国家重视和采用。我国之前签订的多数双边投资协定，未涉及环保、劳工权益这些社会责任规定。为此，在

①　2012年9月中国与加拿大签订的《中华人民共和国政府和加拿大政府关于促进和相互保护投资的协定》对"投资"的界定已做到了这种要求。该协定中对投资本身未做概括定义，但列举了十种情形，以及两种不属于投资的例外情形。

②　该法第四条规定，国家对外商投资实行准入前国民待遇加负面清单管理制度。前款所称准入前国民待遇，是指在投资准入阶段给予外国投资者及其投资不低于本国投资者及其投资的待遇；所称负面清单，是指国家规定在特定领域对外商投资实施的准入特别管理措施。

今后修改已有协定或缔结新协定时，应充分照应绿色、可持续发展理念，借鉴国际经验，注重环保责任规定，发展"环境友好型"的对外投资。另外，应适应多数国家注重人权、注重劳工权益保护的潮流，在协定中对外资的用工、劳动待遇及社会保障、劳动权利、人员流转、维权申诉等做出合理的规定，体现新时期我国作为负责任大国背景下对外投资的社会担当。

④改进征收补偿条款。征收补偿条款是双边投资协定的核心条款之一，是关系跨国投资者切身利益和投资安全的实质性保护规则。东道国对外来投资的征收，通常认为包括直接征收和间接征收①，后者是在不直接转移或剥夺财产权的情况下，剥夺投资者对其财产的使用和享有的权利，其效果相当于直接征收。目前，对间接征收的具体内涵及认定标准争议很大，是国际投资争议焦点之一。我国进入 21 世纪以来所签订的部分双边投资协定，对标国际潮流，对间接征收进行了规定②。然而，在 20 世纪八九十年代所签订的不少双边投资协定，却未涉及间接征收的内容，这种局面不利于新时期我国企业"走出去"到境外投资权益的全面保护。为此，今后修改已有协定或缔结新协定时，应加入间接征收的规定，细化间接征收中"采取与征收或国有化等同的任何措施"的内涵，并明确公共利益例外适用情形。此外，我国早先签订的多数双边投资协定，对征收的补偿条款较为粗略，不具备可操作性，且极易引发争议。为此，应择机推动对不合时宜的协定的修订，在补偿标准上借

---

① 国外部分投资协定征收条款中有的进一步将征收界定为三种形式，即"直接征收""间接征收"以及"任何与征收等同或类似的行为"。

② 在 2006 年 11 月 21 日中国和印度在新德里签订的《中华人民共和国政府和印度共和国政府关于促进和保护投资的协定》中，就涉及了间接征收。该协定中第五条第一款为：缔约任何一方的投资者在缔约另一方境内的投资不得被国有化、征收或采取效用等同于国有化或征收的措施（以下称征收），除非是为了公共目的、依照法律在非歧视性的基础上采取并给予公平和公正的补偿。此后，2008 年《中华人民共和国政府和新西兰政府自由贸易协定》、2012 年《中华人民共和国政府、日本国政府、大韩民国政府关于促进、便利及保护投资的协定》等对间接征收均做了规定。

鉴国际上盛行的"赫尔法则",对所征收的财产予以充分、及时、公正的补偿,补偿的对价采用征收时点上"公平市场价值"来计量,并设定补偿的支付方式、期限及申诉复议途径。经由这些规则的改进设计,发挥新时期双边投资协定对我国境外投资的安全保障作用。

⑤改进争端解决机制。狭义的投资争端主要指境外投资者和投资东道国政府的争端,其公正恰当的解决对投资者权利救济意义重大。投资争端解决机制是双边投资协定的重要规制内容。我国早期签订的多数双边投资协定,有初步涉及投资争端解决条款,但总体较为简略,且争端解决的范围较为狭窄,解决渠道多强调用尽东道国救济手段,较少诉诸"投资争端解决国际中心"(ICSID)这类较为权威的国际仲裁机制[①]。在新时期,为了更好地扶持包括农业对外合作在内的我国境外投资事业,有效维护我国境外投资安全,今后修改已有协定或缔结新协定时,在投资者和投资东道国政府的争端解决条款设计上,应平衡国际仲裁与国内司法的适用,尽量选择通过"投资争端解决国际中心"等权威的机构进行国际仲裁,同时明确适用国际仲裁的争议范围及仲裁工作程序。

---

① 例如,我国于 1985 年签订、当前仍在适用的《中华人民共和国政府和意大利共和国政府关于鼓励和相互保护投资协定》,仅对缔约一方和缔约另一方的国民或公司就征收补偿额的争议予以规定,且规定解决程序为:1. 采取征收措施的缔约一方有管辖权的法院判决;或 2. 专设国际仲裁庭裁决。该协定中未提及通过"投资争端解决国际中心"进行国际仲裁。此外,我国于 1985 年签订、当前仍在适用的《中华人民共和国政府和丹麦王国政府关于鼓励和相互保护投资协定》,其第八条规定:一、缔约一方的国民或公司与缔约另一方之间因有关在缔约另一方领土内的投资而发生争议,该国民或公司可向缔约另一方有管辖权的机构提出申诉,争议双方将通过协商以求解决。二、如果上述争议在六个月内不能解决,争议任何一方有权将争议提交接受投资缔约一方有管辖权的法院。三、有关第四条规定的征收补偿款额的争议,有关的国民或公司在诉诸本条第一款的程序后六个月内仍未解决,可将争议提交由双方组成的国际仲裁庭。从上述规定可见,投资争议要穷尽东道国国内救济手段,仅征收补偿款额的争议可通过双方组成的国际仲裁庭来进行仲裁。该协定同样未提及投资争议可通过权威的"投资争端解决国际中心"进行国际仲裁。其他 20 世纪八九十年代所缔结协定亦存在类似规定。

2. 双边税收协定

税收是企业价值分配链条的重要环节，也是我国企业"走出去"开展国际化经营的重要考量因素。企业到境外进行直接投资，面临着陌生的税收制度体系及征管体系，潜藏着不可测的课税及执法处罚风险。因此，由我国政府部门出面，与主要投资目标国缔结双边税收协定，构建明确、可预期的对外投资税收环境是保障企业顺利开展国际化经营布局的基本举措。如前文所述，我国现有的双边税收体系存在不足。为了更好地扶持包括农业对外合作在内的对外投资发展，建议从如下方面推动完善之。

（1）进一步完善税收协定网络

截至 2020 年 4 月底，我国已对外正式签署 107 个双边税收协定，建成了世界第三大税收协定网络，覆盖了我国主要对外投资目的地。然全球国家和地区有 200 多个，由此可见，仍有近半国家和地区未与我国缔约。在全方位高水平对外开放背景下，我国政府相关部门应未雨绸缪，基于缔约成本效益考量，遵循公平公正民主效率等国际税收治理价值理念，逐步推进与未缔约国家和地区的磋商谈判，尤其是与"一带一路"沿线我国对外投资重点拓展区域内缔约空白点之国家和地区的磋商谈判，力争构建更为全面、更为完善的税收协定网络，健全双边税收治理体系，为我国企业"走出去"到全球范围内投资布局提供合理、可预期的课税环境。

（2）完善税收协定的规制内容

我国已签署的 107 个双边税收协定，其中 79 个订于 2010 年之前[①]，这些十多年前签订的协定内容多数已显陈旧粗略。当应新时期扶持企业"走出去"、实施 G20 倡导的"增长友好型"税收政策之要求，建议紧扣近年来跨境税收管理中的矛盾点，从如下关键方面去完善税收协定的规制内容。

---

① 已扣除 2010 年之前签订但于 2010 年之后修改的协定，参见国家税务总局网站。

①适当调低跨境消极投资所得的预提所得税税率。我国企业开展国际化经营、到境外投资布点延伸产业链，必然会引发境内外企业之间的跨境资金借贷、股权投资、知识产权许可使用等经济交易行为，从而收取利息、股息、特许权使用费等跨境消极投资所得。税收征管实务中，对前述所得一般系以毛收入来全额课征预提所得税。过高的预提所得税税率会大量挤占"走出去"企业资金，不利于企业国际化经营。因此，应基于公正公平原则进行磋商谈判，根据所得来源的商业模式、经济合理性情形，在协定中确定较低的预提所得税税率[①]，促进企业资金、技术跨境顺利配置流动。

②有选择地实施税收饶让抵免制。如前所述，我国已签订的双边税收协定中，有规定税收饶让（虚拟抵免）的占比较少。在当前实施全方位对外开放、鼓励企业"走出去"大背景下，税收协定缺少税收饶让的规定将会扭曲东道国税收优惠政策效果、造成不公平的税收利益转移，也不利于对企业国际化经营的扶持。当然，税收饶让抵免也不宜全面开花，否则会影响资本输出国的税收利益。因此，今后在修改已有协定或商签新的协定时，应有选择地实施税收饶让抵免制，对诸如农业这类鼓励类的投资行业提供税收优惠抵免待遇，并规定必要的合规审核条件。

③完善常设机构设置。常设机构条款是双边税收协定的重要条款，其与营业利润条款结合，组成对缔约一方所取得营业利润的征税依据，确定跨境投资企业是否在某国或地区具有纳税义务。一般来说，仅对归属于常设机构的所得要按照常设机构营业利润征税，对不归属于常设机构的所得则按照其他条款处理。近年来，我国签订的双边税收协定借鉴国际经验，对常设机构

---

① 我国《企业所得税法实施条例》规定的预提所得税税率为10%，但近年来与部分国家签订的双边税收协定中已规定了较低的协定预提所得税税率。例如，自 2017 年 6 月 17 日起生效的《中华人民共和国和罗马尼亚对所得消除双重征税和防止逃避税的协定》中规定的预提所得税税率为3%。

进行了规定，但仍存在不够精细之处。首先，应结合 BEPS（Base Erosion and Profit Shifting）第 7 项行动计划的成果，对早期所签订双边税收协定中常设机构的定义进行改良完善，防止不合理的避税行为。其次，结合数字经济时代及农业对外合作等特性，列举纳入更多的新型特殊常设机构。最后，应适当延长常设机构的认定时间标准，力争将之前协定很多按 6 个月及以下的时限标准延长到 12 个月左右，并明确计算时限的起讫点。通过这种适度延长，以营造有利于我国企业"走出去"灵活选择经营组织形式的税收环境。

④健全税收争议解决机制。税收争议是我国企业"走出去"面临的最为棘手争议之一，以双边税收协定来界定跨境税收争议处理机制是一种常见的应对举措①。我国之前签订的双边税收协定，已参照国际通用的税收协定范本，在其中纳入了"相互协商程序"条款②。不过，检视这类"相互协商程序"条款，总体强制约束性较差，且缺乏具体的流程及期限要求。为了适应新时期我国企业国际化布局需要，更有力地维护我国境外投资企业的涉税权益，今后在修订已有协定或拟签新协定时，应结合 2018 年 7 月 1 日起生效的《实施税收协定相关措施以防止税基侵蚀和利润转移（BEPS）的多边公

---

① 例如，根据 2017 年 5 月 9 日《21 世纪经济报道》中《106 份双边税收协定助力中企投资"一带一路"沿线》的报道，广东东莞华坚集团在埃塞俄比亚投资女鞋制造厂，东道国税务部门拟按 10% 税率对其在该国企业所得股息征税，东莞市国税局立即协助华坚集团向该国财政部门递交申诉信，因为根据中埃税收协定，应按 5% 的税率征收股息税。经多番沟通，最终埃塞俄比亚财政部回函承认中埃协定的有效性，华坚集团减免税款 30 万美元。另根据国家税务总局数据显示，2013 年至 2016 年，我国税务机关共与境外税务机关开展双边协商 181 例，消除国际重复征税 131.8 亿元。

② 如 2019 年 3 月 23 日在意大利罗马重新签订的《中华人民共和国政府和意大利共和国政府对所得消除双重征税和防止逃避税的协定》中第二十六条"相互协商程序"中有这方面的内容。

约》之要求[①]，着力细化双边投资协定中"相互协商程序"条款的内容，厘清缔约方税务主管当局的受理回复及协商期限，并增加税务争议利害关系方参与、资料提供及争议处理透明度的要求，借此建立健全更加有效的税收争议解决机制。

3. 其他

为了构建更加直接有效的农业对外合作国际规则，在双边协定层面，除了着力缔结前述综合性的双边投资协定及专业性的双边税收协定外，可考虑由我国农业农村部牵头，与我国农业对外合作主要目的地国家的农业主管部门磋商订立更具专门性、行业性的双边农业合作协定。之前，我国已签订过不少类似协定[②]，但总体较为空泛，更多类似于一种软性的合作倡议，缺乏实操性和约束性。今后在商签缔结该类协定时，可依据两国农业资源禀赋及发展情势，约定双边农业合作具体的投资形式、准入审核、运营监管、扶持措施、争议解决方式等，为我国农业对外合作提供更为直接精准、更具行业适用性的跨国投资双边规则。

（二）区域性多边协定层面

区域性多边投资协定能普遍适用于缔约的区域内众多国家，为我国投资者"走出去"提供范围更广、更具适用性的跨国投资规则。如果双边投资协定谓之一"点"，则区域性多边协定可谓之一"面"。在新时期更高水平对外

---

① 2017 年 6 月 8 日，在法国巴黎 OECD 总部，包括中国在内的 67 个国家和地区作为首批签署方，签署加入了《实施税收协定相关措施以防止税基侵蚀和利润转移（BEPS）的多边公约》。加入该公约，对我国已有的税收协定网络将产生重大影响。根据我国加入该公约所提交的清单，我国现有的双边税收协定将依据公约要求进行一揽子修订。当然，具体调整修订进程及其最终法律效力仍有待缔约双方税务当局及立法部门去推进落实。

② 据农业农村部网站资料，我国已同"一带一路"沿线 48 个国家签署了 100 多个农业合作协议及谅解备忘录。

开放背景下，欲营造良性的国际投资营商环境，推进包括农业对外合作在内的境外直接投资顺利发展，必须不遗余力地推动区域性多边投资协定的构建与完善。

1. 完善现有的区域性多边投资协定

目前，我国业已缔结属于严格意义上的区域性多边投资协定主要有两个，即前文所述的《中国－东盟自贸区投资协议》《中日韩投资协定》[①]。此外，2020 年 11 月 15 日正式签署的《区域全面经济伙伴关系协定》（简称 RCEP）中涉及跨境投资规则。在这些协定中，《中国－东盟自贸区投资协议》具有里程碑意义，对中国与东盟国家之间建设自由贸易区、促进区域直接投资便利化及法治化发挥了积极作用。东盟是我国农业对外合作的重点布局区域，我国在东盟区域内的缅甸、柬埔寨、老挝等国都存在为数不少的农业对外合作项目[②]。为了进一步推动新时期与东盟的投资合作，我国政府相关部门应创造条件，与东盟国家磋商，在合适的时候，从如下方面对《中国－东盟自贸区投资协议》予以修订完善[③]。

（1）修改协议中规制调整的国家行为之范围

现行《中国－东盟自贸区投资协议》中的国家行为即"措施"，系指抽象

---

① 《中日韩投资协定》于 2012 年 5 月签署，因签订时间较晚，相对较为成熟，本书未涉及其修订建议。另外，有学者认为《中日韩投资协定》亦属于双边投资协定。

② 近年来，中国－东盟农业合作领域不断拓展，从最初的海外直接种植、渔业捕捞发展到加工、仓储、物流、贸易等产业链的各个环节，涉及粮食（水稻）、经济作物（橡胶、棕榈、木薯、甘蔗）等多种农产品，且呈迅速扩大趋势。数据显示，2018 年中国对东盟国家农业投资流量占全球流量总额的 27.5%。

③ 中国与东盟已于 2015 年 11 月 22 日在马来西亚首都吉隆坡正式签署中国－东盟自贸区升级《议定书》，2019 年 10 月 22 日全面生效。该升级《议定书》中涉及投资促进和投资便利化合作内容，但不能取代《中国－东盟自贸区投资协议》，有关投资的综合调整仍应由《中国－东盟自贸区投资协议》来完成。

行政行为，整体范围偏窄①。事实上，对跨境投资者的权益会带来冲击的更可能是一些缔约方不当的具体行政行为和司法行为。故此，建议借鉴其他区域性投资协定的经验，将具体行政行为和司法行为也纳入协议约束范畴，扩大对投资者的保护。

（2）适当增加协议中的规制条款内容

为了制定一份更高质量、更契合时代要求的中国－东盟区域性多边投资协定，提高协议对投资自由化、便利化的保障水平，应适应当代经济潮流及国际投资规则的新变化，扩展协议规制范围，在协议中增加如下条款：一是禁止性业绩要求条款。应将世界贸易组织所制定的《与贸易有关的投资措施协定》（TRIMS 协议）中关于禁止性业绩要求②有效纳入《中国－东盟自贸区投资协议》之中，规定任何缔约方均不得通过设定技术出口或技术转移的业绩要求，对缔约另一方投资者的投资采取不合理或歧视性措施。二是人员入境等投资便利化条款。协议中应要求缔约各方基于投资便利化要求，对其他缔约方投资者因为跨境投资行为而需要进入另一缔约方领土并停留的人员依法提供便捷的入境及居留行政服务程序，促进跨境商务人员合理流动。三是与投资相关的知识产权保护条款。协议中应要求各缔约方制定透明的知识产权制度，健全知识产权法制保障措施，促进缔约各方在知识产权领域的交流合作，切实维护跨境投资者的知识产权利益。四是环境保护及劳工保障等公共利益条款。如前所述，当代的跨境投资必须践行可持续、绿色、共享、互惠等新理念，必须坚持正确的义利观，跨境投资者在追求盈利时必须尽到社会责任。故此，应与时俱进，在协议中增加对环境保护及劳工权利保障的

---

① 《中国－东盟自贸区投资协议》第一条第一款中（七）规定："措施"是指一缔约方所采取的，影响投资者和／或投资的，任何普遍适用的法律、法规、规则、程序、行政决定或行政行为。

② 有的书中又称为"履行要求"。

条款。

（3）进一步完善协议中例外条款的规定

现行协议中第16条"一般例外"条款、第17条"安全例外"条款列举了为保护公共道德、公共秩序、国家宝藏、国家安全，以及为完成国际义务等方面可采取的例外措施和行动。这些例外条款的规定当然非常必要，有其存在的现实合理性。然而，这些条款中的相关词语内涵又较为宽泛，容易引发歧义。为此，应对上述这两个条款进一步细化，阐明关键词语的内涵及具体适用情形。同时，明确启用这些措施的时限、流程、沟通救济机制等程序性要求，防止东道国滥用这些措施，从而损害跨境投资者的正当权益。

（4）健全协议执行机制安排

国际协议的有效实施有赖于必要的执行机制去支撑推动。因此，应借鉴其他多边投资协定之经验，在《中国－东盟自贸区投资协议》中增加设立协议监督执行常设机构的条款，譬如可考虑设立投资委员会，明确规定该委员会由缔约方政府代表、业界专家组成，其职能在于审查协调协议的实施和运作。同时，规定该委员会每年应至少召开一次会议，所议事项应一致合意通过。通过健全协议执行机制安排，确保《中国－东盟自贸区投资协议》能确实深入有效执行。

2. 充分利用现有多边合作机制和平台，推动创制新的区域性多边投资协定

在经济全球化及区域经济一体化大潮之下，我国参与了不少的多边合作机制和平台，如上海合作组织、亚太经合组织、中非合作论坛、中国－阿拉伯国家合作论坛、中国－太平洋岛国经济发展合作论坛、中国与中东欧16国共同创建的"16+1"合作机制、金砖五国合作机制等。通过这些机制和平台，中国与相关区域内国家增进了经贸投资政策的沟通和共识，达成了诸多促进

经济合作的宣言和声明。但这些宣言和声明基本属于非约束性的，不属于严格意义上的国际法文件。在新的历史时期，为了完善对外投资合作的国际治理体系，应在总结以往经济合作宣言、声明中有益举措的基础上，根据不同区域的经济发展水平，适时推动上述合作机制和平台内区域性多边投资协定的磋商和签订，为中国企业"走出去"营造更加透明规范的制度环境。当前，应发挥我国作为世界第三大资本输出国举足轻重的影响力[1]，围绕我国对外投资重点布局区域，着力推进中国－欧盟投资协定早日生效实施[2]以及上海合作组织区域内投资协定的磋商和创制。中国－欧盟投资协定谈判自 2014 年 1 月启动以来，历经 7 年 35 轮的磋商，已于 2020 年年底完成最终谈判。随着后期该协定的正式签署和生效，将引领欧盟－中国这对亚欧大陆最大的经济体通过进一步开放投资市场增进经济合作，为双方投资者提供便利、透明、安全和可预期的法律框架。本节在此重点探析上海合作组织框架下的投资协定。

上海合作组织肇始于 1996 年的"上海五国"机制，正式成立于 2001 年 6 月，2017 年印度和巴基斯坦加入后，其成员增至八国，领土面积和 GDP 总量均占全球四分之一，总人口约占全球 45%，已成为具有重大影响的区域合作组织。成立 20 余年来，上海合作组织的合作内容，已从之前安全领域合作扩展至经贸投资、文化旅游等方面的合作。其中，经贸投资合作是上海合作组织的重要议题。据统计，2018 年中国与上海合作组织成员国间的贸易总额达到 2550 亿美元。在投资方面，至 2019 年 4 月底，中国对上海组织成员国的投资总额超过 870 亿美元。上海合作组织成员国也是我国农业对外合作的重要投资目的国，我国在上海合作组织成员国中的俄罗斯、中亚诸国就有不少

---

[1]　据商务部统计，截至 2019 年，我国对外直接投资流量当年蝉联全球第二、存量保持全球第三。

[2]　2021 年 3 月 24 日欧洲议会单方面决定取消《中欧全面投资协定》的审议会议。

的农业对外投资项目 ①。

截至 2021 年，上海合作组织成员国缔结的经济合作区域性法律文件较少，主要是 2001 年签署的《上海合作组织成员国政府间关于区域经济合作的基本目标和方向及启动贸易和投资便利化进程的备忘录》和 2003 年签署的《上海合作组织成员国多边经贸合作纲要》②。不过，这两个文件法律位阶较低，覆盖面较为宽泛，偏向于一种宏观层面的宣示，缺乏具体实施及审核督查机制去推进落实，总体约束力较弱。在新的历史时期，为了更加有力地推动上海合作组织的区域经济合作，促进成员国企业之间相互投资，提升该组织参与区域经济治理的水平，我国作为该组织中重要的资本输出国，应联合其他成员国，在务实、公平、共商、互惠、透明的基础上，推进上海合作组织区域内投资协定的磋商和签署。由于上海合作组织成员国构成较为复杂，有中国、印度、俄罗斯这些举足轻重的新兴经济体，也有处于转型变革期的中亚发展中国家，各国的经济发展水平、人口、面积、自然资源禀赋、人文传统迥然有别，进而对涉外经济合作及跨境资本流动的态度和诉求亦存在诸多差异。缔结统一的区域投资协定是一项长路漫漫、任重道远的规则创制工程。因此，应有充分的心理准备，本着循序渐进、先易后难、稳妥推进的原则，在成员国之间进行深入切实的沟通，在充分酝酿协商的基础上方能缔结协定，不可为了表面宣扬而贸然推进。在投资协定的具体内容上，应充分借鉴国际上已有的双边、多边投资协定的有益模式，结合本区域内的国家社会实情及投资特性，对投资、合格投资者、投资待遇、投资促进、投资便利化措施、征收及补偿、知识产权、劳工、环境保护、争端解决等方面做出精细

---

① 根据《中国农业对外投资合作分析报告（2020 年度）总篇》，仅在俄罗斯，截至 2019 年年底，我国已设立境外农业投资企业 89 家，投资存量达 7.72 亿美元。

② 2019 年 11 月在塔什干召开的上海合作组织成员国政府首脑（总理）理事会第十八次会议上通过了新版《上海合作组织成员国多边经贸合作纲要》。

合理的规定，确保协定的实际适用性。此外，应检视以往《上海合作组织成员国政府间关于区域经济合作的基本目标和方向及启动贸易和投资便利化进程的备忘录》和《上海合作组织成员国多边经贸合作纲要》存在的不足之处，在拟缔结的投资协定中，规定设立保障协定实施的常设机构及审查机制，借此确保上海合作组织投资协定的有效实施，而非沦为"一纸摆设"。

3. 推动磋商和缔结专门的农业对外合作区域性条约

推动我国农业对外合作顺利拓展最为直接有效的区域性国际规则，是针对不同的农业对外合作布局区域，订立区域性的农业合作条约，对包括境外投资在内的跨国农业合作进行系统的规制调整。目前，我国已缔结参与的此类条约极少，较具代表性的有 2010 年签署加入的《上海合作组织成员国政府间农业合作协定》、2011 年签订的《东盟与中日韩粮食、农业与林业合作战略（2016—2025）》。前者于 2010 年 6 月 11 日在塔什干签订，包含 14 个条款，但有效期仅有 5 年，且内容非常简略，主要列举了成员国农业合作细分行业领域及合作形式，无其他具体落实举措，可操作性不强；后者严格意义上不属于法律性的国际条约。

在当代国际经济合作更注重法律调控治理的背景下，为推进农业对外合作顺利拓展，我国农业农村部等政府相关主管部门，应未雨绸缪、顺势而为，以高远的站位，梳理农业对外合作的发展变迁脉络，在区域农业合作规则制定方面发出中国声音，从以下方面推动缔结合适的农业跨境合作区域性条约。

（1）分清主次，对照农业对外合作的主要布局区域，有的放矢地推进缔约。进入新世纪，我国农业对外合作虽然"扬帆四海、全面开花"，在全球五大洲均有相应的投资项目，不过，从投资流量及存量来看，基于资源禀赋差异、政经投资环境、市场容量、地缘等因素，我国农业"走出去"的目的地有一定的择向和偏好。当前应重点考虑与东盟、上海合作组织成员国商签这类协定。因为东南亚、中亚是晚近以来我国农业对外合作拓展的关键区域。尤其是东南亚，因和我国山水相邻——"我住江之头，君住江之尾"，自古以来文化经济交流密切，是新时期我国农业对外投资的最主要流向地。因此，应充分利用中国－东盟（10+1）领导人会议、中国－东盟农业合作论坛等合作机制，适时推动中国－东盟农业合作条约的磋商缔结。之后，在汲取中国－东盟农业合作条约有益经验的基础上，再择机与其他区域国家订立类似的条约。

（2）科学谋划，设计出合理可行的协定条款。我国既往签订的一些国际经济合作协定，仅由政府官员出面，未能切实考虑企业的实际需求和利益，对企业而言显得"口惠而实不至"，中看不中用。今后应更多吸收农业界、企业界专家参与区域性农业合作协定的谈判，科学谋划，进而设计出切实可行的农业合作协定条款。具体而言，在这类协定中，应参考一般性的国际投资协定基本范式，结合农业国际化产业活动的特点，对标跨境农业投资者需求，明确农业对外合作形式、投资准入前及准入后待遇、投资审核登记及资金转移等便利化安排、投资资产安全保障、东道国农业基础生产资源可持续利用及环境保护、投资争端解决、协定执行实施机制等核心规制事项，建立健全保障我国农业稳步"走出去"的区域性国际法制框架。

目前，除了签订专门性的多边双边投资协定外，各国在构建国际经济合作规则体系时，另一常见的做法是缔结双边或区域性多边自由贸易协定，在自由贸易协定中设立专章调整跨境投资问题，这方面最典型的是《北美自由贸易协定》。根据商务部官网资料可知，从2002年至2019年年底中国陆续签署了17个自由贸易协定，涉及25个国家和地区，这些自贸区包括亚洲的东盟10国，以及韩国、巴基斯坦、马尔代夫3个国家，还有美洲的智利、秘鲁、哥斯达黎加 3 个国家，大洋洲的澳大利亚和新西兰，欧洲的冰岛和瑞士，欧亚地区的格鲁吉亚，还有非洲的毛里求斯。而 2020 年 11 月签署的《区域全面经济伙伴关系协定》是我国晚近参加的规模最大的自贸协定。目前中国正在推动与海合会、巴勒斯坦、以色列、挪威、巴拿马、摩尔多瓦等区域经济组织及国家的自贸区谈判，未来将争取同主要新兴经济体、发展中大国、区域经济集团和多数发达国家缔结自由贸易协定。在中国业已缔结的自由贸易协定中，参照国际常见范式涉及了投资规则问题[①]。今后在推进商签这类自由贸易协定时，可进一步汲取国内外过往的可行经验，追踪当代贸易投资高水平融合发展潮流，对包括农业对外合作在内的跨境投资进行清晰合理的调整规制，从而确立更加包容完善的投资规则体系。

（三）全球性多边协定层面

国际体制（international regimes）是"国家间达成关于国际关系特定系列问题的包含明确规则的安排"[②]，汇聚着行为体[③]预期的一系列默示和明示的原则、规范、规则和决策程序[④]。国际体制是探析国际合作乃至国际关系的重要议题，国际投资体制是其中的一个方面。当代的国际投资体制由双边投资协定、区域性多边投资协定、全球性多边投资协定三个层面构成，总体上呈现庞杂化、碎片化状态。其中双边投资协定占了协定体系中的绝大多数，也有

---

① 例如，2019 年 10 月 17 日中国与毛里求斯在北京签署的《中华人民共和国政府和毛里求斯共和国政府自由贸易协定》，这是我国与非洲国家的第一个自由贸易协定。在投资领域，协定较 1996 年中国 – 毛里求斯双边投资保护协定在保护范围、保护水平、争端解决机制等方面有了较大升级。

② Andreas Hasenclever, Peter Mayer, Volker Rittberger, Theories of International Regimes [M]. London：Cambridge University Press, 1997, p.1.

③ 行为体是指国际关系中各种政府和非政府行为主体。

④ Stephen D. Krasner, ed.. International Regimes [M].Ithaca and London：Cornell University Press, 1983, p. 2.

为数不多的区域性投资协定，而全球性多边投资协定却近乎空白。

全球性多边投资协定"可以减少和消除众多双边的、区域的协定的差异和重复，更多考虑全球国际投资需求和利益，因而具有更为普遍的约束力和更为广泛的协调性和统一性"①。不过全球性多边投资协定"需要协调更多、更复杂的利益关系，需要平衡不同经济发展水平和经济、社会、文化制度的国家和地区的主张和要求，因此是一项难度很大的工作"②。虽然面临诸多困难，但努力达致合理的全球性多边投资协定、建立统一透明的国际投资体制仍是国际社会 21 世纪期许的目标。

1. 全球性多边投资协定的构建

截至 2020 年年底，适用于全球范围内的综合性多边投资协定"千呼万唤难出来"。由于南北矛盾及诸多利益诉求差异，对是否有必要制定全球性多边投资协定、如何设定协定的条款内容，世界各国分歧巨大。然而，经济全球化、投资自由化是不可逆转的潮流，"无论从优化投资环境的角度来看，还是提振全球化信心的层面而言，提升制度有效性和合法性，建立多边投资协定都是改革和完善全球投资治理的理性选择"③。从长远来看，我国作为目前世界第二大经济体、第三大资本输出国，不能袖手旁观，应高瞻远瞩、持之以恒，从如下方面去积极参与国际投资治理，推动 21 世纪全球性多边投资协定的构建。

（1）机制的构建

多边国际协定本质上是各国利益诉求博弈的结果，往往要耗费较高的时

---

① 吕岩峰，何志鹏，孙璐.国际投资法［M］.北京：高等教育出版社，2005：153.

② 吕岩峰，何志鹏，孙璐.国际投资法［M］.北京：高等教育出版社，2005：153.

③ 陈伟光，王燕.全球投资治理下的国际投资协定多边谈判与中国对策［J］.天津社会科学，2017（3）：99-104.

间、信息对接沟通、审批等创制成本，故应凭借相对公信固定的机制来完成之。具体到全球性多边投资协定，当前较为合适的构建机制，主要有 WTO、G20、ICSID 这几个具有广泛影响的国际经济合作交流机制。

① WTO 机制。WTO 是当代最重要的国际经济组织之一，拥有 164 个成员[①]，成员贸易总额达到全球的 98%，有"经济联合国"之称。利用 WTO 机制来推进多边投资协定谈判是一种有效的路径。不过，在 WTO 机制下制定多边投资协定，2003 年的 WTO 坎昆部长级会议上针对该议题的磋商宣告失败，中国彼时作为发展中国家亦对通过 WTO 机制制定多边投资协议持异议态度。然而时移世易，中国当前已成为资本输出大国，有着广泛的海外投资利益，与众多 WTO 成员形成跨境直接投资产业链条，故应与时俱进地采取务实态度，支持利用 WTO 这个当今最有影响的国际经贸合作机制来磋商制定合理的全球性多边投资协定。

② G20 机制。G20 集团汇集了全球最主要的经济体，其经济总量占全球 80% 以上，覆盖人口约占全球 2 / 3。G20 对话机制是当今促进国际金融稳定及经济合作的重要论坛。2016 年杭州峰会已达成《G20 全球投资指导原则》这个软性的多边投资规则框架，利用该机制来进一步推动制定全球性多边投资协定具备一定基础，也有广泛的示范带动作用。不过，G20 属于布雷顿森林体系框架内非正式对话的一种机制，其通过的文件不属于国际硬法，必须与联合国贸发组织、经合组织等正式组织相互配合，才有望延伸创制具有法律约束力的全球性多边投资协定。

③ ICSID 机制。解决投资争端国际中心（ICSID）是南北国家在投资争端应对领域博弈的产物。其立足于为东道国政府与外来投资者的投资争端提供公正的调解和仲裁便利，使争端解决非政治化，进而维护跨境资本流动。自

---

① 截至 2016 年 7 月 29 日。

成立以来，ICSID 对保障跨境私人投资者权益发挥了积极的作用，但近年来，其主要以保护私人投资者利益而淡化东道国公共利益的制度设计遭到了一定的争论和质疑。不过，历经 50 多年的成长和磨砺，ICSID 不但拥有广泛的缔约成员，且具有高度的中立性和专业性，其对国际投资规则的把握及适用具有相当的权威性，"在 ICSID 主持下，无论是发展中国家还是发达国家都能充分表达自己的意见"[1]。因此，利用 ICSID 机制，成立专门的工作组，梳理各类投资争端案件所折射出的投资规则框架，拟订多边投资协定蓝本，并开放给成员国审议签署，这也是可以考虑的全球性多边投资协定构建路径之一。

（2）缔约的内容

全球性多边投资协定的实体性内容是国际投资体制的渊源，是关乎跨境资本流动中当事各方权利义务的制度安排。在新的历史条件下，一部具有时代适应性和实践可行性的全球性多边投资协定，必须梳理晚近以来全球投资治理的成果，充分兼顾发达国家、发展中国家、新兴经济体等各方利益。以往美欧发达国家主导拟订的多边投资协定草案，追求高度的投资自由化和便利化，价值取向更偏重对投资者的保护，弱化了跨境投资东道国的经济管辖主权，此种草案难以为多数发展中国家接受。2016 年 G20 峰会达成的《G20全球投资指导原则》对前述缺陷已有所改进，其确立的九项原则包括了"政府对投资的监管权原则""企业社会责任及公司治理原则"。这些原则体现了投资者和属地国的权利义务平衡要求，是建立健全当代国际投资体制的应循理念。"国家利益决定国家在国际投资法上的立场定位"[2]，今后在磋商拟定多边投资协定的内容条款时，各国应秉持逐步推进、标准适度、弹性包容的基本理念，对照《G20 全球投资指导原则》所确立的九项原则，在投资准入、

---

① 彭双五.多边投资协定谈判未来之出路［J］.江西行政学院学报.2008，10（3）：48-51.

② 王彦志.中国在国际投资法上的身份转换与立场定位［J］.当代法学，2013，27（4）：131-138.

投资待遇及保护、投资促进与便利化、投资争议解决机制等国际投资体制核心要素方面，既照应投资自由化的总体趋势，也要注重可持续发展并顾及东道国的经济主权和公共利益。为此，可考虑设计弹性的投资准入项目及政策开放清单，由不同国家根据各自发展水平确定渐次开放的时限，"立法中必须提供一定的例外机会和弹性空间，以便各国依据自身特定需求和环境追求其自身发展目标"[①]。此外，在投资争议解决等程序性规则方面，应注重发挥ICSID等国际仲裁机制的作用，确保跨境投资者面临的投资争议能得到权威公正的司法裁决。

2. 全球性农业跨境投资合作协定的构建

我国缔结的全球性农业跨境投资合作协定，将成为保障我国农业"走出去"的直接行业国际规则。目前全球性的农业跨境投资合作协定近乎空白[②]。中国作为世界上农业跨境投资合作的重要参与者，应积极有为，适时推动，努力成为国际农业投资合作"游戏规则"的制定者而非旁观者。至于农业跨境投资合作协定的构建机制，笔者认为，由联合国粮农组织主导制定是一个可行的选择。截至 2017 年年底，粮农组织拥有超过 194 个成员国，并在全球130 多个国家开展工作，具有广泛代表性，已先后主持通过了《粮食和农业植物遗传资源国际条约》《世界粮食安全国际约定》等具有法律效力的农业领域国际条约。有鉴于此，今后我国可联合世界上其他主要的农业资本输出国家，适时推动粮农组织来主导磋商制定全球性农业跨境投资合作协定。协定的内容应尽可能精细化，更具实操性，充分把握当代农业发展脉络，对农业跨境

---

① 刘丰，姚和平，任晓燕．析 WTO 体制下综合性多边投资协定的缔结问题［J］．特区经济，2008（3）：216-217.

② 如前所述，与国际农业投资密切相关的一个倡议性文件是 2014 年 10 月世界粮食安全委员会（CFS）通过的《农业与粮食系统负责任投资原则》（*Principles for Responsible Agriculture and Food Investments*，简称 RAI）。但 RAI 为自愿性质，不具约束力，非严格意义上的国际条约。

投资形式、投资准入、投资待遇及保护、投资促进及便利化、投资争议解决等做出契合行业特性的规定。尤其应注意的是，考虑到农业产业的长周期性和比较效益相对低下的特点，应对农业跨境投资的投资保护和政策优惠予以更多的规则设计，并注意各缔约国引资竞争政策的合理平衡。另外，"对公共利益的关注与考量，是现代法治的要求"①。制定全球性农业跨境投资合作协定，必须适应国际潮流，汲取世界粮食安全委员会通过的《农业与粮食系统负责任投资原则》（简称 RAI）相关原则，充分考量现代法治关注公共利益的发展趋势和要求，在协定中确立环境保护、劳工权益保护这些体现公共利益及可持续发展要求的条款。

总之，在经济全球化进入新阶段背景下，为推动境内投资者稳步有序地开展农业对外合作，我国政府相关部门应依托中国当下在国际直接投资领域与日俱增的影响力，审时度势，积极参与国际投资治理，"提高在新一轮国际投资规则体系中的话语权"②，与相关国际组织、其他国家的政府等国际法主体一道，通过不懈的努力，从双边协定、区域性多边协定、全球性多边协定这些层面，推动构建相对合理完善的国际投资机制及农业对外合作规则体系，夯实农业"走出去"的国际法制基础。

---

① 张庆麟.公共利益视野下的国际投资协定新发展［M］.北京：中国社会科学出版社，2014：9.

② 李玉梅，桑百川.国际投资规则比较、趋势与中国对策［J］.经济社会体制比较，2014（1）：176-188.

第五章　新时期推进农业对外合作的企业微观法制实施改良举措

第一节　总体制度保障
——依法完善"走出去"企业的治理机制

一、完善"走出去"企业治理机制的学理分析

法治之运行目标乃是达致善治。"是以圣王在上，经国序民，正其制度"[①]，健全优良的制度是善治之前提。"制度是一个社会的游戏规则或形式上是人为设计的构造人类行为互动的约束"[②]。人类社会演变至今，已形成分领域、有层次、多形式的"制度之网"，不同领域、不同层次、不同形式的制度之间相互作用，共同引导与规范着人们的生产生活行为[③]。

根据 20 世纪 60 年代以来广为盛行的新制度经济学派观点，制度是理解历史的关键，"制度建立的基本规则支配着所有公共和私人的行动，即从个人财产权利到社会处理公共物品的方式"[④]。在经济发展、历史变迁、社会演进

---

① 语出《资治通鉴》。

② 诺思.经济史中的结构与变迁［M］.陈郁，等译.上海：上海三联书店／上海人民出版社，1994：225.

③ 王军.可持续发展［M］.北京：中国发展出版社，1997：152.

④ 诺思.制度、制度变迁与经济绩效［M］.杭行，译.上海：格致出版社，2014：3.

方面，制度起着至关重要的作用。新制度经济学派把制度分为三个层次：宪法秩序、制度安排、规则性行为准则，而"一个有效率的经济组织其实是一个行为受到现有制度严格规范的组织"①。

企业是我国农业"走出去"的一线实施主体，是我国农业国际化的直接"踏波弄潮儿"。根据前述新制度经济学的理论，笔者认为，为了促进我国农业对外合作稳步持续发展，除了如前面几章所述，关注外部制度因素，谋求宏观"游戏规则"环境即法律规则体系的改善之外，还应从微观视域出发，要求拟到海外实施农业投资的企业依法确立产权明晰、权责分明的现代企业制度，完善合规有效的企业治理运营机制，从静态架构到动态机制构建依新制度经济学家观点能使"交易成本最小化"的企业运作平台②。

二、从总体制度层面完善"走出去"企业治理机制的举措

现代企业是市场经济环境下主导型的企业组织模式，是我国企业演进改良的方向，其表现形式主要是我国公司法所规定的两种公司类型——有限责任公司和股份有限公司。现代企业制度是以健全高效的公司治理为基础的企业制度。公司治理是为了保证决策的科学性，实现包括投资者、经营者、债权人、员工等利益相关主体的共同剩余最大化而对公司责、权、利做出的制度性安排③。公司治理提供了现代企业运作的框架和基础，是企业经营管理的核心环节，对经济全球化时代企业"走出去"开展跨国经营的成效起着决定性作用。

① 张军.现代产权经济学［M］.上海：上海人民出版社/上海三联书店，1994：34.

② James D. Mooney, Alan C. Reiley. Onward Industry［M］. New York: Harper & Row, 1931.

③ 冀运福.法律规制公司治理的正当性问题［J］.河北学刊，2007（1）：206.

　　我国当前实施"走出去"开展农业对外合作的企业，主要以中粮集团、中国农发集团这类具有雄厚实力的老牌国有企业及部分新兴民营企业为领航者和核心力量。我国《公司法》已颁行二十多年，绝大多数涉农国有企业已根据国企改革方向定位于现代企业制度这一要求，依法进行公司制改造，具备了现代公司形式。而新兴的涉农民营企业，亦多数系依据《公司法》设立。然而，由于产权关系不明晰、民营企业家族化经营等原因，不少企业是仅有公司之名而无公司之实，缺乏有效运转的公司治理机制。"工欲善其事，必先利其器"，在当前我国大力实施"走出去"的战略背景下，涉农企业欲实施国际化经营，开展农业对外合作，首先要求其根据《公司法》等现代企业法律体系之要求，建立规范的治理机构，辅以有效的运作机制，确立起较为科学的治理制度基础，如此才能到国际舞台纵横捭阖。为此，今后应确实依《公司法》之要求，做到如下几点。

（一）理顺国家作为国有涉农企业主要出资人与企业之间的关系

　　现代企业契约理论认为，现代企业的形式即公司是一系列契约的联结点，是产品或要素所有者为节约市场价格机制运行费用而缔结的一种长期性契约，是与市场互替的一种交易制度。产权制度是现代企业制度的核心，现代企业的一个重要特性是要厘清企业出资人与企业之间的产权关系。按照《公司法》的要求，出资人作为股东享有的是对企业资产最终收益权及决策权、监督权，而企业则享有独立的法人财产权，在管理者的掌控下按照商业化目标开展具体的经营运作。

当前，我国开展农业对外合作的一支重要力量是以中农发集团[①]、中粮集团、中国农垦集团[②]为代表的具有很深国家背景的"国"字号涉农企业。由于农业事关国家粮食安全大计，系达致仓廪实、民生安之基础性产业，故国家作为主要出资人，对前述国有涉农企业包括境外投资在内的各种经营行为往往会施加很大压力。虽然这些年来，前述这类涉农企业已实施了公司制改造，基于多元化要求引进了一些战略投资者，其下属部分子公司的股票已在国内证券市场挂牌上市[③]，但国家作为占有支配地位的控股股东对企业的影响仍是决定性的。这些影响有的是良性而且是必要的。但是凡事皆有度，如果未能摆正国家作为出资人与企业之间的关系，国家"有形的手"的干预力量超过了限度，就会给企业带来负面作用，助长境外"中国威胁论"的传播鼓噪。尤其是在涉农企业海外并购活动中，如果我国政府部门过度介入，极易引发东道国外资审查部门以经济安全顾虑为由而予以否决限制。故在涉农企业海外投资进程中，必须根据《公司法》等相关法律要求，界定好国家与企业的产权关系。国家作为主要出资人，只能在法定的出资人权限范围内，由其授

---

① 全称中国农业发展集团有限公司，系国务院国有资产监督管理委员会直接管理的中央农业企业，系原中国水产（集团）总公司与中国牧工商（集团）总公司重组改制而来，于2004年10月更名成立。集团拥有全资及控股子公司19家，境内外上市公司4家，业务遍及全国，对外致力于国际合作，开发利用农业、渔业资源，现已在世界40多个国家（地区）建立了分支机构或基地，与80多个国家（地区）保持经贸往来。

② 全称中国农垦（集团）总公司，于1980年经国务院批准成立，先后直属于农垦部、农牧渔业部、农业部、国务院国有资产监督管理委员会，是中国农垦系统成立最早的国有农业企业之一。2009年并入中国农业发展集团有限公司，成为其全资子公司，2013年中农发集团国际农业合作开发有限公司并入中国农垦集团。

③ 例如，截至2020年，中粮集团旗下拥有13家上市公司，其中包括中国食品（00506.HK）、蒙牛乳业（02319.HK）、中粮包装（00906.HK）、大悦城地产（00207.HK）、中粮肉食（01610.HK）、福田实业（00420.HK）、雅士利国际（01230.HK）、现代牧业（01117.HK）八家香港上市公司，以及中粮糖业（600737.SH）、酒鬼酒（000799.SZ）、大悦城控股（000031.SZ）、中粮生物科技（000930.SZ）、中粮资本（002423.SZ）等五家内地上市公司。

权的出资人代表参与企业境外投资的重大决策，实施合理的资本监督，但不能以行政指令方式直接决断之，不能超越限度对企业"耳提面命"。而对具体的境外投资项目，企业要按照《公司法》等赋予的权利及承担的义务，对投资项目按市场原则进行独立的运作管理，遵循业界国际惯例与国外相关主体开展各类商业交易。只有这样，才能为国有涉农企业开展农业对外合作确立恰当的资本运作基础。

（二）建立规范的现代公司治理机构及运作机制

要使国内企业稳步走向国际农业市场，有效地到境外开展农业投资合作，至关重要的是企业要有一套健全合规、分工合理、得力有为的决策指挥中枢，从而为企业到充满风险与挑战的海外环境投资经营"掌好舵、操好盘"，降低"风险交易成本"。为此，要根据我国《公司法》等有关法律规范、境外东道国对企业的监管法律之要求，做到如下几点。

1. 建立规范、符合国际通例的现代公司治理组织机构

公司治理需要相应的组织基础即公司的治理组织机构。我国《公司法》规定现代企业的主要形式——公司（含有限责任公司及股份有限公司）要建立股东会、监事会、董事会及其下的经理层等互相配合、互相制衡的公司治理组织机构，国际通行模式亦大体如此。当前，作为"走出去"资本输出母体的国内企业，其主导企业组织形式是公司，故不管其所有制是国有的还是民营的，绝大多数已基于《公司法》要求从形式上设置了前述公司治理组织机构。但这些境内投资者在境外开展农业对外合作设立的投资实体，因为东道国法律限制、投资者自身经营理念及认识不足等多方原因，有较多的境外公司并未设立上述同等或类似的治理机构。尤其是部分民营企业，基于管理成本考量，在治理组织机构建设方面更是不够到位。在新时期，为了保障境

外投资实体持续良性发展，应着力改变这种治理机构薄弱局面，使所有到境外投资设立的公司，在遵循东道国法律之前提下，均能建立起董事会、监事会及其他类似的公司基本治理机构，为境外投资企业治理机制的运行提供组织基础。

2. 选任合格的董事、监事

"天下之事，不难于立法，而难于法之必行；不难于听言，而难于言之必效。"[①] 目前，我国不少"走出去"的企业已依法建立了董事会、监事会等治理机构，但实际运行效果却不尽理想。导致这种局面的关键原因之一在于缺乏称职、诚信、勤勉、尽责的董事及监事等高层核心人员。再好的制度也得由人这个主体能动要素去执行——"有了人，我们就开始了历史"[②]，如制度的执行主体存有瑕疵，则会损及制度的效能。所以，境外农业投资企业建立了董事会、监事会这些机构后，还要选任合格的董事、监事。具体思路如下：

（1）强化独立董事配置

在不违反母国、东道国公司法律制度的前提下，在已设立董事会的境外农业投资企业中广泛推行独立董事制度，限制董事会中内部执行董事的人员占比，扩大外部独立董事的人员比例，外部独立董事在董事会人员组成中允许占多数。"独立董事的比例越高，越有利于增强其在董事会中发言的分量。"[③] 而且，独立董事的产生渠道应多元化，不仅控股股东可以推荐，中小股东、公司职工、债权人等利益相关方亦可推选，其职业背景应涵盖法律、财务、管理、工程技术等专业领域。通过上述制度安排，凸显独立董事"外部人"决策监督职能，防范管理层"内部人控制"现象，从而确实发挥董事会

---

① 语出明代张居正《请稽查章奏随事考成以修实政疏》。

② 恩格斯.自然辩证法［M］.北京：人民出版社，1970：16.

③ 刘云川.独立董事制度的完善：现行法律框架下我国公司治理的现实任务［J］.江西金融职工大学学报，2006（5）：89.

在治理机制中的核心作用。

（2）建立监事资格认定制度，优化监事会的人员组成

应改变以往境内国有企业多由党务、工会人员出任监事的做法，通过监事资格认定考核流程，确实选任一些懂法律、懂财务、了解企业管理的专家进入监事会。同时，允许职工民主选举外部人员作为职工代表出任监事。"不拘一格降人才"，通过这些形式多样的考核选任举措，强化监事的专业性、独立性，扭转监事会"有会无监"、监督不力、沦为"花瓶"的软弱格局。

（3）依法完善董事、监事的问责机制

应根据境外农业投资企业所在地《公司法》等法律有关条款，通过公司章程、董事及监事工作规则、委任协议等相关文件予以具体化，明确对董事、监事因渎职行为给企业造成损害时的问责程序及具体的责任形式、赔偿幅度，以此来促使前述人员在行使职权时保持应有的职业谨慎，真正做到"在其位、谋其政、尽其责"。

3. 确立规范的治理机构议事程序，增强境外农业投资企业信息透明度

完善的程序是制度发挥作用的重要保障，程序能够"加强理性思考"，是"对恣意的限制"[1]。境外农业投资企业治理目标的实现，除了建立治理机构、选任合格的董事与监事之外，还有赖于规范的治理机构议事程序的确立。关于董事会、监事会这类治理机构的议事程序，从国内角度，我国2018年10月第四次修正后的《公司法》相关条款[2]已经做了明确规定，我国农业"走出去"主要布局区域的诸多国家的《公司法》亦有类似的法条安排。然而，实践中突出的问题是有法不依，不少企业的治理机构尤其是董事会根本没有依

---

① 张文显. 法理学［M］. 北京：高等教育出版社，2003：16.

② 《中华人民共和国公司法》第二章"有限责任公司的设立和组织机构"、第四章"股份有限公司的设立和组织机构"有诸多条款对两种公司中董事会、监事会的议事程序做出原则性规定。

法定程序开会、议事、表决，影响了其治理效能的发挥。今后要通过发挥中小股东、外部董事、外部监事及其他外部监管机构的监督作用，扭转这种局面，逐步确立规范的治理机构议事程序，以严谨的程序来保障企业治理机构的有效运行。另外，要增强境外农业投资企业的信息透明度，完善企业信息披露机制。除了要求企业提供定期的如季度、年度报告外，对企业发生的重大事项，如重大的投资和采购、债务和担保、重大亏损、重大诉讼、主要岗位人事变动等，要确实依母国及东道国相关法律要求，通过临时公告形式及时予以披露，以此来保障股东、企业员工、债权人、政府及其他社会公众对企业信息的知情权，防止企业"内部人"暗箱操作现象，消除信息不对称风险，保障境外农业投资企业的治理沿着正常轨道进行。

第二节　具体制度保障——建立健全农业对外合作法律风险防范机制

依法完善企业治理机制，仅仅是为境外投资企业"走出去"提供总体层面的运营制度保障。农业对外合作面临错综复杂的法律风险，除了考虑总体层面的制度保障之外，境外投资企业还应对症下药，建立健全农业对外合作法律风险防范机制，筑牢法律风险"防火墙"，以便为企业安全地"走出去"开展农业跨国投资经营提供更有针对性、更加具体的制度安排。为此，笔者从静态因素与动态因素这些分析角度出发，认为应关注如下几点。

一、法律风险防范机制的组织基础

管理学认为，组织是一个有效的工作群体，是一定人群联合为了达到某种共同目标的形式[①]。"作为企业行为的载体和执行者，组织无疑是企业生存和发展的重中之重。企业的每一步发展，都需要相应的组织系统来支撑。"[②] 我国企业开展农业对外合作，实施国际化经营，会面临纷繁复杂、层出不穷的法律问题和法务纠纷，为此应当设立法务管理机构这种专门组织来处理法律事务。该机构是保障境外投资企业安全合规经营的重要部门，在当代市场经济各环节趋于法治化的背景下，其对企业稳健经营管理将发挥愈来愈突出的作用。

目前，我国几家大型涉农国有企业如中粮集团、中农发集团等，不管是集团公司本身还是其旗下的上市股份公司，均已设立了在企业总经理（总裁）领导下的法律事务部[③]。不过，民营企业在这方面的组织建设相对欠缺[④]。而且，即便企业已设立法务组织机构，这种法务组织机构设置模式仍带有传统的工业经济时代"科层制组织"官僚性、封闭性的色彩，其突出特点是组织结构呈"金字塔"式，纵向管理层次偏多，管理链条过长，决策透明度不高。依新制度经济学之观点，这种模式最终导致企业法务机构的"交易成本"偏高，未能适应知识经济时代企业国际化经营中高效能处理反馈的要求。在知识经

---

① R. H. Coase. The Firm, the Market, and the Law［M］. Chicago : University of Chicago Press, 1988：38-39.

② 王荣奎. 成功企业组织管理制度范本［M］. 北京：中国经济出版社，2001：3.

③ 如中粮集团，设有十三个职能部门，其中有一个部门即为"法律部"。此外，中农发集团总部十七个机构中，也专设有一个"法律事务部"。

④ 例如，山东美佳集团是以加工、出口、销售冷冻水产品、蔬菜、速冻方便食品以及水产蔬菜调理食品为主的综合型食品企业，是中国农业国际交流协会评选出的 2017 年度农业对外合作前二十强企业，但该集团总部并未设立专门的法务部门。此外，如新希望集团作为我国最早开展农业对外合作的民营龙头企业之一，海外工厂涵盖全球 30 多个国家，但集团总部机构亦尚未专设法务组织机构。

济时代，知识超越工业经济时代的土地、资本等实物资产成为第一生产要素。与此相适应，职工队伍也从传统的"蓝领""白领"转为具有创新性的知识型员工。管理学大师彼得·F.德鲁克指出，在知识型员工为主的组织中，知识存在于基层，存在于知识型员工的脑海里，这些知识型员工在基层从事不同的工作，自主管理和自主决策，这意味着组织权力的分散化，必然要求从传统高度集权的"命令-控制型"金字塔式组织转为以知识型员工为中心的扁平型的信息化组织结构①，企业组织结构的具体形式将会日趋扁平化、柔性化、网络化，网络组织②、簇群组织③日益成为先进企业普遍采用的新型组织机构模式。这种变革，将使组织内部决策层次减少，横向管理幅度增加，由此有利于增强组织效率和活力，降低其运行成本。

根据上述原理分析，很显然，境外农业投资企业的法务管理机构属于运用法律专业知识、专门处理法律事务的知识型组织机构。因而，笔者认为，为了适应知识经济时代企业便捷高效开展农业对外合作之需要，该种机构应克服我国传统国有企业机构设置上"科层制组织"的弊端，压缩纵向管理链，趋向扁平化，突出专业性。为此，应强调知识型员工即专业法务人员在本机构的核心作用，机构可设一法务主管，其下配置若干业务精湛的高级法务主办，每一主办结合自身专业背景组织若干人员成立专业委员会——前文提到的"簇群"主攻某一领域法律事务。实际处理企业法律事务时，由这些法务

---

① Peter F. Drucker. The Coming of New Organizations［A］. Harvard Business Review on knowledge management［C］.Boston, MA: Harvard Business School Press, 1987.

② 网络组织是一种只有很精干的中心机构，以契约关系的建立和维持为基础，依靠外部机构进行行业务经营活动，以自由市场模式组合代替传统纵向层级机构的组织模式。参见谈萧.中国"走出去"发展战略［M］.北京：中国社会科学出版社，2003：326.

③ 簇群组织是将组织内的员工组成一个个簇群（cluster），每个簇群包括不同的专业人才，他们紧密结合，以自我管理型团队为基本单位，通过这类团队全力负责一个业务计划或主理一种产品。参见罗珉.组织管理学［M］.成都：西南财经大学出版社，2003：155.

主办作为项目负责人挑选人员组成项目组——西蒙斯提出的"自我管理型团队"①来承办之。通过这种专业人员司职而又相对灵活的方式，打破以往官僚行政作风，从而使境外农业投资企业法务管理机构具有更高效能，更好地发挥其应对处理农业对外合作法律风险的核心作用。

二、法律风险防范机制的人力资源基础

按照美国经济学家舒尔茨等人提出的人力资本理论之观点，人力是社会进步的决定性因素，掌握了知识和技能的人力资源即人才是一切生产资源中最重要的资源。"随着知识经济的发展，领先的科技、强大的人力资本将进一步充当企业谋求竞争优势的决定性因素。"②因此，人才是 21 世纪经济全球化时代企业经营制胜的关键能动要素，也是农业顺利"扬帆出海"的根本依托。对于"走出去"的境外投资企业来说，无论多么健全的法务机构、多么合适的法律制度，离开了法律人才的正确操控与执行都将无从谈起。因而，为了促进农业对外合作，有效应对境外投资进程中错综复杂的法律风险，必须在拟"走出去"的企业内培养储备一大批高素质的农业对外合作法律专门人才。

（一）农业对外合作法律人才应具备的素质

从当前境内企业开展农业对外合作的实际需要来看，真正适格胜任的农业对外合作法律人才在专业素养上至少应满足如下要求：其一是具备必要的农业行业知识背景，即不但精通法律，还要掌握一定的农林牧渔等农业细分行业专门知识，属于文理交叉、跨学科、复合型的人才；其二是熟练掌握外

① 自我管理型团队是一种新型的横向型组织的基本单位，这种团队被授权可以获得完成整个任务的所需资源，其成员中包含各种技能的员工，采用民主集体领导，团队成员可以自主进行计划、解决问题等。参见 J. Simmons. Starting Self-Managing Teams［J］. Journal for Quality and Participation，1989（12）：26-31.

② 罗辉. 再造企业制度［M］. 北京：经济科学出版社，2003：34-35.

语及电子信息检索技术，具备国际化知识视野，能熟练进行涉外业务资料检索处理，做到见微知著，触类旁通，有效汲取提炼富有价值的涉外业务信息；其三是具有丰富的涉外法律专业知识及执业经验，对主要的农业对外合作东道国的法律体系有深入的了解，并具备较为扎实的从事法律调查咨询、处置法律突发风险的实务技能，能得心应手地开展对外沟通谈判，从而做到"乱云飞渡仍从容"，娴熟自如地应对化解农业对外合作进程中的各类法务"疑难杂症"。

（二）培养储备农业对外合作法律人才的思路

对于拟"走出去"开展农业对外合作的企业来说，为了以较为经济有效的方式来培养造就一批适应国际化运营要求的境外投资法律人才团队，可从如下几方面加以考虑。

1. 从人才来源上看，要兼容并蓄，既着眼于企业内部原有人员的培养，同时以宽广的视野从外部加以引进

目前，如中粮集团、中农发集团这些到境外投资的大型国有涉农企业，其内部均有相当数量的法务人员。为了节省人力资源取得成本，应注重对原有法务人员的内涵式培养提高，通过输送到国内外教育机构、法律服务机构进行培训和业务锻炼，使这些人员专业素养升华"涅槃"从而适应农业对外合作业务拓展之要求。当然，对于企业确实需要而内部又无从培养的法律人才，还是应以宽广的胸怀视野、严谨的招录考核程序从外部引进。企业寻找法律人才"千里马"的目光，不仅要瞄准国内，还可以放眼全球范围——"唯才是举"；不仅要找有实际执业经验的，还可以招聘刚走出校门但有培养前景的毕业生。要破除以往国有企业和家族式民营企业招聘人才"傍关系""近亲繁殖""暗箱操作"的一些不当灰色规则，通过公平透明的录用竞争机制，

"得天下英才而用之"，不拘一格地引进优秀称职的法律人才。

2. 通过后续培训、考核等机制，永葆企业法律人才的业务能力

"成天下之才者在教化"，人才是一个动态概念，"逆水行舟，不进则退"，今天是人才不等于未来也是人才。知识经济时代，人才是一种易耗型资源，所以，"现代企业的领导者不能让员工进入企业后不断地消耗才能。相反，应从员工进入企业的第一天起，想方设法更新他们的知识，补充其才能，并使培训经常化"[①]。为了应对农业对外合作进程中层出不穷的法律问题之挑战，境外农业投资企业应对已组建起来的法律人才团队进行日常化的后续教育培训，使其专业知识得以不断更新、业务能力得以不断提升，从而在处置新问题应对新挑战时能做到与时俱进、游刃有余。这就要求企业有战略性眼光，保有终身学习理念，确立起本企业人力资源开发战略及长远规划，通过必要的投入，从经费、时间上对这些人员接受内外部学习培训提供保障。另外，要借鉴跨国农业公司的有益经验，采用量化测评指标，完善对企业法律人才的定期考核机制，通过这种竞争性动态考核，扶优弃劣，使这类法务人员保有持续学习提高的紧迫感和动力。

3. 提供合理的事业发展环境及激励报酬机制，留住法律人才团队

人才资源是全球化时代企业国际竞争的第一资源，企业有了境外投资法律人才团队之后并非万事大吉一劳永逸，在崇奉"良禽择木而栖，能臣择主而事"的竞争性人力资源市场上，还得防止人才资源的无端流失。为此，要求这些拟到国际市场"过招亮剑"的境外农业投资企业高度重视人力资源管理，确保法律人才队伍稳定壮大。在市场经济环境里，利益是企业员工关切考量的首要因素，舍此则流于空谈。从物质角度则言，要对这些确能为企业办实事、排忧解难、创造效益的法律人才予以良好的薪酬待遇，并在可能的

---

① 戚来法. 现代企业人才战略管理初探［J］. 时代经贸，2007（1）：97.

情况下择优予以股权分配激励；从事业上，要对这些专业人员提供良好的事业发展空间，使之看到自身提升的前景及价值实现的坐标；从组织文化（又称企业文化）①建设上，要营造和谐有为、团结进取的企业理念和氛围，使专业人员的个体"小我"能深深地融于企业集体"大我"之中，增强其对自身属于企业"命运共同体"的认同感——"组织文化对员工行为有极强的影响，作为一种意义形成和控制机制，能够引导和塑造员工的态度和行为"②。总之，通过科学有效的人力资源管理激励措施，激发潜能，留住人才，留下人心，才能为企业顺利开展农业对外合作提供持续的法律人才资源支持。

三、农业对外合作前期阶段的法律风险防范机制

风险是经济活动中的一种不确定性，人们一般是从否定的一面即其可能带来的不利后果来加以理解的。农业对外合作法律风险系指我国开展农业对外合作的投资者因违反东道国的法律规定，或违反私人商事主体之间约定的合同义务，由此引发的法律争议或面临的法律责任。这种风险会干扰我国"走出去"的企业国际化经营的进程，会增加不确定、不可测的风险成本，进而使得我国企业对外投资合作的目标难以实现。所以，为了稳步地实施"走出去"战略，我国境外农业投资企业应根据管理学的风险控制原理，在农业对外合作前期阶段（农业对外合作项目开始运作直至正式投产运营之前），建立法律风险同步防控机制，具体如下。

---

① 一般认为，组织文化（又称企业文化、公司文化）代表了一个组织内各种由员工所认同及接受的理想、价值观、态度、行为及思想方法、办事准则等，是组织成员的共同价值观体系。参见 Gare R. Jones. Organizational Theory. Reading, Massachusetts：Addison-Wesley, 1995.

② Stephen P. Robbins. Organizational Behavior［M］. New Jersey：Prentice Hall, 2012.

（一）企业对拟实施的每一农业对外合作项目，要组织法律专业人士，进行深入的法律调查

没有调查就没有发言权，"知己知彼，百战不殆"，农业对外合作产生法律风险的关键原因在于对"游戏规则（公共的或私人的）"信息掌握不足、情势认知不明却贸然行动。因而，在进行农业对外投资合作决策时，企业除了进行经济、财务风险评估分析之外，还要调动自身法务人员，必要时包括利用外部法律服务机构力量，进行深入而全面的法律调查，收集充足的法律信息，并形成书面法律风险调查报告以供决策之用。调查的重点应集中在如下领域：

1. 宏观法制环境

宏观法制环境是境外投资企业生存之基，是影响企业境外投资成效的系统性"政治天时"。故此，从宏观上，要深入了解拟投资东道国关于外国投资、农业、税收、金融外汇监管、知识产权、劳工、环保、竞争秩序规制等方面的法律规定，以此了解进入该国农业产业链的投资准入门槛、税负成本、资金管制、内部及外部经营环境的宽严程度等总体法制营商环境。国际投资理论大师约翰·邓宁曾忠告中国企业，作为有志于从事国际化投资经营的企业，"要认识东道国的具体特征，要考虑当地的供给能力、消费者的偏好，尤其是政府的规章制度"[1]。如此，才能顺势而为，做出恰当的投资抉择。

2. 微观投资合作对象真实状况

当前，我国企业开展农业对外合作的实际做法包括与东道国当地企业合资或并购当地企业。这种做法，有利于便捷利用当地渠道和资源，快速打开市场。不过，如果考察不够而仓促"联姻结亲"，在复杂的利益分配面前，极易引发纠葛争执。因此，如欲采取前述做法，在微观层面，我国境内投资者要慎之又慎，三思后行，深入调查投资合作对象的真实状况，彻底了解其既

---

① 邓宁.外国直接投资：全球化与发展、新的挑战与机遇［J］.国际经济合作，2005（4）：7-10.

往诚信记录，查明其是否存在隐性债务或法律争议，据此采取合理的谈判议价策略，防范"信息不对称风险"。

（二）在调查的基础上，采用科学合理的方法，对法律风险进行恰当评估

"夫未战而庙算胜者，得算多也；未战而庙算不胜者，得算少也。多算胜，少算不胜，而况于无算乎！"① 对农业对外合作项目进行法律调查之后，接下来要根据调查所知悉的情况，结合其他信息，对法律风险进行恰当的评估测定。为了得到较有价值的评估结果，宜尽量采用定量分析，通过广泛采集相关的指标、数据，借用现代电子信息分析技术，进行纵向及横向的比率分析、趋势分析、函数分析，力求探索出一个影响法律风险值的综合数理模型，据此测定出一组较为明晰而又具说服力的法律风险评估值。当然，深入的定性分析亦是必要的，这样才能对总体法律风险有个相对合理完整的结论。

（三）根据评估测定的法律风险，采取可行的控制对策，尽量创造条件追求风险的主动化解

有了前面的调查和风险评估，接下来企业应根据评估的结论，结合其他方面如财务、技术、市场等信息，采取相应的风险控制处理对策——"合于利而动，不合于利而止"，若分析认为项目法律风险较低，尚处于可承受范围之内，则可进一步采取投资行动；反之，则投资活动宜缓行直至否决。当然，农业对外合作是我国新时期保障粮食安全、实现农业高质量发展、推进更高水平对外开放的一项重大举措，也是我国涉农企业发展壮大、占据国际农业产业价值链制高点的必由之路。所以，即使面对较高的境外投资法律风

---

① 参见《孙子兵法》中《始计篇》，浙江古籍出版社1993年版，第9页。

险，我国企业也不宜一味消极回避，不应稍有风险就畏缩不前，而应主动出击，通过自身的努力，并寻求行业协会、政府部门的协调支持，尽可能地去创造条件降低、消解这些法律风险，使得较高的法律风险能转化趋向较低的法律风险，从而推动企业抓住机会适时开启农业"走出去"的新篇章。

四、农业对外合作后续阶段的法律风险防范机制

当代市场经济是一种法治经济、契约经济，企业作为一种时刻与外部交往互动、以逐利为目的的经济组织，在国际化经营进程中，必然置身于一种从国内到国外、从宏观到微观、从公共部门到私人主体所确定的"游戏规则"网络之中。由于企业自身利益与外部利益的冲突，以及决策者理性的有限性，不可避免会存在背离规则要求的情形，由此引起法律风险。"创业难，守业更难"，可以说，法律风险伴随着农业对外合作的整个过程，不但创业阶段——前期筹划设立阶段存在错综复杂的法律风险，之后的守业阶段——"船到中流浪更急"，同样会遭遇难以预料的法律风险挑战。所以，农业对外合作项目正式运营之后，要建立健全后期防范法律风险的长效机制，具体如下。

（一）持续关注母国和投资东道国的立法和司法动态，及时把握境外投资法制环境的变化

农业对外合作项目正式运营之后，企业的法务部门要建立信息追踪制度，持续关注母国、投资东道国可能对已运作的投资产生重大影响的立法和司法动态变化，尤其是投资东道国可能出台或修订的农业法、投资法、税法、金融法、劳工法、环保法等重要法律以及相关的诉讼、仲裁等司法判决。其后，要根据所掌握的这些信息，分析其对境外投资项目的综合影响，并及时设计有效的应对化解之策。只有这样，才能对境外投资法制环境时刻了然于心，

并因势利导、趋利避害地采取行动，防止外部法治环境变化给企业造成重大打击。

（二）对已设立运作的境外农业投资企业，其重大的生产经营活动要进行有效的法律可行性分析

"事物是对立面的总和与统一。"[1] 由于法律风险与企业的守法合规经营是矛盾对立的两面，伴随着农业对外合作的整个过程，但在一定条件下会互相转化。因而，为了防范法律风险，对已设立运作的境外农业投资企业，其重大的生产经营活动仍要进行必要的法律可行性分析。也就是说，对于企业重大的销售、投资、融资、采购、资产处置、人力资源变动等行为，要由企业的法务机构对照投资东道国的相关法律规定，同时遵循我国法律域外管辖要求，进行深入的法律分析，评估其是否合法、是否存在重大法律争议风险、规避法律风险的具体建议，并据此形成书面的法律可行性分析报告，提交企业决策层评判择用。

（三）依法与投资东道国的政府监管机关、客户、同行、公众、本企业的员工协调好关系，营造良性的投资经营环境

根据系统论和组织环境理论的观点，外部环境对企业组织长期发展具有重要作用。境外农业投资企业作为社会经济组织，为了生存下去，必须充分了解并适应其在投资东道国生存的环境。"这项任务要求组织与周围环境进行交流和交换，称之为'外适应'或'适应'。"[2] 对于农业对外合作进程中可能引发的法律风险，境外农业投资企业较为高明的策略是不要被动应对，而应"上兵伐谋"，防患于未然，事先谋划，长袖善舞，通过自身的努力，树立正

---

① 列宁.辩证法的要素［M］//马克思.马克思主义原著选读.北京：高等教育出版社，1999：323.

② Warren G. Bennis. Organizational Developments and the Fate of Bureaucracy［J］. Industrial Managements Review, 1996（7）：41-45.

确的义利观，培育和谐的企业内部关系和外部公共关系，营造良性的海外投资经营微观环境，将可能引发的法律争议凭借这种"人和"的氛围而予以消解。为此，要求已在海外投资运营的企业有前瞻性眼光，确立主动营造企业"人和"环境的机制。这就要求企业做到：一是认真履行纳税义务和环境保护等社会责任义务，在谋求企业自身发展的同时，做诚信守法的纳税人和促进可持续发展的企业公民；二是根据企业财力，力所能及地开展一些公益性捐赠、慈善活动，适度承担社会公益责任，以服务于当地经济社会事业和谐发展，体现企业公民责任担当；三是通过投入必要的经费，积极组织本企业的公共关系部门、法务部门及其他管理部门，依法与投资东道国的政府监管机关、客户、同行、公众、本企业的员工进行主动的沟通交流，增进了解，协调好彼此的关系，构建和谐的经营发展环境。

（四）确立法律风险应急机制，随时应对可能出现的法律风险

按照美国管理学家安索夫提出的"战略类型论"的观点，"经营满意的企业比那些做不到这一点的企业组织能够更好地处理环境的快速变化。这些组织之所以取得满意的结果，是由于这些企业组织采取了针对特定环境情况，应付不确定性的最恰当的战略类型"[①]。在波诡云谲的海外投资经营过程中，不管"走出去"的境外农业投资企业如何谨慎，仍难免会遇到不期而至的法律风险。为了确保境外农业投资企业渡尽劫波仍能平稳运行，必须在企业领导层及员工中培育风险和危机意识，确立法律风险应急机制。具体举措如下：

1. 储备应对突发法律风险的人力资源团队

除了前述境外农业投资企业本身保有的企业法务人员之外，可考虑与国际化的律师事务所建立协作关系，利用这类机构专门化的诉讼执业团队来应

---

① 　H. Igor Ansoff. Strategic Management［M］. New York：John wiley and Sons. lnc, 1981.

对复杂的跨境法律风险①。此外，因农业对外合作法律风险常会涉及农业产业技术、财务等专业问题，故企业还应注意从对口业务部门中挑选储备一批专业技术人才团队以便随时出面配合处置风险。

2. 提留必要数额的法律风险责任基金

所有的法律争议终极原因是利益的争议，有效地解决法律风险离不开企业资金、经费的支持。对于具备实力的境外农业投资企业来说，应在遵循东道国财税法规的前提下，每年根据营业收入额及盈余额，计提一定比例的法律风险责任基金，通过这笔基金来保障处理法律风险的费用开支，以及对外理赔清偿之用。

3. 建立处理突发法律风险的信息资料库

准确的信息是知识经济时代企业运营决策的根基所系。在处理变幻莫测的农业对外合作法律风险时，经常要引用参考大量的信息资料，如相关的法律法规、司法案例、数据资料等，据此做出恰当的决策。为此，要求境外农业投资企业平常要有备无患，借助现代电子信息网络技术，有针对性地建立法律风险信息资料库，以便风险出现时能随时引证启用，支撑自身诉求。

4. 确立应对突发法律风险的内部自我救济和外部救济机制

有效的救济机制是一种平和的自我保护方式，能够在一定程度上弥补、缓解法律风险对境外农业投资企业带来的冲击。一方面，境外农业投资企业在与客户进行购销、借贷等业务往来时，要注重采用国际经贸界通行的抵押、

---

① 例如，2017年2月上海凌航实业集团有限公司与中非发展基金旗下的中非农业投资有限公司在上海就莫桑比克万宝非洲项目的一系列深入合作达成战略合作意向并举行签约仪式。据悉，万宝非洲项目系中国政府迄今为止对非投资的最大规模农业项目，总投资额达到2亿美元，占地30万亩，旨在打造集生产、加工、仓储及销售为一体的大型综合农业项目。该项目被美国耶鲁大学商学院列为经典商业交易案例之一。上海锦天城律师事务所作为法律服务供应商，代表凌航集团为本项目提供全程法律咨询服务。以上选自2017年2月20日上海锦天城律师事务所的新闻资讯，https://www.allbrightlaw.com/CN/10454/59dcf0eae098e98.aspx。

质押、保函等担保方式，这样发生纠纷时，可利用这些担保实现一定程度上的权益自我救济，减少风险的冲击。另一方面，企业还应根据自身财力，有选择地投保有关法律责任的商业保险，利用商业保险这种外部救济方式来适当减缓巨额索赔等法律风险带来的冲击。

结　　语

农业对外合作是我国建设开放型经济新体制、推进更高水平对外开放的一项重要经贸议题，是新时期实现农业可持续高质量发展、提升农业国际产业竞争力、保障粮食安全的必然要求。推动、扶持有实力的境内企业稳步"走出去"，到境外开展农业投资合作，既与国家更高水平对外开放方略契合，也是企业在经济全球化大背景下走国际化经营道路、占据产业链高位的必然选择。作为国际农业丛林的"后来者"，我国企业开展农业对外合作可谓"路漫漫其修远兮"。市场经济是一种法治经济，当代的国际经济治理亦趋于法治化。从法治角度考察，我国企业开展农业对外合作面临着一系列宏、微观法制困境。从宏观法制规则供给方面而论，主要是国内相关立法的不完善，东道国对外资立法的纷繁苛杂，以及国际法的零碎化。从微观法律实施方面而言，主要是企业产权制度、治理机制及运行机制的缺陷，与有效应对法律风险的要求存在差距。为了促进农业对外合作，针对上述困境，我们有必要从多个层面有的放矢地进行改良与完善。从宏观法制规则供给层面而言，一是在国内法方面，应完善促进农业对外合作的国内法律体系，主要是制定目前尚缺位的《境外投资法》《农业对外合作条例》等直接相关法规，修订已有的税法、外汇管理及其他金融法规；二是在国际法方面，我国政府应长袖善舞，积极与国外签订有利于我国企业开展农业对外合作的双边协定，并参与区域性及全球性有关国际投资、农业合作规则的制定，以此来为我国企业"走出去"开展农业对外合作营造有利的国际法制环境。从微观法制实施层面而言，我国境外投资企业要依法完善企业运营机制。具体而言，一是应根据公司法等相关法律要求，建立适应国际化经营要求的现代企业制度，完善企业治理机制；二是应建立适应国际化经营要求的企业法务机构，培养储备高素质的农业对外合作法律人才；三是建立健全农业对外合作法律风险防范机制。

从法治视角来考察如何促进我国的农业对外合作，这是一个牵涉面广的宏大课题。"行之力则知愈进，知之深则行愈达。"[①] 为了形成有价值的见解和结论，一方面要以法学及其他学科的理论为指导，进行抽象的、理性的解析，另一方面要密切联系实务，广泛地从业界当前资料进行取证，据此进行制度、措施的考察设计。笔者在本书写作中始终秉持这一理念。当然，限于学识水平，本书阐释论证偏于浅陋，学术成色有待提高。不过，笔者始终保有一个真诚而热切的心愿：通过对该课题的法学探析，寻求农业"走出去"的法律智慧方案，从而为促进我国农业对外合作事业沿着法治路径扬帆远行、良性发展提供一孔之见！

---

① 　见南宋张栻《论语解·序》。

参考文献

一、中文类

（一）中文论文

[1] 胡冰川.“十四五”农业国际合作若干重大问题前瞻［J］.农业经济问题，2020（10）：103-112.

[2] 张振，于海龙，王忠兴.中国农业对外合作的发展变迁与路径优化：1949—2019［J］.宏观经济研究，2019（10）：16-24+121.

[3] 王超平.中国农业对外合作现状、问题与对策分析［J］.南方农业，2017，11（8）：62+66.

[4] 张月.我国农业“走出去”的现状、问题及对策研究［J］.农村工作通讯，2016（2）：44-46.

[5] 赵其波，胡跃高.中国农业国际合作发展战略［J］.世界农业，2015（6）：178-184.

[6] 孙玉琴.中国农业对外投资与合作历程回顾与思考［J］.国际经济合作，2014（10）：42-45.

[7] 陈雅芝.农业对外经济合作与粮食安全保障能力分析［J］.农学学报，2013，3（11）：55-59.

[8] 卢昱嘉，陈秧分.美国对外农业投资格局演变及其影响因素：兼论“一带一路”农业合作［J］.自然资源学报，2020，35（3）：654-667.

[9] 韩振国，徐秀丽，贾子钰.“一带一路”倡议下我国对外农业合作空间格

局的探索［J］.经济问题探索，2018（7）：98-104.

［10］于海龙，张振."一带一路"背景下我国农业对外合作的潜力、风险与
对策研究［J］.经济问题，2018（2）：108-112+122.

［11］金三林.我国农业对外投资的战略布局与重点［J］.经济纵横，2018（7）：
68-75.

［12］于浩淼，杨易，徐秀丽.论中国在全球农业治理中的角色［J］.中国农
业大学学报（社会科学版），2019，36（1）：101-110.

［13］赵立军.农业国际投资规则演进及中国的应对策略研究［D］.中国农业
科学院，2016.

［14］宗会来.国际农业投资规则变化初步分析及应对措施［J］.世界农业，
2015（11）：9+1-4.

［15］朱亚勤，徐明，宋雨星，等.中国农业对外合作百强企业的发展情况及
策略分析［J］.世界农业，2020（1）：26-29.

［16］魏彦博.中国民营农业企业如何"走出去"：以新希望集团为例［J］.对
外经贸实务，2020（1）：80-83.

［17］孔维升，麻吉亮.基于SWOT方法的中国农业企业"走出去"分析
［J］.农业展望，2016，12（7）：62-66.

［18］李瑞.1840年后中国农产品出口数量及结构问题的分析［J］.现代商业，
2009（8）：172.

［19］李兴国.我国粮食安全的法律思考［J］.中北大学学报（社会科学版），
2009，25（1）：26-30.

［20］于秀洪.论ICSID仲裁机制及完善［D］.中国政法大学，2011.

［21］王金奎.我国远洋渔业的国际合作与风险分析［J］.对外经贸实务，
2009（3）：32-34.

［22］何琼佩.我国海外并购中的劳工法律风险［D］.中国政法大学，2011.

［23］曾文革，孙健.我国海外农业投资的环境风险与法制对策［J］.江西社
会科学，2015，35（3）：179-185.

［24］兰晓秋，刘垒.遗传资源监管体制对农业立法的启示［J］.企业导报，2011（4）：164-165.

［25］KHALILOV NATIG.中国企业境外投资的法律规制研究［D］.中国政法大学，2016：19.

［26］陈立虎.中国海外投资保险法律的地位与模式［J］.南京师大学报（社会科学版），2008（6）：27-32.

［27］张富强.税法的概念、本质和特征新论［J］.安徽大学法律评论，2007（2）：31.

［28］黄士洲.依法课税的宪法意义与租税改革的关键理念［G］//财税法论丛（第10卷）.北京：法律出版社，2009：112-118.

［29］唐盛尧.浅谈农业走出去问题［J］.农村工作通讯，2016（12）：25.

［30］陆娅楠，吴秋余，刘志强，等.法治是最好的营商环境［J］.公民与法（综合版），2019（5）：6-8.

［31］李兴国.中国农业对外合作国际规则构建研究［J］.亚太经济，2019（2）：129-133.

［32］唐海涛.欧盟投资者：东道国争端解决机制的改革及我国的应对策略［J］.河南财经政法大学学报，2018，33（3）：145-155.

［33］竺彩华，李诺.全球投资政策发展趋势与构建"一带一路"投资合作条约网络［J］.国际贸易，2016（9）：58-65.

［34］陈伟光，王燕.全球投资治理下的国际投资协定多边谈判与中国对策［J］.天津社会科学，2017（3）：99-104.

［35］王友明.巴西环境治理模式及对中国的启示［J］.当代世界，2014（9）：7.

［36］刘婉贞.对我国农业生物遗传资源立法保护的思考［J］.新西部，2015（32）：94-95.

［37］李兴国.新时期制定我国《石油天然气法》之思考［J］.西北农林科技大学学报（社会科学版），2008（6）：117-121.

［38］彭双五.多边投资协定谈判未来之出路［J］.江西行政学院学报.2008，10（3）48：51.

［39］王彦志.中国在国际投资法上的身份转换与立场定位［J］.当代法学，
2013，27（4）：131-138.

［40］刘丰，姚和平，任晓燕.析 WTO 体制下综合性多边投资协定的缔结问
题［J］.特区经济，2008（3）：216-217.

［41］李玉梅，桑百川.国际投资规则比较、趋势与中国对策［J］.经济社会
体制比较，2014（1）：176-188.

［42］冀运福.法律规制公司治理的正当性问题［J］.河北学刊，2007（1）：
206.

［43］戚来法.现代企业人才战略管理初探［J］.时代经贸，2007（1）：97.

［44］邓宁.外国直接投资：全球化与发展、新的挑战与机遇［J］.国际经济
合作，2005（4）：7-10.

［45］董红，王有强.国外农业立法及其对中国的启示［J］.世界农业，2009
（4）：32-34.

［46］刘云川.独立董事制度的完善：现行法律框架下我国公司治理的现实任
务［J］.江西金融职工大学学报，2006（5）：89.

（二）中文著作

［1］张文显.法理学［M］.北京：高等教育出版社，2003：370+16.

［2］张庆麟.公共利益视野下的国际投资协定新发展［M］.北京：中国社会
科学出版社，2014：9.

［3］吕岩峰，何志鹏，孙璐.国际投资法［M］.北京：高等教育出版社，
2005：173+121+153.

［4］曾华群.国际投资法学［M］.北京：北京大学出版社，1999：704.

［5］单飞跃，王显勇.经济法视域中的企业法［M］.北京：中国检察出版社，
2005：3.

［6］王荣奎.成功企业组织管理制度范本［M］.北京：中国经济出版社，
2001：3.

［7］谈萧.中国"走出去"发展战略［M］.北京：中国社会科学出版社，

2003：326.

［8］罗珉.组织管理学［M］.成都：西南财经大学出版社，2003：155.

［9］张军.现代产权经济学［M］.上海：上海人民出版社／上海三联书店，
　　　1994：34.

［10］罗辉.再造企业制度［M］.北京：经济科学出版社，2003：34-35.

［11］高其才.法理学［M］.北京：清华大学出版社，2015：135.

［12］王军.可持续发展［M］.北京：中国发展出版社，1997：152.

（三）中文译作

［1］休谟.英国史［M］.刘忠敬，译.长春：吉林出版社，2013.

［2］孟德斯鸠.论法的精神［M］.北京：商务印书馆，1961：154.

［3］马克思恩格斯全集（第1卷）［M］.中共中央马克思恩格斯列宁斯大林
　　　著作编译局.北京：人民出版社，1956：82.

［4］沙瓦耶夫.国家安全新论［M］.魏世举，石陆原，译.北京：军事谊文
　　　出版社，2002：15.

［5］博登海默.法理学——法哲学及其方法［M］.邓正来，姬敬武，译.北
　　　京：华夏出版社，1987：305-516.

［6］梅利曼.大陆法系［M］.顾培东，禄正平，译.北京：知识出版社，
　　　1984：94.

［7］布坎南.自由、市场和国家［M］.吴良健，桑伍，曾获，译.北京：北
　　　京经济学院出版社，1988：89.

［8］诺思.经济史中的结构与变迁［M］.陈郁，等，译.上海：上海三联书
　　　店／上海人民出版社，1994：225.

［9］马克思.哲学的贫困［M］//马克思恩格斯选集（第4卷）.北京：人民
　　　出版社，1972：122.

［10］恩格斯.自然辩证法［M］.北京：人民出版社，1970：16.

［11］马克思恩格斯全集（第25卷）［M］.中共中央马克思恩格斯列宁斯大
　　　林著作编译局.北京：人民出版社，1974：392-393.

［12］诺思 . 制度、制度变迁与经济绩效［M］. 杭行，译 . 上海：格致出版社，
2014：3.

［13］列宁 . 辩证法的要素［M］// 马克思 . 马克思主义原著选读 . 北京：高等
教育出版社，1999：323.

二、外文类

［1］Smith Adam. An Inquiry Into the Nature and Cause of the Wealth.［M］. New
York : P. F. collier and Son Corporation, 1909.

［2］H. Igor Ansoff. Strategic Management［M］. New York : John wiley and
Sons.Ins, 1981.

［3］Stephen D. Krasner, ed. International Regimes［M］. Ithaca and London :
Cornell University Press, 1983.

［4］R. H. Coas. The Firm, the Market, and the Law［M］. Chicago : University
of Chicago Press. 1988 : 38-39.

［5］Peter. F. Drucker. The Coming of New Organizations［A］. Harvard Business
Review on knowledge management［C］. Boston, MA : harvard Business
School Press, 1987.

［6］Stephen P. Robbins. Organizational Behavior［M］. New Jersey : Prentice
Hall，2012.

［7］Warren G. Bennis. Organizational Developments and the Fate of Bureaucracy
［J］. Industrial man agements Review, 1996（7）: 41-55.

［8］Andreas Hasenclever, Peter Mayer, Volker Rittberger, Theories of International
Regimes［M］. London : Cambridge University Press, 1997 : 1.

［9］James D. Mooney, Alan C. Reiley. Onward Industry［M］. New York :
Harper& Row, 1931.

后　记

本书是在我近年来相关论文及项目研究的基础上拓展撰写而成。

"农为正本，食为人天。"农业是国民经济的基础，是治国安邦的产业源泉。笔者出身于农村，幼年即参与各种农务，对农业有切身的体悟。其后负笈求学，虽跳出"农门"，但对农业问题始终关注。十六年前，因工作需要，我考入福州大学法学院，师从林德木老师读研。林老师是厦门大学法学院国际经济法学大家廖益新教授的高足，其学识渊博、治学严谨，在国际投资、国际税法领域有很深的研究。受其引导，作为经济法专业方向的教学研究者，乃选择农业对外投资合作的法治问题这一交叉领域作为本人主要研究聚焦方向。

法治是现代社会业经实践证明行之有效的治理模式，在风云变幻的国际经济丛林中，法治也是保障农业对外合作行稳致远的必由路径。不过，检视当下学界，鲜有学者从该视角对农业对外合作进行考量。作为一名经济法学人，笔者坚信，从法治视角探析新时期农业对外合作具有理论价值和实践意义。因而，这些年来，在纷扰的俗务之余，本着日有所进、勤能补拙的信念，终写就这部书稿。先贤云，做学问者，"亦欲以究天人之际，通古今之变，成一家之言"。笔者才疏学浅，对前述为学标准是惜不能至而心向往之，对农业对外合作诸多法治深层问题仍未窥其堂奥。然文章千古事，唯寄望这部粗浅之作，能为新时期农业"走出去"提供些许法学启示。

　　最后，感谢福建江夏学院法学院的领导和各位同事对我的关心和支持。感谢福建江夏学院出版项目计划的资助，使我有机会将书稿付诸出版。感谢武汉大学出版社编辑老师在本书出版过程中的细心指导和帮助。最后，我还要感谢我的家人，没有家人的爱与支持，也就没有本书的完成。我将铭记这些温暖，在法学"真经"求索路上不懈前行。

李兴国

2021 年 6 月于福建江夏学院法学院